Lars und Annette Freudenthal



# ERLEBNIS-WANDERUNGEN in und um Freiburg

Touren am Wasser,
durch malerische Täler und
auf die schönsten Gipfel

J. BERG

# Liebe Leserinnen und Leser,

Freiburg zählt zu den schönsten und beliebtesten Städten in Deutschland. Für viele ist die Breisgaumetropole der Zugang in den Hochschwarzwald. Allein der Feldberg lockt als höchster Berg Baden-Württembergs unzählige Ausflugsgäste an. Daneben finden wir mit dem Herzogenhorn eines der schönsten Wanderziele im Schwarzwald. Doch auch Touren am Schluchsee und rund um Hinterzarten lassen unsere Herzen höherschlagen. Das gilt insbesondere für den Aufstieg vom Himmelreich auf den Hinterwaldkopf, den Wächter des Dreisamtals.

Auf der anderen Seite Freiburgs finden wir mit dem Kaiserstuhl eine einzigartige Kulturlandschaft vor. Vulkanische Lössböden bilden die Grundlage für bekannte Weine. Durch die klimatisch günstige Lage sind Wanderungen hier das ganze Jahr über möglich. Während auf den Hochlagen im Schwarzwald Schnee liegt, läuten hier Mandeln, Küchenschellen und Traubenhyazinthen oft schon im Februar den Frühling ein. Der Eichelspitzturm, der Neunlindenturm und der Katharinenberg bilden hier herausragende Ziele mit Fernblick.

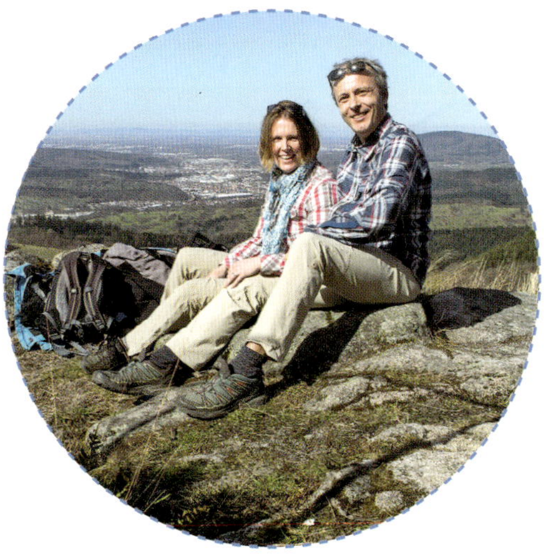

Nördlich von Freiburg schließt das ZweiTälerLand an. Es bildet den Übergang von der Freiburger Bucht und dem Hochschwarzwald zum Mittleren Schwarzwald. Neben sonnigen Touren bei Glottertal oder Buchberg eröffnen uns hier der Silbersteig und die Goldener-Kopf-Runde zwei Bilderbuchlandschaften. Zuletzt finden wir bei Freiburg selbst einige lohnende Wanderziele. Hierzu zählen der Schlossberg, der Roßkopf mit der Wallfahrtsstätte St. Ottilien sowie auch der Schönberg mit der vorgelagerten Ruine Schneeburg.

Viel Freude am Wandern wünschen

Annette Freudenthal Lars Freudenthal

Annette und Lars Freudenthal

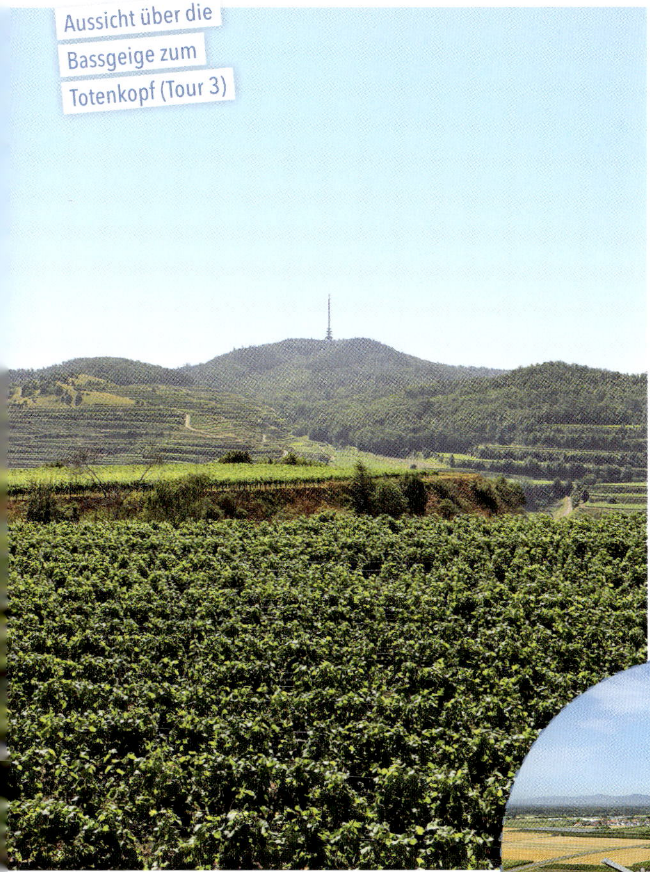

Aussicht über die Bassgeige zum Totenkopf (Tour 3)

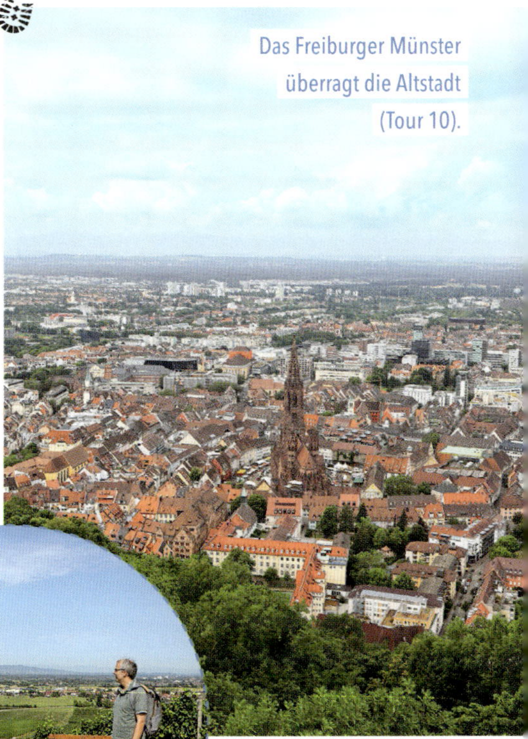

Das Freiburger Münster überragt die Altstadt (Tour 10).

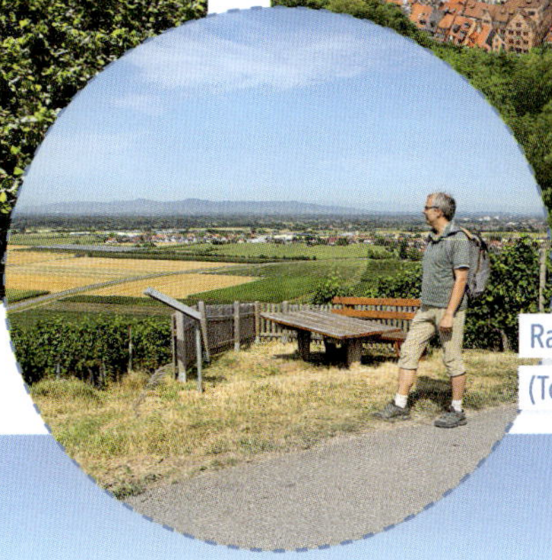

Rastplatz Peters Bänkle (Tour 24)

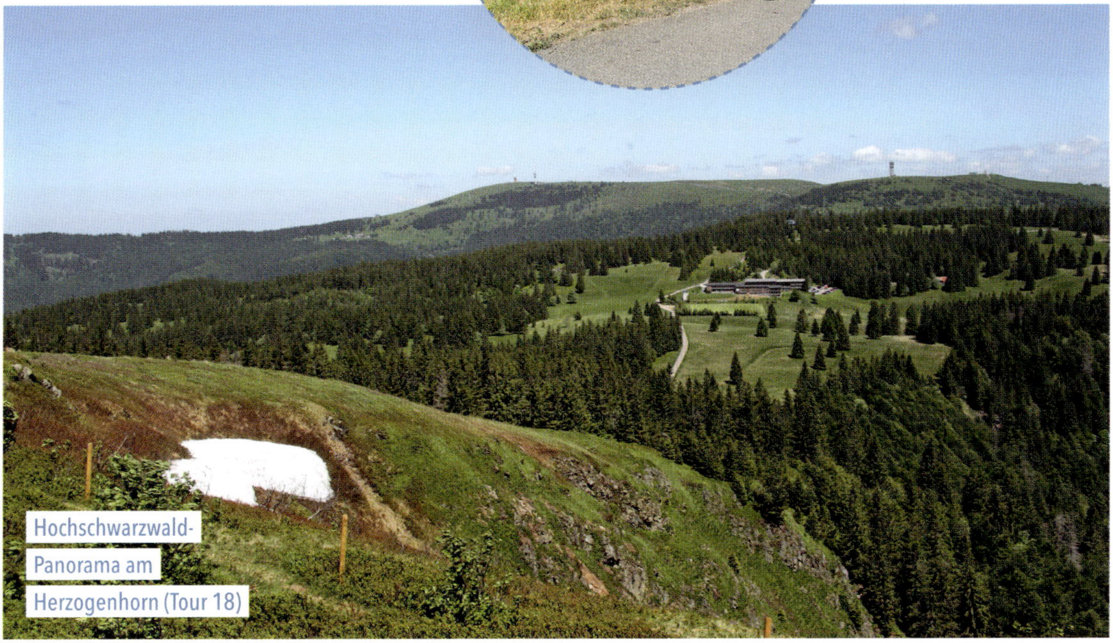

Hochschwarzwald-Panorama am Herzogenhorn (Tour 18)

INHALTSVERZEICHNIS

# Ihre Touren im Überblick



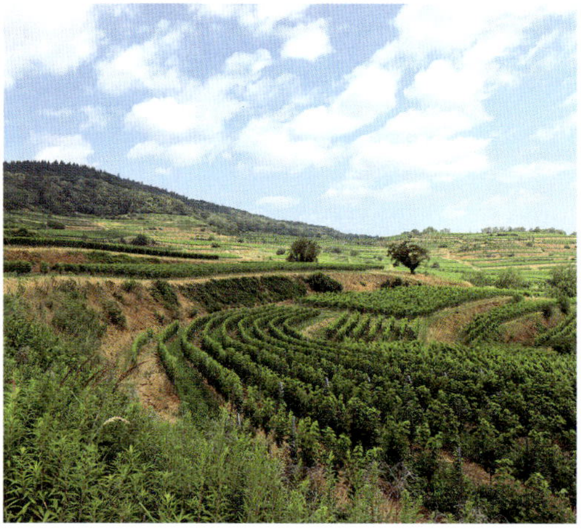

## Kaiserstuhl

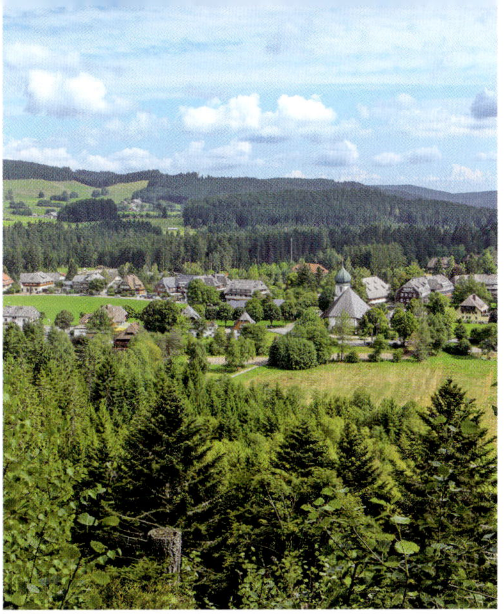

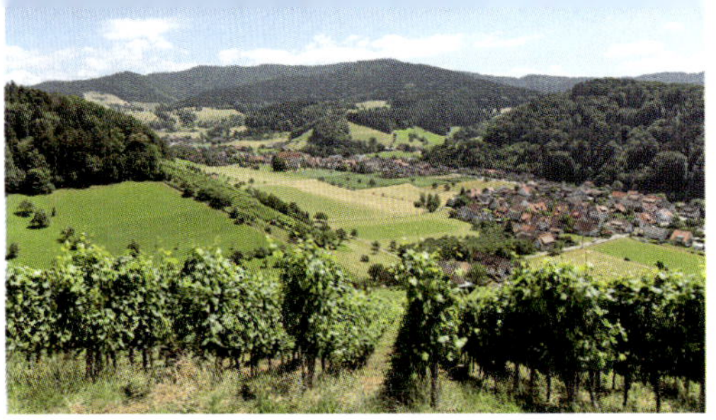



## Zweitälerland und Glottertal

# Tourenfinder

| | TOUR | | | | | | | | | | |
|---|---|---|---|---|---|---|---|---|---|---|---|
| 1 | Burgen bei Sasbach | mittel | 12,6 km | 260/250 Hm | 3.45 h | √ | √ | √ | √ | √ | |
| 2 | Auf den Katharinenberg | mittel | 9,7 km | 400/400 Hm | 3.30 h | √ | √ | √ | √ | √ | |
| 3 | Einmal um die Bassgeige | mittel | 10,6 km | 320/320 Hm | 3.30 h | | √ | √ | √ | √ | |
| 4 | Weinwanderpfad Oberrotweil | leicht | 8,4 km | 200/200 Hm | 2.30 h | | √ | | √ | √ | |
| 5 | Ihringen-Winzerrundweg West | leicht | 9,6 km | 180/180 Hm | 2.45 h | | √ | | √ | √ | |
| 6 | Auf den Totenkopf | mittel | 12,0 km | 410/400 Hm | 4.00 h | √ | √ | √ | (√) | √ | √ |
| 7 | Auf die Eichelspitze | schwer | 12,4 km | 370/370 Hm | 4.00 h | | | √ | (√) | √ | |
| 8 | Wanderbarer Schönberg | mittel | 10,6 km | 420/400 Hm | 3.30 h | √ | √ | √ | | √ | √ |
| 9 | Weg der Revolutionäre | leicht | 6,8 km | 30/340 Hm | 2.30 h | √ | √ | | √ | | √ |
| 10 | Freiburger Schlossberg | mittel | 5,0 km | 220/210 Hm | 2.00 h | √ | √ | √ | (√) | | √ |
| 11 | Waldheiligtum St. Ottilien | mittel | 12,3 km | 500/500 Hm | 3.30 h | √ | (√) | √ | | | √ |
| 12 | Erzkastenrundweg Schauinsland | mittel | 4,5 km | 250/250 Hm | 1.45 h | √ | √ | √ | √ | √ | |
| 13 | Über den Hinterwaldkopf | schwer | 15,2 km | 900/570 Hm | 5.00 h | √ | | √ | | √ | |
| 14 | Auf dem Hinterzartener Höllsteig | mittel | 7,5 km | 260/260 Hm | 3.00 h | √ | √ | √ | | √ | √ |
| 15 | Von Hinterzarten zum Mathisleweiher | mittel | 12,5 km | 330/330 Hm | 3.45 h | √ | √ | √ | (√) | | √ |
| 16 | Titisee mit Bankenhöhe | mittel | 8,8 km | 180/180 Hm | 3.00 h | √ | √ | √ | | | √ |
| 17 | Über den Hochfirst zur Skischanze | mittel | 11,7 km | 450/450 Hm | 3.45 h | √ | √ | √ | | | √ |
| 18 | Auf das Herzogenhorn | mittel | 7,5 km | 350/350 Hm | 2.45 h | √ | √ | | | √ | |
| 19 | Auf den Feldberg | mittel | 13,0 km | 500/500 Hm | 4.15 h | √ | (√) | √ | | √ | |
| 20 | Vom Bärental an den Feldsee | leicht | 11,7 km | 280/280 Hm | 3.45 h | √ | √ | √ | | | √ |
| 21 | Haslach versus Windgfällweiher | leicht | 5,0 km | 40/40 Hm | 1.45 h | √ | √ | | | | √ |
| 22 | Runde über den Riesenbühlturm | mittel | 13,4 km | 300/300 Hm | 3.45 h | | √ | √ | | | √ |
| 23 | Von Seebrugg bis nach Aha | leicht | 11,1 km | 50/50 Hm | 3.00 h | √ | √ | √ | (√) | √ | |
| 24 | Buchholzer Weinlehrpfad | leicht | 4,5 km | 130/130 Hm | 1.45 h | | | √ | √ | √ | |
| 25 | Bergbauwanderung im Suggental | mittel | 5,7 km | 360/360 Hm | 2.00 h | (√) | √ | √ | √ | | √ |
| 26 | Weinwanderung im Glottertal | leicht | 7,0 km | 300/300 Hm | 2.15 h | √ | √ | | √ | √ | |
| 27 | Hörnleberg-Tour | schwer | 16,0 km | 750/750 Hm | 5.30 h | (√) | | √ | | | √ |
| 28 | Goldener-Kopf-Tour | mittel | 11,6 km | 470/470 Hm | 3.45 h | √ | √ | √ | √ | √ | |

**Touren 1–28**
Bei allen Wanderungen ist die Anreise mit öffentlichen Verkehrsmitteln möglich.

DER WEG IST DAS ZIEL ...

# Alles, was Sie wissen müssen und brauchen für Ihre Tour!

Der Schwarzwald und auch der Kaiserstuhl zählen zu den Mittelgebirgen Deutschlands. Viele der Wanderwege sind breit genug, um bequem nebeneinanderzulaufen. Daneben nutzen die in diesem Buch vorgestellten Touren auch schmale und steinige Pfade. Feste Wander- oder Trekkingschuhe sind hier Voraussetzung für sicheres Wandern. Das gilt insbesondere auf dem Felsenweg vom Feldberg, auf dem alpinen Pfad am Herzogenhorn, aber auch für die Aufstiege auf die Eichelspitze oder den Totenkopf im Kaiserstuhl.

## Verantwortung und Selbsteinschätzung

Alle in diesem Wanderführer beschriebenen Touren orientieren sich am Wegenetz des Schwarzwaldvereins. Dieses haben wir – etwa bei Oberrotweil oder Ihringen – durch örtliche Wanderwege und Pfade ergänzt. Denn während wir als Wanderer von den Wegweisern und verschiedenfarbigen Rauten sowie der Pflege der offiziellen Wanderwege profitieren, findet das Wild abseits der Wanderstrecken wichtige Rückzugsräume, in denen sich nur selten Menschen verirren. Als verantwortungsbewusster Wanderer rennen wir nicht blindlings durch die Landschaft (oder darüber hinweg), sondern nehmen auch auf andere, schwächere Rücksicht.

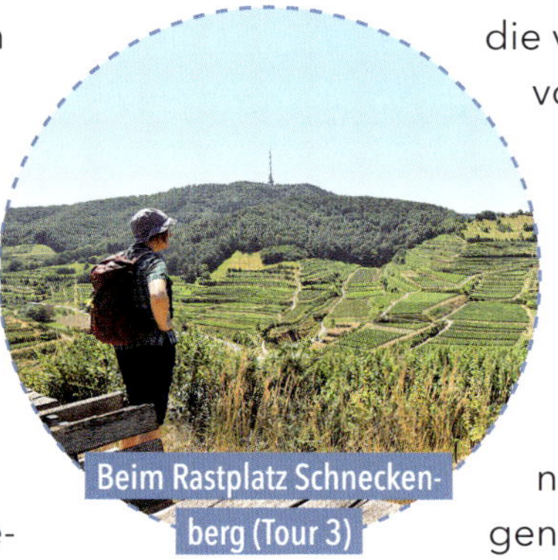

Beim Rastplatz Schneckenberg (Tour 3)

Da die Tourismusverbände rund um Freiburg stets neue Themenwege sowie auch sogenannte Premiumwanderwege und Genießerpfade kreieren, kann die vorgefundene Beschilderung von der Beschreibung im Buch abweichen. Dies kann auch Einfluss auf die Farbe der zwischen den Wegweisern angebrachten Rauten haben. In so einem Fall ist es meistens besser, der neuen Wegmarkierung zu folgen, da sie einen sicher ans Ziel führt. Auf der anderen Seite können insbesondere im Hochschwarzwald Felsstürze und Hangrutsche sowie umgestürzte Bäume und Wegabbrüche eine Umleitung erfordern. Wer sich alleine ins Gelände begibt, sollte sich dessen bewusst sein und im Zweifelsfall lieber umkehren. Das liegt zwar nicht in der Natur des Menschen. Aber da wir nicht immer zusammen unterwegs sind,

Unsere persönliche Einkehrempfehlung

Über liebevoll angerichtete Salate können wir uns bei der Hinterwaldkopfhütte freuen. Spezialität der ruhig gelegenen Bergwirtschaft ist aber der Krustenbraten. Er steht sonntags auf der Speisekarte und ist oft schon am frühen Mittag »gegessen«. Die Hütte ist auch ab dem Parkplatz Rinken gut zu erreichen.
**Über den Hinterwaldkopf (Tour 13)**

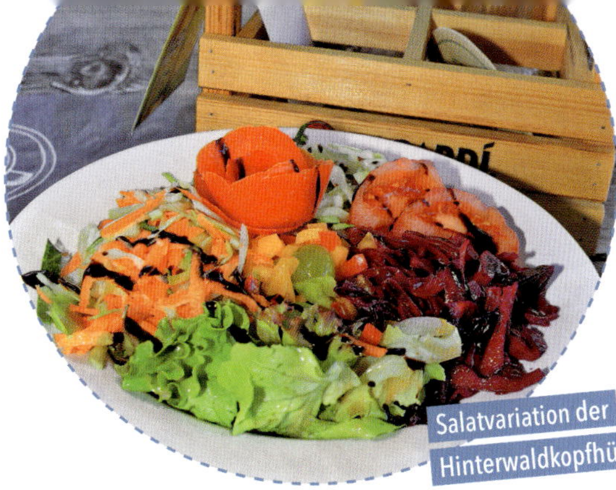

Salatvariation der Hinterwaldkopfhütte

können wir Ihnen versichern: Das machen auch Wanderbuchautoren so.

Ein Ziel der *Erlebnis-Wanderungen in und um Freiburg* ist es, am Ende der einzelnen Touren zufrieden auf die vergangenen Stunden und das Geleistete zurückzublicken. Dies gelingt am besten, wenn man sich – und seine Mitwanderer – richtig einschätzt. Die längeren Touren wie der Aufstieg über den Hinterwaldkopf nach Hinterzarten, die Runde auf den Hörnleberg oder der Felsenweg am Feldberg sollten daher erst in Angriff genommen werden, wenn eine gewisse Grundkondition und Erfahrung im Gelände vorhanden sind.

Hierzu zählt auch, das Wetter richtig einschätzen zu können. Denn gerade an heißen Sommertagen bilden sich über dem Hochschwarzwald sowie auch über dem Kaiserstuhl gerne Gewitterwolken, die oft schon nachmittags mit Platzregen und Hagel sowie Blitz und Donner niedergehen. Ein leichter Regenschutz sollte deshalb immer dabei sein. Ebenfalls hilfreich ist es, die Entwicklung von Regenwolken im Internet zu beobachten, etwa auf:

- wetteronline.de
- niederschlagsradar.de

Im Zweifelsfall sollte man sich auch nicht davor scheuen, eine Tour – falls möglich – abzubrechen beziehungsweise nach dem Unwetter fortzusetzen.

## Pause mit Genuss

Zu einer schönen Wanderung gehört natürlich auch eine Einkehr oder eine längere Rast. Unsere Wanderungen führen deshalb zu zahlreichen herrlich gelegenen Plätzen. Zudem kommen wir bei einigen Touren an einer oder mehreren Wirtschaften vorbei, sodass man sich mit Gleichgesinnten austauschen und nebenbei die »Erlebnis-Wanderungen in und um Freiburg« weiterempfehlen kann.

Bei den Touren ohne Wirtschaft sowie unter der Woche, wenn viele Gaststätten und Ausflugslokale geschlossen sind, decken wir uns morgens bei einer Bäckerei ein

## Anforderungen

**Leicht** Eher kurze Rundwanderungen, die keine oder kaum Trittsicherheit erfordern und nur wenige Steigungen beinhalten

**Mittel** Touren mit längeren Auf- und Abstiegen und/oder längere Runden, die eine gewisse Kondition und Trittsicherheit erfordern

**Schwer** Diese Wanderungen setzen Kondition und Trittsicherheit voraus. Hier geht es ordentlich bergauf und bergab. Durch die von uns beschriebenen Abkürzungen lassen sich diese Touren zum Teil entschärfen. Geübte Bergwanderer stehen somit auch hier vor keinen allzu großen Aufgaben.

oder plündern die heimische Vorratskammer. In dem Fall können wir uns auf selbst belegte Brötchen und Kuchen, vielleicht auch Knabbereien freuen, die genau unserem Geschmack entsprechen. Denken Sie daran, ausreichend zu trinken einzupacken. Bei kühler oder feuchter Witterung sind außerdem leichte, isolierende Sitzunterlagen von Vorteil.

## Anfahrt

Alle in diesem Wanderführer beschriebenen Tourenziele sind mit öffentlichen Verkehrsmitteln zu erreichen. Dreh- und Angelpunkt ist dabei der Hauptbahnhof von Freiburg. Ab dort lassen sich die meisten unserer Touren ohne Umstieg mit der S-Bahn oder Tram anfahren.

Wer individuell mit dem Auto anreist und ein Navi nutzt, kann die im Infokasten der einzelnen Touren angegebenen GPS-Koordinaten eingeben. Diese führen punktgenau zum Ausgangspunkt der Wanderung beziehungsweise zur nächstgelegenen Parkmöglichkeit.

## Gehzeiten und Höhenangaben

Die genannten Zeiten sind die durchschnittliche reine Gehzeit. Weil es bei vielen der Touren einiges zu entdecken gibt, beinhaltet diese Gehzeit auch die Zeit, in der man sich umsieht und die Landschaft auf sich wirken lässt. Pausen oder gar eine längere Einkehr sind darin jedoch nicht enthalten. Rechnen Sie bitte auch etwas Zeit für unvorhergesehene Änderungen ein, sodass Sie bei zusätzlichen Abstechern, bei kürzerem Verlaufen oder einem gesperrten Weg (z. B. wegen Holzfällarbeiten) rechtzeitig zurück am Ausgangspunkt sind.

Unsere Höhenangaben beinhalten die tatsächlich zu leistenden Höhenmeter. Lediglich kleine Kuppen und Senken mit nur geringem Höhenunterschied haben wir ausgelassen. So stehen Sie nicht plötzlich vor einem großen Zwischenanstieg, der nirgends erwähnt wird.

## Wandern im Winter

Die Tage, an denen eine ausreichend starke Schneedecke zum winterlichen Vergnügen

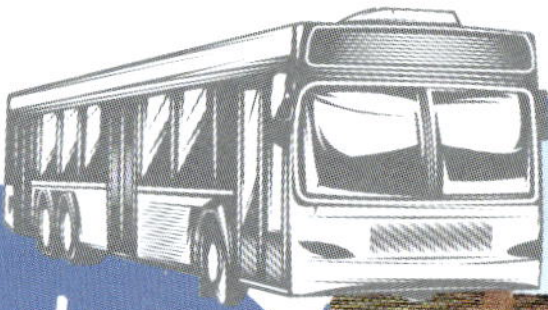

### Freie Fahrt mit dem ÖPNV

Mit der KONUS-Gästekarte (Kostenlose Nutzung des ÖPNV im Schwarzwald) oder dem Deutschlandticket haben Sie freie Fahrt mit Bus und Bahn in allen Verkehrsverbünden der Ferienregion inklusive dem Kaiserstuhl.

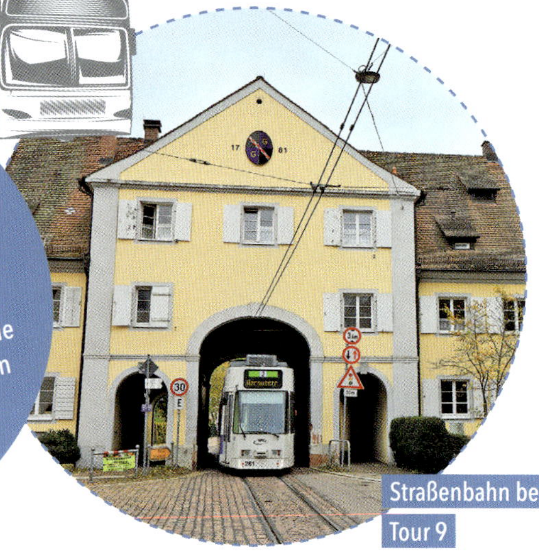

Straßenbahn bei Günterstal
Tour 9

einlädt, werden im Schwarzwald zusehends seltener. Selbst am Feldberg kann es leicht passieren, dass es sich nur an wenigen Tagen lohnt, sich Skier unterzuschnallen. Da wir davon ausgehen, dass sich diese Entwicklung in den nächsten Jahren fortsetzen wird, beinhaltet dieses Buch auch mehrere Touren, die auch im Winter gut möglich sind. Hierzu zählen praktisch alle Strecken auf dem Kaiserstuhl sowie auch die beiden Weinwanderungen bei Glottertal und Buchholz. Andere lassen sich in kürzeren Varianten auch bei Schnee begehen. So wird die Strecke zwischen dem Feldberger Hof, der Todtnauer Hütte und der Sankt Wilhelmer Hütte als Winterwanderweg gepflegt. Auch die Runde um den Titisee ist durch den Rückweg über den Alemannenhof ganzjährig machbar.

## Regen und Schnee – na und?

Natürlich sind Ausflüge in den Schwarzwald und zum Kaiserstuhl am schönsten, wenn die Sonne vom blauen Firmament lacht. Doch an den Tagen, an denen eine graue Wolkendecke mit nassem Schauerwetter einhergeht, haben Freiburg und sein Umland einiges zu bieten.

Fangen wir oben an: Am Seebuck, direkt gegenüber dem Feldberger Hof, geben interaktive Ausstellungen im Haus der Natur spannende Einblicke in die Natur im Feldberggebiet. Nur einen Steinwurf davon entfernt vereint die Fundorena Sport, Spannung und Spaß unter einem Dach, unter anderem mit Trampolinpark, Hochseilpark und einer Boulder-Arena. Unweit davon lädt in Titisee-Ort die Flaniermeile zum Bummeln, das Badeparadies Schwarzwald zum Kurzurlaub unter Palmen ein.

**Checkliste**
**Das sollten Sie dabeihaben**

- Vesper ✓
- Genug zum Trinken ✓
- Erste-Hilfe-Set ✓
- Regenschutz ✓
- Wechselshirt ✓
- Navi/Smartphone mit Offlinekarte ✓

Im ZweiTälerLand ist das Elztalmuseum Waldkirch ein international beachteter Anziehungspunkt. Neben der regionalen Geschichte stehen der Orgelbau und die Sammlung alter Dreh- und Jahrmarktsorgeln im Mittelpunkt der Ausstellung. Gleich drei lohnenswerte Museen hat Endingen am Kaiserstuhl vorzuweisen. Neben dem viel beachteten Vorderösterreichmuseum geben das Käsereimuseum und das Kirschmuseum im Ortsteil Königschaffhausen Einblicke in die Kultur und Tradition.

In Freiburg selbst finden wir schließlich eine ganze Reihe an Tipps für Schlechtwettertage, um mit der Kindergalaxie im Stadtteil St. Georgen, dem Planetarium und dem nahe dem A5-Anschluss Freiburg-Süd gelegenen Keidel Mineral-Thermalbad nur mal drei zu nennen.

## Und los geht's!

Damit wünschen wir Ihnen, dass Sie immer passendes Wetter haben und unsere Tipps Sie dabei unterstützen, zwischen den Wanderungen aktiv und neugierig zu bleiben.

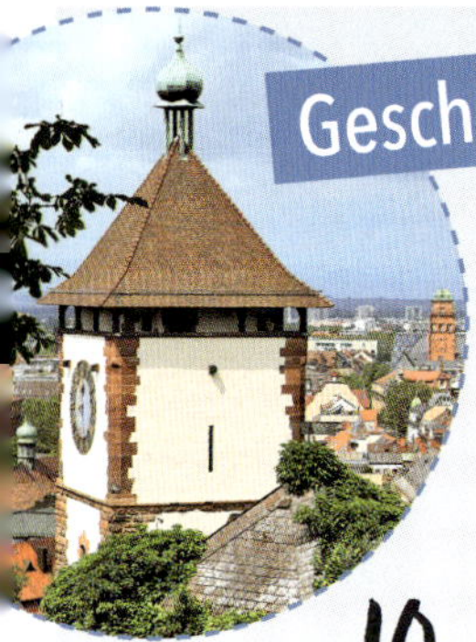

## Geschichte auf Schritt und Tritt

Die Tour über den Schlossberg gleicht einer Zeitreise. Diese beginnt mit dem Bau des Burghaldenschlosses. Später bauten die Habsburger und Franzosen den Berg zu einer massiven Festung aus.

**Freiburger Schlossberg S. 52**

10

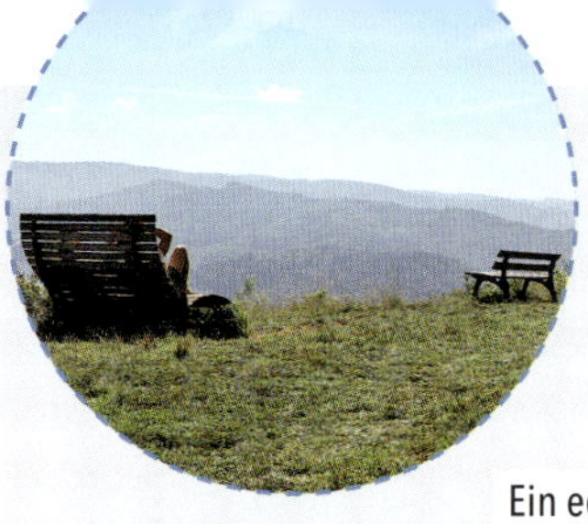

Ein echter Geheimtipp

Nach dem Aufstieg durch die Weinberge von Ebringen erwartet uns die Ruine Schneeburg. Weiter geht es auf den abgeflachten Gipfel des Schönbergs, dazwischen lädt das Gasthaus Schönberghof zur Einkehr.

**Wanderbarer Schönberg S. 46**

8

# UNSERE BESTEN TOUREN

# Highlights

Bei Freiburg gibt es reichlich schöne Wanderziele. Hier findet jeder etwas Passendes nach seinem Geschmack. So erfüllt auch unsere Auswahl ganz unterschiedliche Interessen.

## Die geht immer

Der einfache Weinlehrpfad von Buchholz bietet herrliche Aussichtspunkte mit Blick über das Elztal zum Schwarzwald und über die Rheinebene zum Kaiserstuhl. Die Runde eignet sich auch bestens für eine Winterwanderung.

**Buchholzer Weinlehrpfad S. 108**

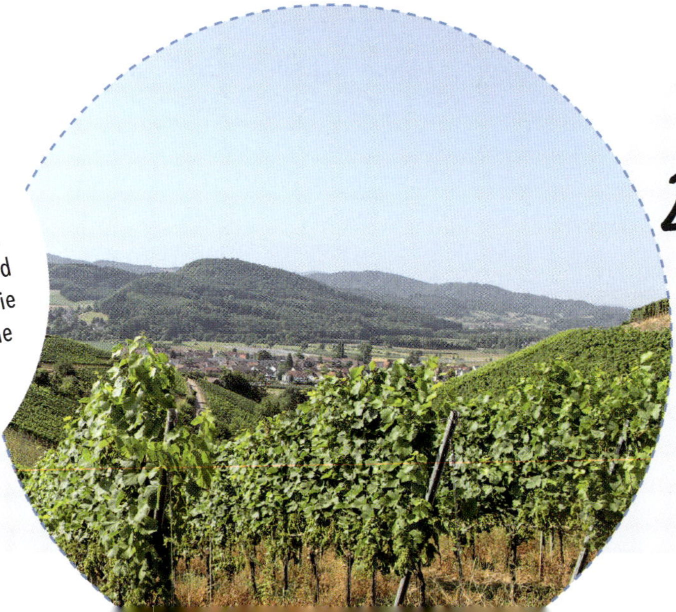

24

2

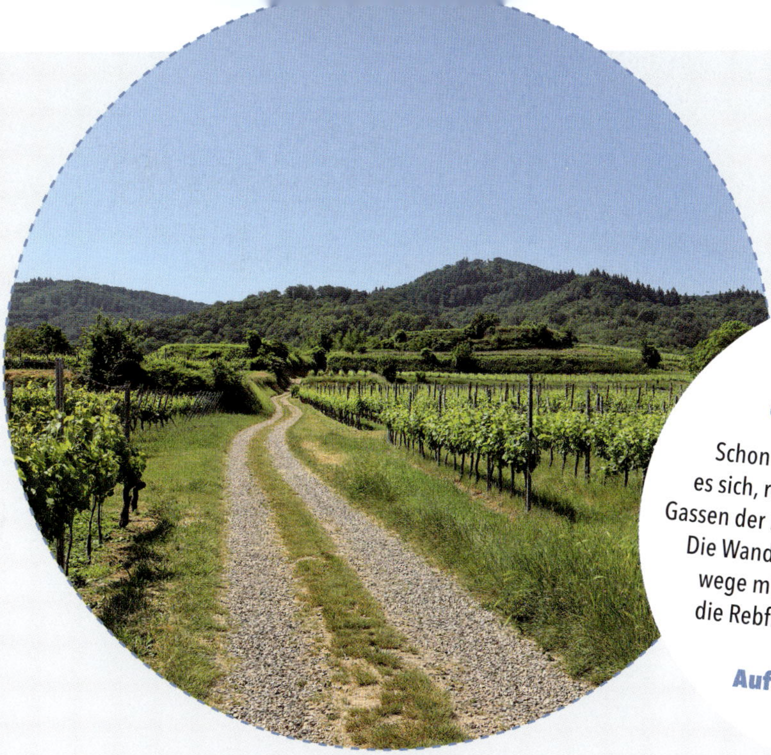

## Ruhige Runde am Kaiserstuhl

Schon für den Startort Endingen lohnt es sich, reichlich Zeit einzuplanen, um die Gassen der mittelalterlichen Stadt zu erkunden. Die Wanderung verbindet ruhige Wanderwege mit malerischen Aussichten über die Rebflächen am Kaiserstuhl und der Katharinenkapelle.

**Auf den Katharinenberg S. 20**

## Tagestour für Sportliche

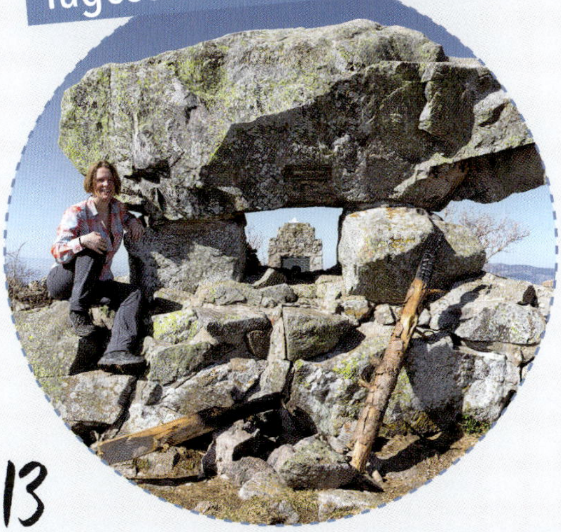

13

Die Wanderung von Himmelreich über den Hinterwaldkopf bis nach Hinterzarten verbindet den Breisgau mit dem Hochschwarzwald. Entsprechend viele Höhenmeter sind zu leisten. Dafür geht die Tagestour mit zwei traumhaft gelegenen Hütten einher.

**Über den Hinterwaldkopf S. 64**

18

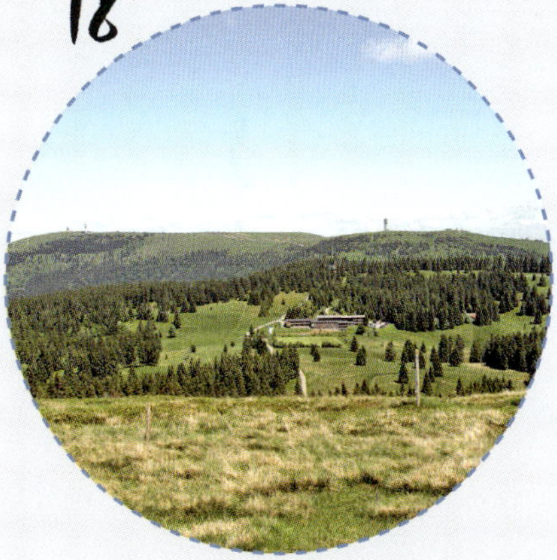

Der Hausberg von Bernau

Das Herzogenhorn ist der einzige Schwarzwaldgipfel über 1400 Meter, der nur zu Fuß erreichbar ist. Damit herrscht hier deutlich weniger Trubel als am Feldberg oder am Belchen.

**Auf das Herzogenhorn S. 84**

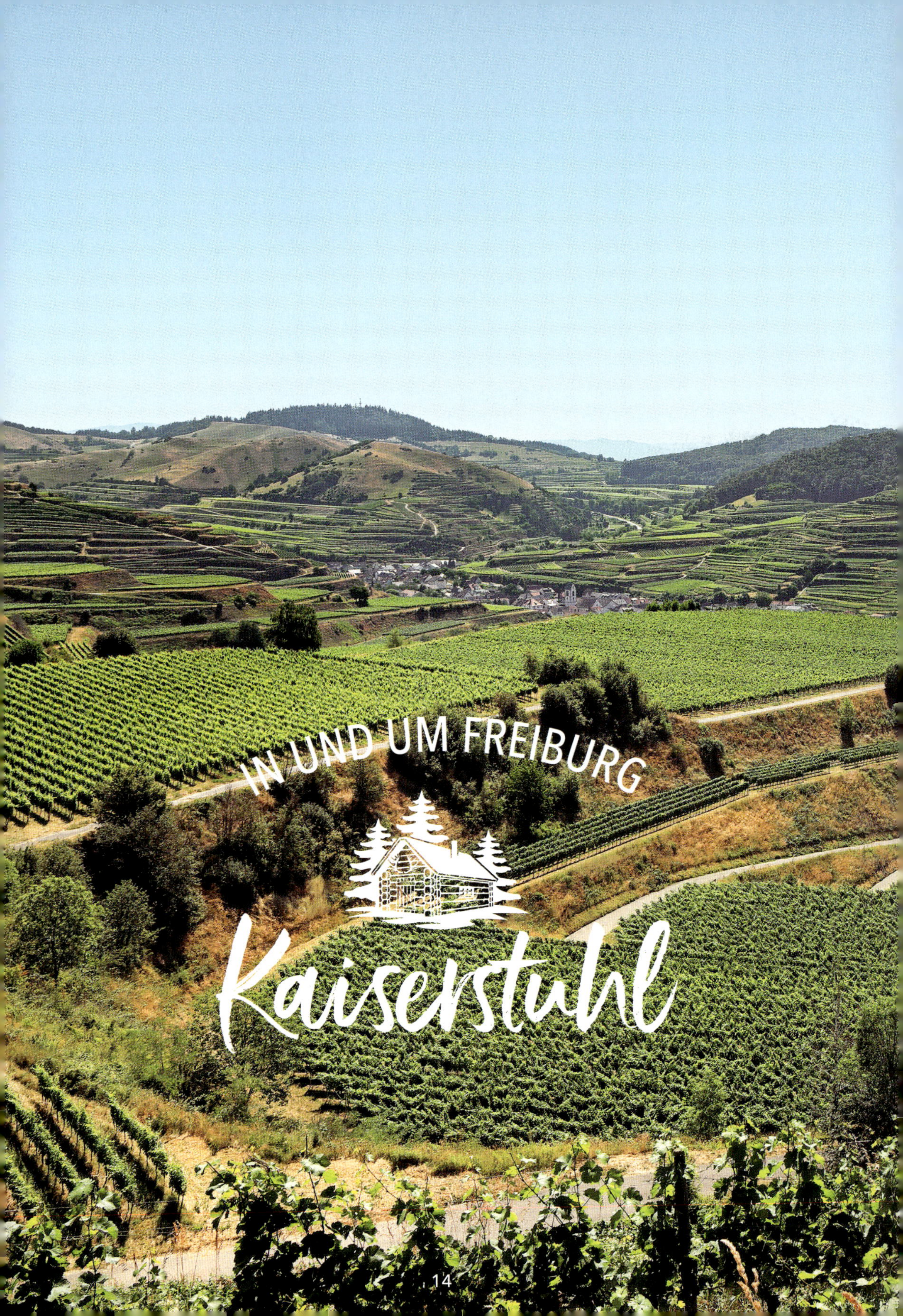

IN UND UM FREIBURG

# Kaiserstuhl

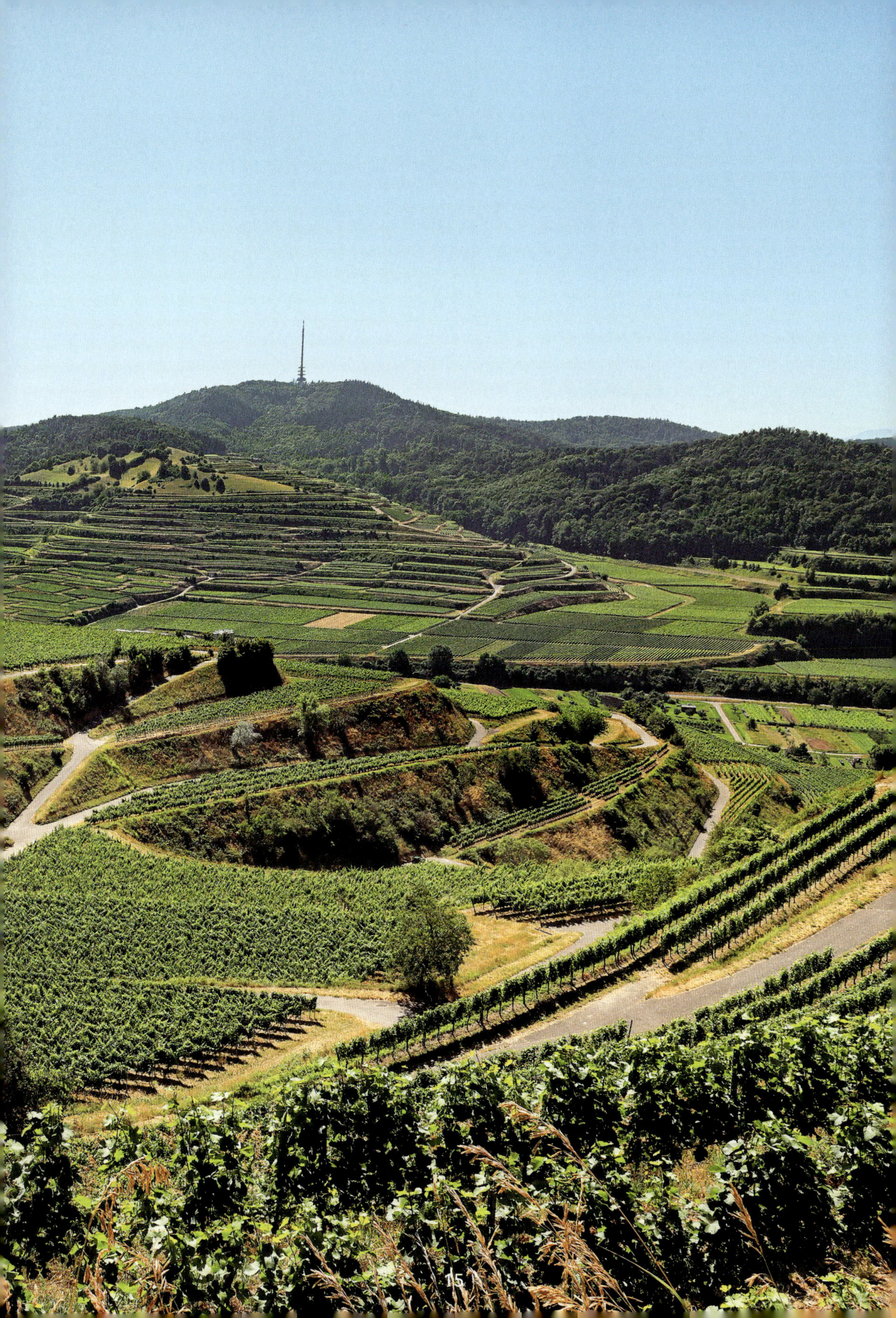

# 1 Burgen bei Sasbach

Unsere erste Erlebniswanderung führt von Sasbach über die Litzelbergkapelle zur Ruine Limburg. Nach einer längeren Passage am Rhein erwartet uns ein herrlicher Blick auf die Burg Sponeck. Ab dort wandern wir um den Humberg sowie durch malerische Weinberge nach Jechtingen.

Los geht es am Bahnhof von Sasbach. Nach der ersten Orientierung folgen wir der Hauptstraße an der Bürgerstube Sasbach vorbei bis zum Gasthof Löwen. Wir laufen um das Gasthaus herum, um dann rechts in die Habsburger Straße abzubiegen. Wo diese nahe einer kleinen Hofkapelle endet, geht es erst links durch die Limburgstraße, dann rechts um den Spielplatz herum zum Kreuzweg.

## Aufstieg zur Litzelbergkapelle

Dieser führt uns zunächst bergan an den Ortsrand, dann links durch den Weinberg. Bei einem ersten Aussichtspunkt über Sasbach informieren zwei Tafeln über den Weinbau in der Gemeinde sowie den vulkanischen Ursprung des Litzelbergs. Weiter bergan erreichen wir nach gut 1,6 Kilometern ab dem Bahnhof die Litzelbergkapelle.

### Wallfahrt am Litzelberg

Die Wallfahrt am Litzelberg hat ihren Ursprung im 14. Jh. Laut der Sage soll ein Gnadenbild der Schmerzhaften Muttergottes auf den Hügel gebracht worden sein. Weil es sich von dort nicht mehr von der Stelle bewegen ließ, wurde hier eine erste Kapelle errichtet. 1667 erfolgte die Grundsteinlegung der heutigen Kapelle, die 1752 deutlich vergrößert wurde. Heute wird sie durch ein Schwesternkonvent betreut.

## Über den Breisgaublick zum Keltenwald

Der Wanderweg führt links an der Kapelle vorbei in den Wald, wo wir über einen Treppenweg wieder hinunter in die Reben gelangen. Geradeaus kreuzen wir den Wirtschaftsweg, nehmen nach einem Abschnitt durch die Kulturfläche aber doch den Fahrweg zum Wegweiser »Leimengrube«. Weiter bergan lassen wir den nächsten Wirtschaftsweg aus, um dann dem Fahrweg bzw. der gelben Raute hoch zum Keltenwald zu folgen. Kurz bevor wir den Waldrand erreichen, liegt uns beim Breisgaublick der nördliche Breisgau zu Füßen.

## Aussichten wie am Schnürchen

Beim Wegweiser »Keltenwald« halten wir uns links und folgen der Beschilderung um den Gipfel des Limbergs herum sowie über den Standort eines römischen Kastells – erst

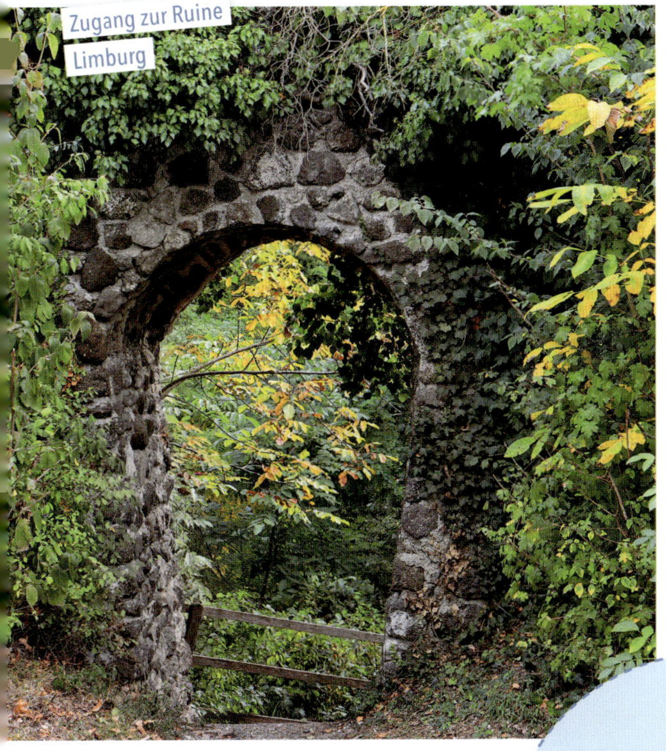

Zugang zur Ruine Limburg

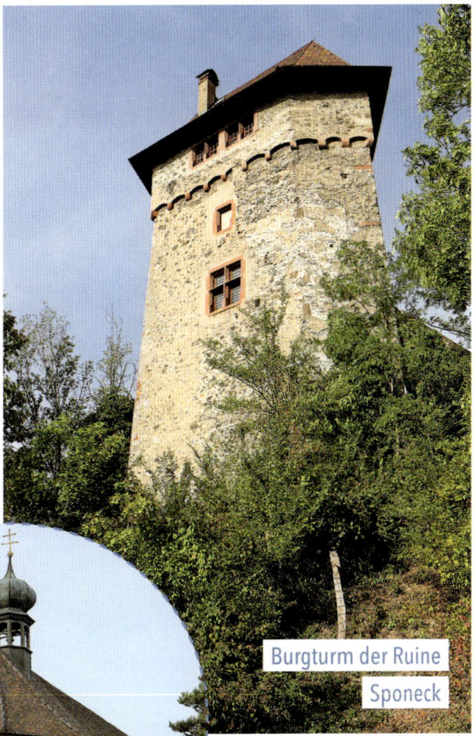

Burgturm der Ruine Sponeck

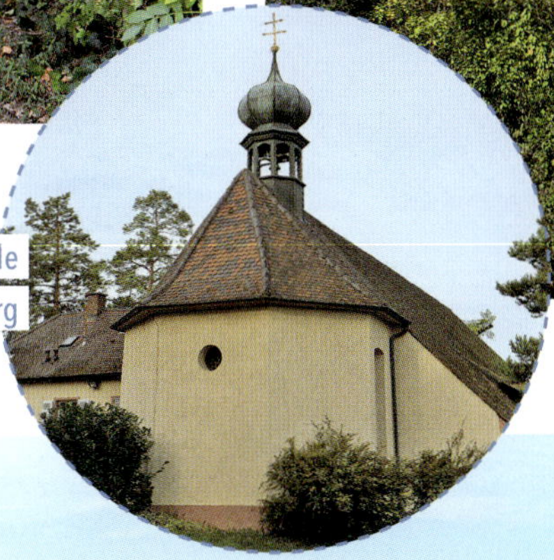

Die Wallfahrtskapelle am Litzelberg

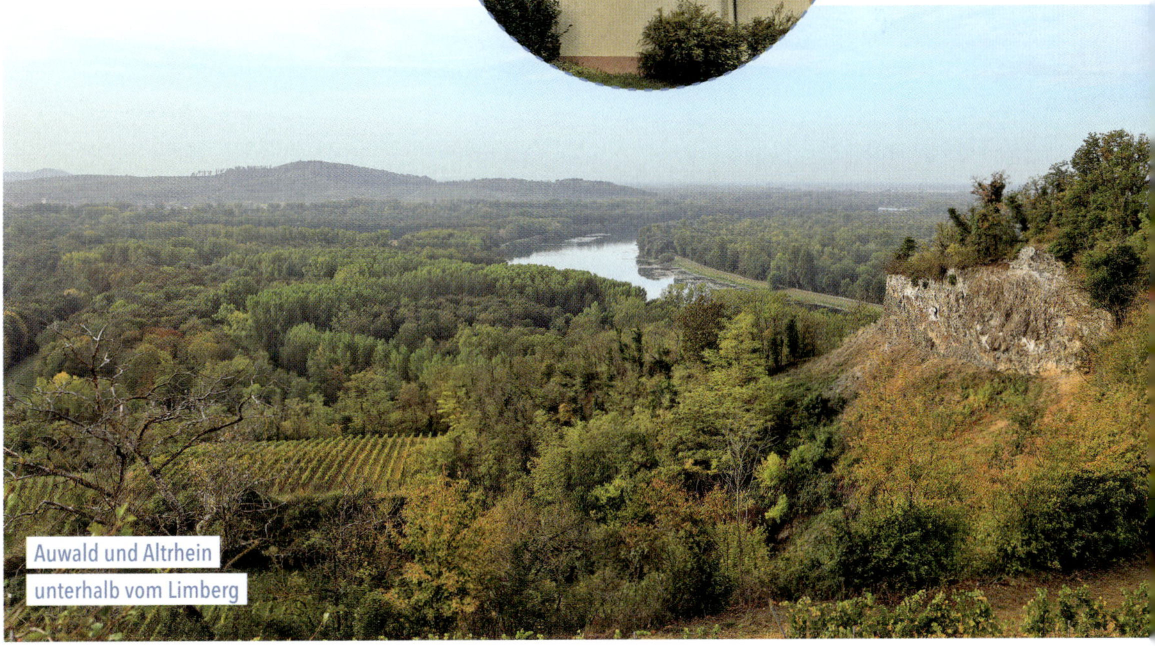

Auwald und Altrhein unterhalb vom Limberg

rechts zum Vogesenblick, dann einen Steinwurf weiter links zum Kaiserstuhlblick. Links und rechts des namensgebenden Vulkans schließt der Schwarzwald mit dem Blauen im Süden und dem Kandel im Norden an. Während das größte deutsche Mittelgebirge oft nur schemenhaft zu erkennen ist, eröffnet uns der Kaiserstuhlblick eine malerische Sicht auf eine Flussschlaufe des Oberrheins und den begleitenden Auwald.

Nach den beiden Abstechern tauchen wir am Wegende rechts in den Wald ein. Auf einem schmalen Pfad geht es am Standort der abgegangenen Alten Limburg vorbei zum Wegweiser »Steinbruch Süd« und in nördlicher Richtung bis zum Graben unterhalb der Ruine Limburg. Der Abstecher zu den Resten der Festung lohnt auch hier vor allem wegen der Aussicht über den Rhein und die Elsässer Ebene zu den Vogesen und – weiter südlich – der Burgundischen Pforte. Auf dem Burggelände finden wir einige Rastmöglichkeiten nebst Infotafeln zur Geschichte der Limburg.

## Auf dem Rheinauenweg

Zurück beim Wegweiser »Limburg-Graben« nutzen wir anschließend den Wiedehopfpfad hinunter zum Zollhäusle, wo wir die Straße auf Höhe des Parkplatzes queren. Dort treffen wir auf den Rheinauenweg, dem wir erst links bis zum Biergarten zur Limburg, dann rechts über einen Altarm des Rheins zum Sasbacher Altrheinwehr folgen. Die nächsten gut 3,5 Kilometer sind die bequemsten in diesem Wanderführer. Bei kaum spürbaren Höhenunterschieden sind es vor allem die auf den Stauwehren in großer Zahl sitzenden Kormorane, die unsere Aufmerksamkeit auf sich lenken. Wem die Tour dadurch zu lang wird, der kann beim Pausenplatz am Rhein links über den Sportplatz nach Jechtingen abkürzen. Alle anderen biegen erst 1200 Meter weiter flussaufwärts mit dem Rheinauenweg und Radweg nach Jechtingen ab.

## Burg Sponeck und Römerkastell

Beim Parkplatz Sponeck besteht eine zweite Abkürzung nach Jechtingen. Außerdem trennen sich dort die Wege. Während der Rheinauenweg rechts durch den Auwald zurück an den Fluss führt, steigen wir geradewegs hinauf zur Burg Sponeck. Die teilrestaurierte Burgruine befindet sich im Privatbesitz. Eine Besichtigung ist am jeweils 1. Mai und am Tag des Denkmals (2. Sonntag im September) möglich. Wenn die Gartentür offen steht, ist außerdem der Zugang zur Mauer des altrömischen Kastells möglich. In dem Fall erhalten wir dann den gewünschten Blickwinkel auf den Burgturm.

Ab der Sponeck folgen wir der gelben Raute südlich um den Humberg herum und am Ehrlacher Kreuz vorbei bis zum Habersattel. Dort biegen wir links ab, halten uns gut 200 Meter weiter beim folgenden Wegweiser ebenfalls links und folgen der gelben Raute auf wechselnden Wegen durch die Reben bis zu Gerharts Strauße. Vorbei an dem beliebten Ausflugslokal treffen wir am Wegende erst auf die Abkürzung vom Sponeck, dann rechts beim Wegweiser »Am Dorfgraben« auf die Verbindung vom Pausenplatz. Rechts sind es entlang des Dorfgrabens nur noch wenige Minuten bis zu unserem Ziel in Jechtingen.

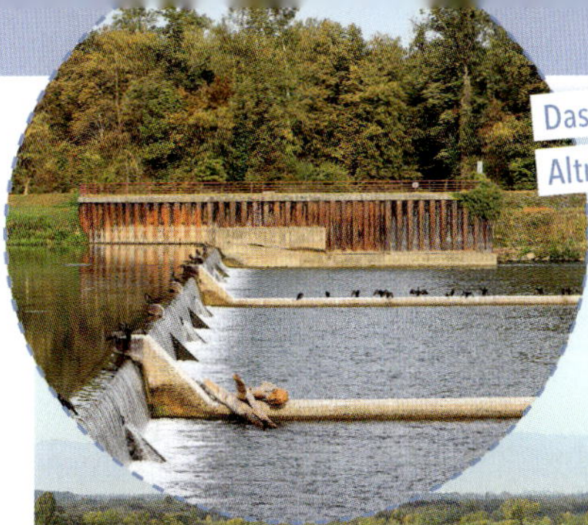

Das Sasbacher Altrheinwehr

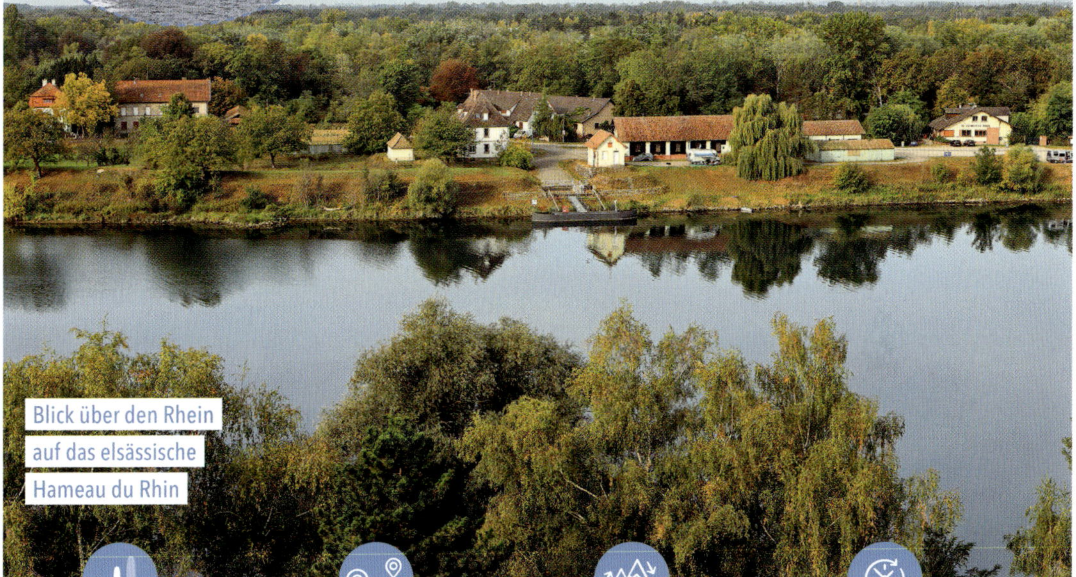

Blick über den Rhein auf das elsässische Hameau du Rhin

mittel | 12,6 km | 260/250 Hm | 3.45 h

# Auf einen Blick

**Tourencharakter**
Abwechslungsreiche Streckenwanderung auf überwiegend breiten Wegen mit herrlichen Aussichten und reizvollem Abschnitt am Rhein. Der Abstieg zur Limburg erfolgt auf steinigem Pfad.

**Ausgangspunkt**
Bahnhof Sasbach
GPS 48.1388, 7.6203

**Endpunkt**
Bahnhof Jechtingen
GPS 48.1205, 7.6108

**Anfahrt**
ÖPNV: Ab Freiburg Hauptbahnhof mit der S1 nach Breisach, weiter mit der S5 über Jechtingen bis Sasbach am Kaiserstuhl

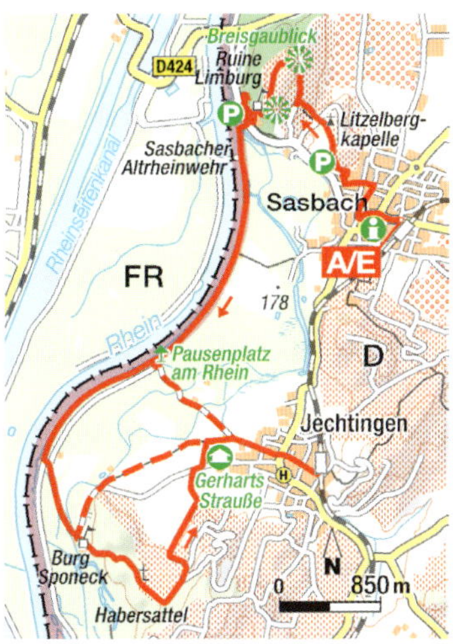


Auto: Mit dem Auto von der A 5 Karlsruhe–Basel bei Ausfahrt 59 abfahren und der Beschilderung nach Sasbach folgen. Die Zufahrt zum Bahnhof erfolgt über die Hauptstraße. Im Ort bestehen nur wenige Parkmöglichkeiten.

**Einkehr**
Gasthaus zur Limburg, Mi–So 11–14:30 Uhr und ab 17:30 Uhr, Biergarten ab April bis Ende Oktober Di–So ab 11 Uhr, gasthaus-zur-limburg.de; Gerharts Straußе, So und Fei ab 12 Uhr, Di–Sa ab 17 Uhr, gerhart-strausse.de

RUHIGE RUNDE AB ENDINGEN

2

# Auf den Katharinenberg

Mit 492 Metern ist der Katharinenberg die vierthöchste Erhebung des Kaiserstuhls. Benannt ist diese nach einer erstmals 1402 erwähnten Kapelle. Nach dem Besuch der kleinen Kirche lohnt sich beim Rückweg ein Abstecher zur Friedenstaube, einem idyllischen Rastplatz am Galgenberg.

Ab dem Bahnhof von Endingen folgen wir der Beschilderung des Neunlindenpfads durch die Üsenberger Straße und das St. Jakobsgässli zum Bürgerhaus mit der Polizeistation.

## Mittelalterliches Endingen

Gleich danach geht es links zum Üsenberger Hof. Das zweistöckige Fachwerkhaus aus dem späten 15. Jahrhundert macht mit dem Vorderösterreich-Museum die Habsburger Zeit greifbar. Im Erdgeschoss befindet sich die Touristinformation von Endingen. Sehenswert sind außerdem spätgotische Fresken im Innern des Gebäudes.

Noch vor dem prächtigen Gebäude geht es durch das Löwengässli zur Hauptstraße und dann rechts zum Marktplatz mit dem Kaiserstühler Heimatmuseum im Alten Rathaus. Als kostbarsten Schatz nennt die Stadt 14 Wappenscheiben von 1528/29 im Bürgersaal. Daneben erinnern Folterwerkzeuge und das Richtschwert an die Endinger Gerichtsbarkeit. Am pittoresken Marktplatzbrunnen finden wir mit dem rot-weiß-roten Bindenschild ein weiteres Zeugnis der österreichischen Vergangenheit.

Altes Kornhaus von Endingen

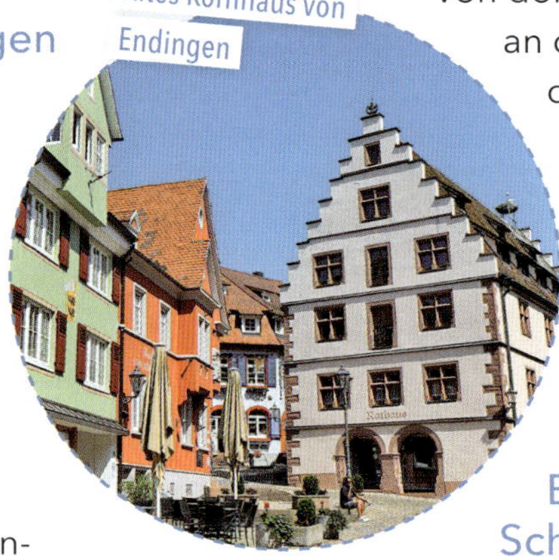

Von dort führt der Neunlindenpfad an der Kornhalle von 1617 mit dem Rathaus vorbei zur Kirche St. Martin sowie weiter geradeaus zur Stollbruckstraße. Rechts trennen uns nur wenige Meter vom Gasthaus Schützen und der Marienkapelle.

## Bilderbuchaufstieg zur Schindhalde

Bei der Kapelle wechseln wir rechts auf den Kirschbaumpfad, zweigen von diesem jedoch beim Wegweiser »Im Teninger Acker« wieder links ab (gelbe Raute). Damit verlassen wir Endingen durch einen Hohlweg, an dessen oberen Ende sich die Sicht malerisch über die Weinfelder von Endingen öffnet. Im Süden wird das Bild durch den bewaldeten Katharinenberg mit der gut zu erkennenden Kapelle begrenzt.

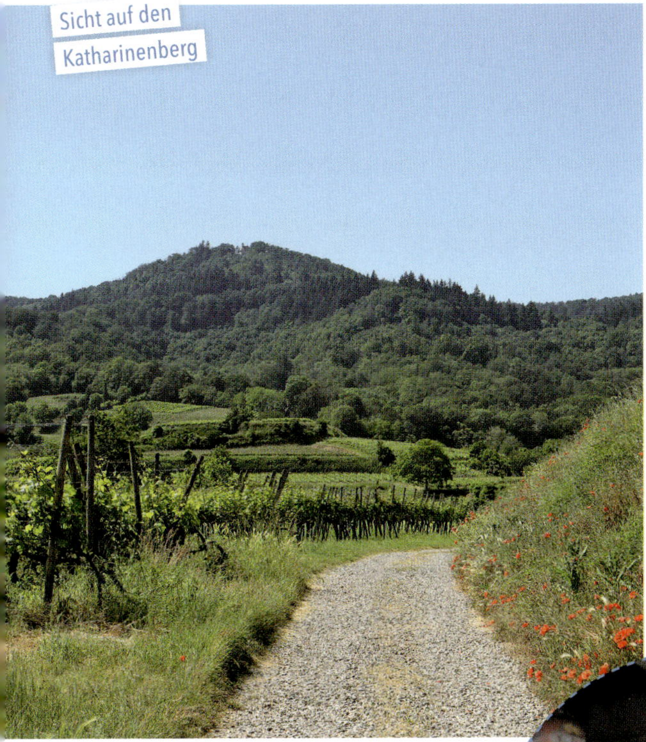

Sicht auf den Katharinenberg

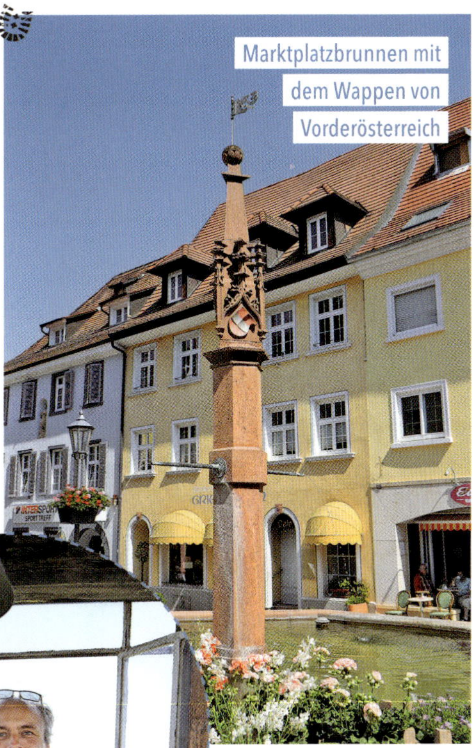

Marktplatzbrunnen mit dem Wappen von Vorderösterreich

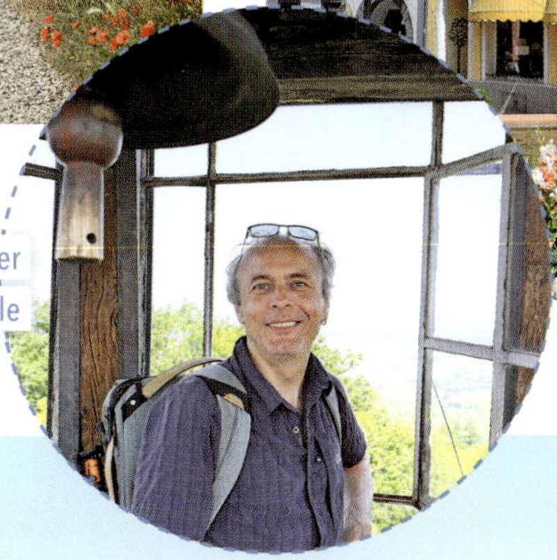

Im Turm der Katharinenkapelle

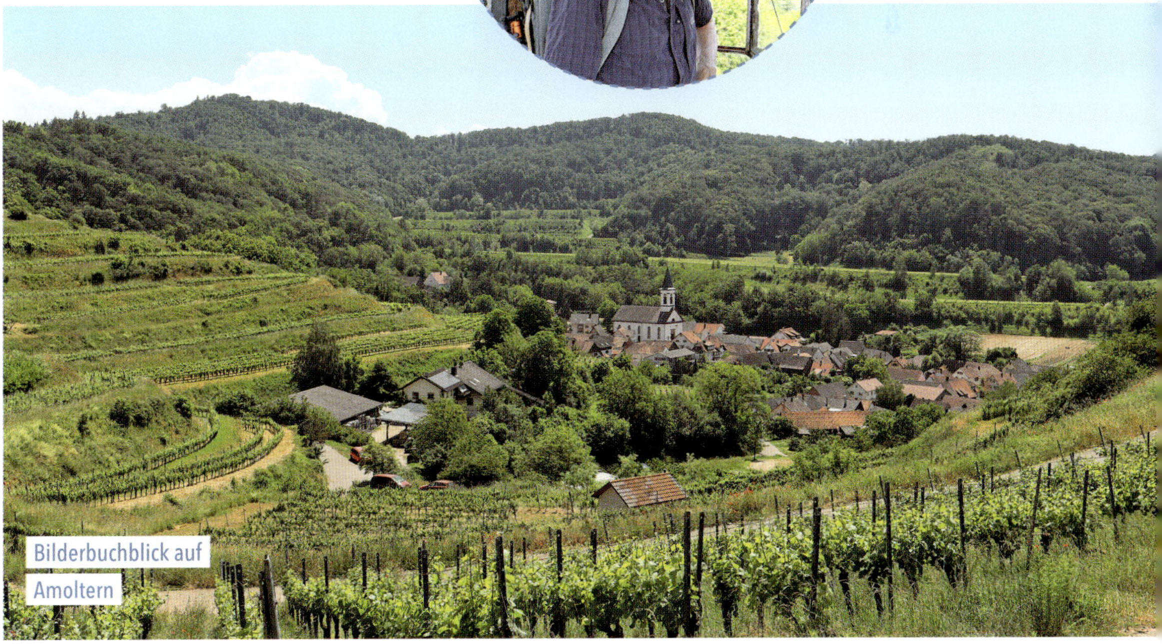

Bilderbuchblick auf Amoltern

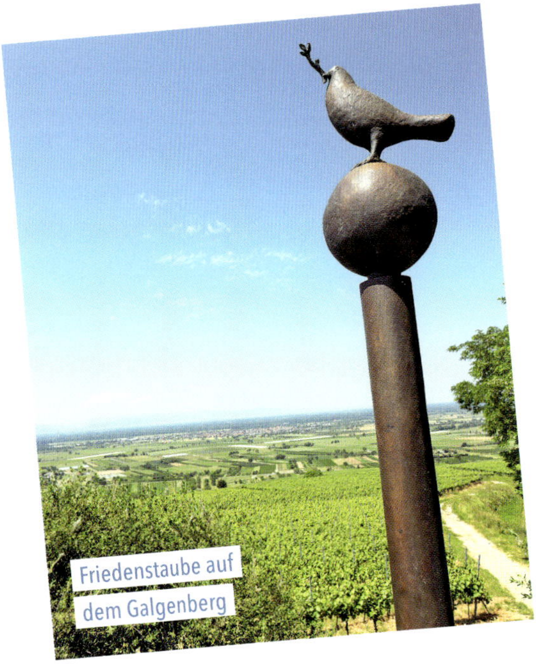

Friedenstaube auf dem Galgenberg

## Aufstieg zur Katharinenkapelle

Beim Wegweiser treffen wir wieder auf den Neunlindenpfad, dem wir nun weiter bergan über den Holzplatz, den Wegweiser »Neuer Weg« und das Seilnachtkreuz hoch zur Katharinenkapelle auf dem Katharinenberg folgen. Ein erster Kapellenbau wird hier für die Zeit um 1330 angenommen. Erstmals erwähnt wurde der Kirchenbau in Aufzeichnungen aus der Zeit um 1400, in denen von täglichen Besuchen der Kapelle durch Einheimische sowie auch Bürger umliegender Gemeinden die Rede ist. Nachdem die Kapelle bereits unter dem Bauernkrieg schwer gelitten hatte, wurde sie im Dreißigjährigen Krieg vollends zerstört.

Ein zweiter, ebenfalls einfacher Bau erfolgte ab 1650. Nachdem zwischenzeitlich von einem hölzernen Behelfsbau die Rede war, wurde am 1. Juli 1722 durch den Rat der vorderösterreichischen Stadt Endingen der Neubau beschlossen. Am 2. August 1723 erfolgte die feierliche Kirchweihe. Die Auswirkungen der Französischen Revolution, Stürme und selbst Blitzeinschläge

Mit diesem schönen Eindruck folgen wir dem Wirtschaftsweg stetig bergan zum Aussichtspavillon der Winzergenossenschaft. Wo sich der Weg oberhalb davon gabelt, halten wir uns links, um einen guten Steinwurf weiter ebenfalls links auf die Straße hoch zum Wegweiser auf der Schindhalde einzubiegen.

### Unvollendetes Kirchlein – die Katharinenkapelle

Oben auf dem Katharinenberg treffen die Gemarkungen von Amoltern, Endingen und Schelingen aufeinander. Nach dem Beschluss von 1722 sollte der Neubau der Katharinenkapelle derart erfolgen, dass der Markstein der dreifachen Grenze zum Mittelpunkt der Kirche wird. Auf Endingen entfiel dabei der Hauptteil mit dem Kirchenchor. Aufseiten von Amoltern und Schelingen sollte das Kirchenschiff entstehen. Diese waren damals jedoch außerstande, die eingegangene Baupflicht zu erfüllen. Daher wurde nur der von Endingen beigesteuerte Teil der Kapelle gebaut. Der Markstein der drei einst eigenständigen Gemeinden befindet sich somit unter den Stufen des Kapelleneingangs.

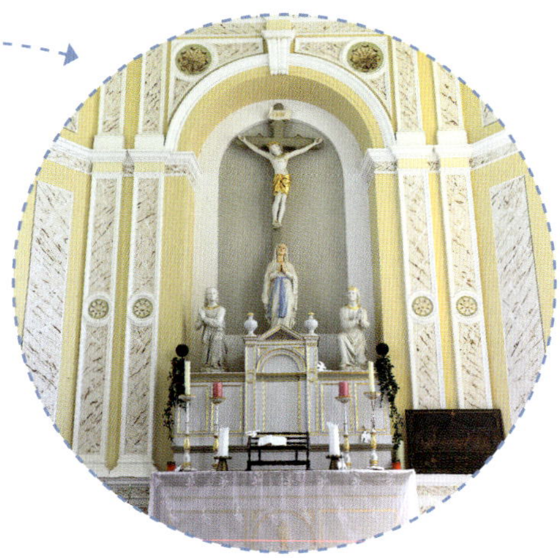

mittel | 9,7 km | 400 Hm | 3.30 h

## Auf einen Blick

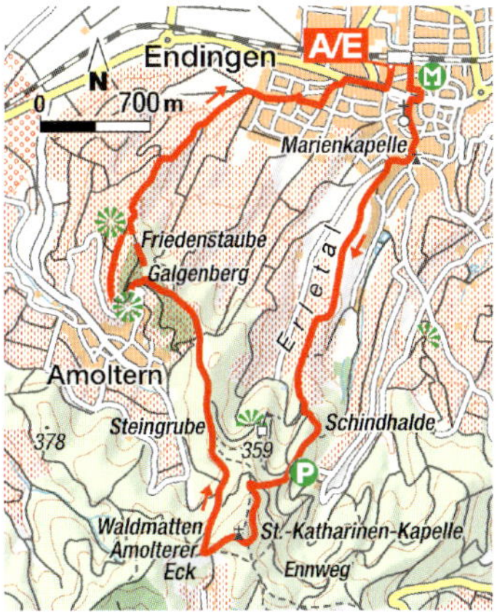


**Tourencharakter**
Abwechslungsreiche Runde auf überwiegend stillen (Neben-)Wanderwegen mit nur geringen technischen Anforderungen

**Ausgangs-/Endpunkt**
Bahnhof Endingen
GPS 48.1441, 7.7030

**Anfahrt**
ÖPNV: Ab Freiburg Hauptbahnhof mit der S 11 nach Endingen am Kaiserstuhl

Auto: Mit dem Auto von der A 5 Karlsruhe-Basel bei Ausfahrt 59 nach Sasbach abfahren, weiter auf der L 113 nach Endingen. Die Zufahrt zum Bahnhof erfolgt über die Maria-Theresia-Straße und Carl-Lösch-Straße.

**Einkehr**
Kiosk an der St.-Katharinen-Kapelle, Sa u. So 11–17 Uhr

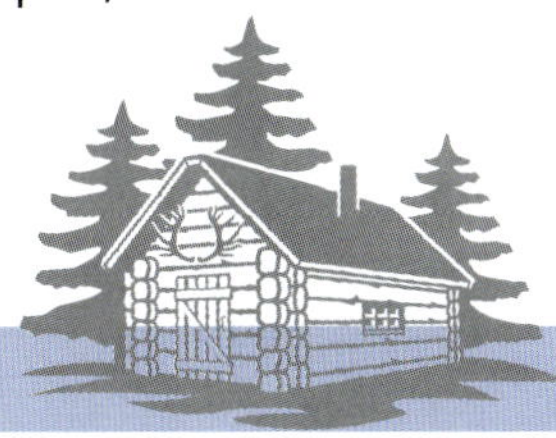

setzten auch diesem Bau zu. Die Wiederherstellung gelang erst nach einem überraschenden Besuch Großherzogs Friedrich von Baden, bei dem zwei Engel und ein Kruzifix für die St.-Katharinen-Kapelle gestiftet wurden. Am 7. Oktober 1862 konnte die heute noch bestehende Kapelle eingeweiht werden.

### Steingrube, Amolterer Heide und Friedenstaube

Nach dem Besuch der Kapelle und der Besteigung ihres winzigen Türmchens geht es auf einem kurzen Abschnitt auf dem Katharinenpfad hinunter ans Amolterer Eck. Dort halten wir uns halb rechts, sodass wir zur Kreuzung beim Wegweiser »Waldmatten« kommen. Rechts ginge es über die Saulache zurück zu unserem Hinweg.
Wir laufen also geradeaus weiter in Richtung Steingrube. Wo der Weg nach etwa 200 Metern eine Linkskurve beschreibt, war bei unserer Begehung ein Wegweiser missverständlich angebracht. Um nicht nach Amoltern hinunterzulaufen, wechseln wir rechter Hand auf den weniger stark ausgeprägten Pfad. Der Abstieg erfolgt damit weiter durch den Wald zur Steingrube sowie geradeaus ab dem unteren Waldrand durch das Naturschutzgebiet Amolterer Heide zum Galgenberg. Dort haben wir die Wahl: Links vereint der Weg um den Galgenberg mehrere Aussichtspunkte auf das idyllisch von Weinbergen umgebene Amoltern.

Nach Norden würde man direkt den Rastplatz bei der Friedenstaube erreichen. Wo unterhalb der Friedenstaube beide Varianten zusammentreffen, erfolgt der weitere Rückweg in nordöstlicher Richtung bis zum Wegweiser »Bühle«, dann rechts über den Wegweiser »Schöneberg« zurück nach Endingen.

Zur Oberbergener Top-Weinlage

3

# Einmal um die Bassgeige

Der Name Bassgeige leitet sich von der Form der Weinlage oberhalb von Oberbergen ab, die dem Streichinstrument ähnelt. Die Wanderung führt in den zentralen Kaiserstuhl und eröffnet uns schon im Anstieg auf die alte Caldera tolle Aussichten über die einzigartige Kulturlandschaft.

Als Ausgangspunkt haben wir den gut zu erreichenden Bahnhof in Oberrotweil gewählt. Von dort laufen wir am Landhaus Trautwein vorbei zur Bahnhofstraße.

## Aufstieg von Oberrotweil auf die Mondhalde

Unser erstes Ziel ist der Pavillon Mondhalde. Damit überqueren wir die Straße und den Krottenbach und biegen anschließend in die Brückenstraße ab. Wo diese endet, geht es mit der gelben Raute erst links durch die Eichbergstraße, 150 Meter weiter rechts zum Wegweiser unterhalb des Friedhofs. Dort treffen wir auf den Querweg Schwarzwald-Kaiserstuhl-Rhein, der uns mit schöner Sicht auf die Kirche von Oberrotweil um ein Weinfeld herum zum Wegweiser »Panoramaweg« führt. Von Oberbergen werden wir später hierher zurückkommen.

Wir bleiben also auf dem Querweg bzw. folgen der roten Raute auf gelbem Grund auf dem Fahrweg zur Stele von 2015. Sie wurde zum 50-jährigen Jubiläum des Touristikvereins von Oberrotweil gestiftet. Hier lohnt es sich, innezuhalten und den Blick über die Terrassen der Bassgeige zum Totenkopf sowie das Winzerdorf Oberbergen schweifen zu lassen. Weiter geht es auf dem Fahrweg zur Aussicht bei der Helenen-Stele. Wenige Schritte oberhalb wechseln wir beim Hochbehälter links auf den teils grasbewachsenen Pfad. Gegenüber der Straße kürzt dieser zum Wegweiser »Badenberg« ab. Die letzten 200 Meter bis zum Pavillon Mondhalde erfolgen dann wieder auf dem Fahrweg.

Nachdem wir im Anstieg etliche malerische Aussichten über die Bassgeige und das Mittelgebirge sowie über die Rheinebene und das Elsass zu den Vogesen gesammelt haben, lädt auch der Pavillon zum Verweilen und Landschaftsgenuss ein. Das gilt insbesondere an drei Samstagen im Juli, wenn hier die Sunset-Lounge öffnet und bis in die Nacht hinein zu Livemusik gefeiert wird. Hoffen wir, dass diese schöne Veranstaltung erhalten bleibt.

## Auf dem Katharinenpfad zum Texaspass

Vom Ende des Fahrwegs führen der Querweg und Katharinenpfad weiter bergan auf

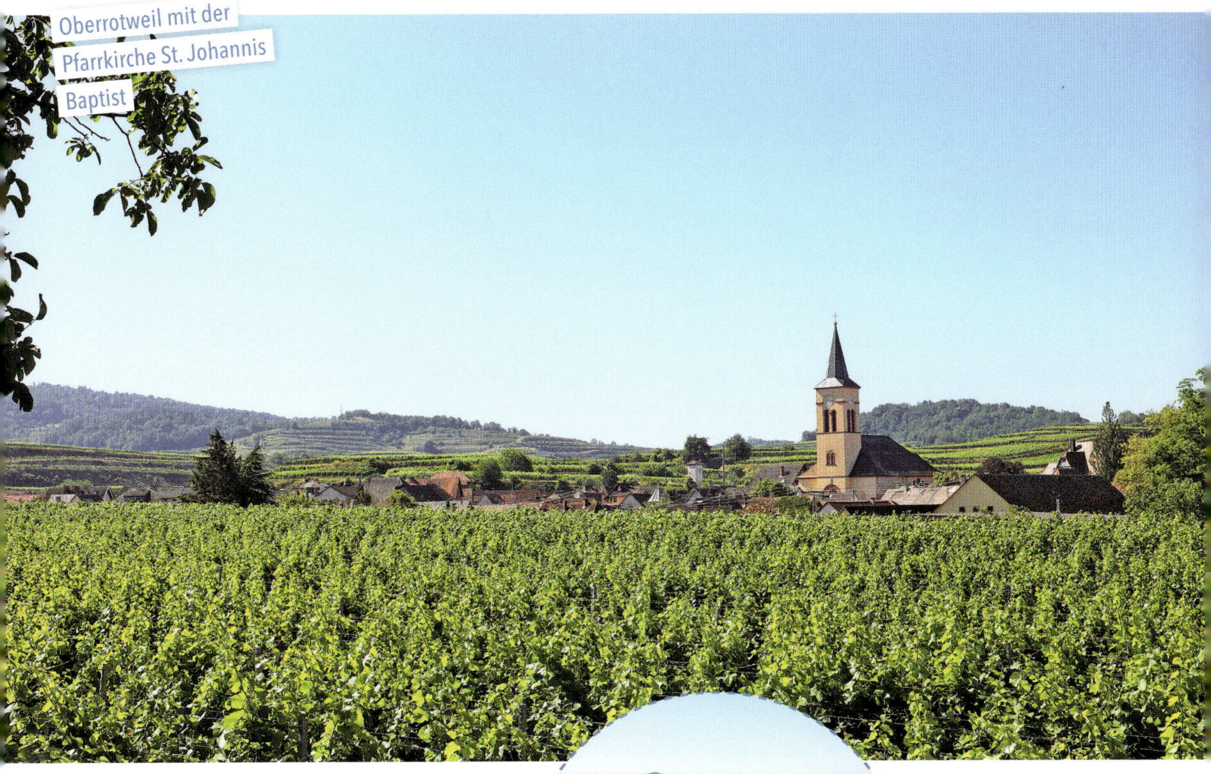

Oberrotweil mit der Pfarrkirche St. Johannis Baptist

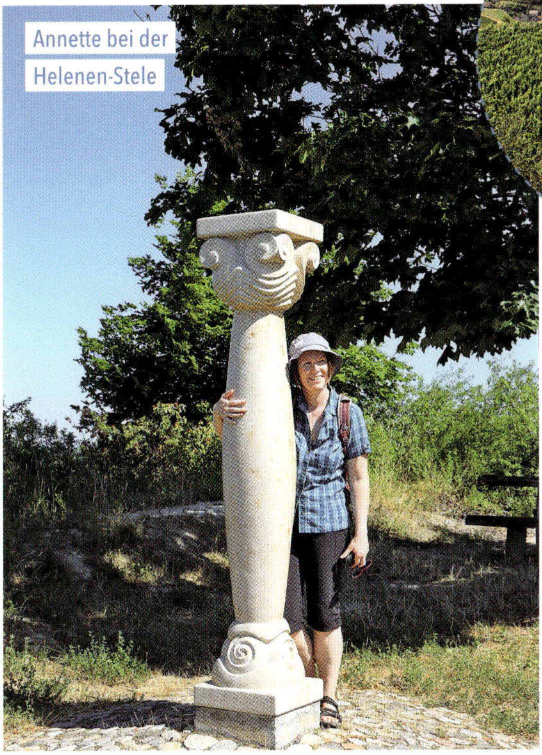

Annette bei der Helenen-Stele

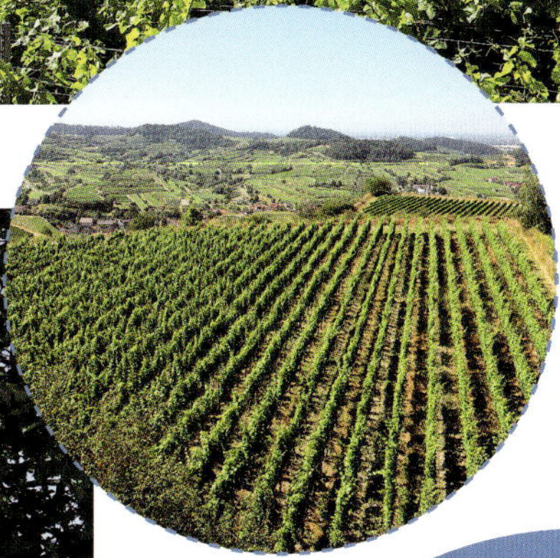

## Weinlage Oberbergener Bassgeige

Die Weinlage Bassgeige zählt mit 280 Hektar Anbaufläche zu den größten Einzellagen am Kaiserstuhl. Für die hohe Qualität der hier angebauten Rebsorten sind gleich mehrere Faktoren verantwortlich. So speichert der vulkanische Lösslehmboden das Niederschlagswasser, während die steilen Hänge mit ihrer Ausrichtung nach Westen, Süden und Osten von der Sonne verwöhnt werden.

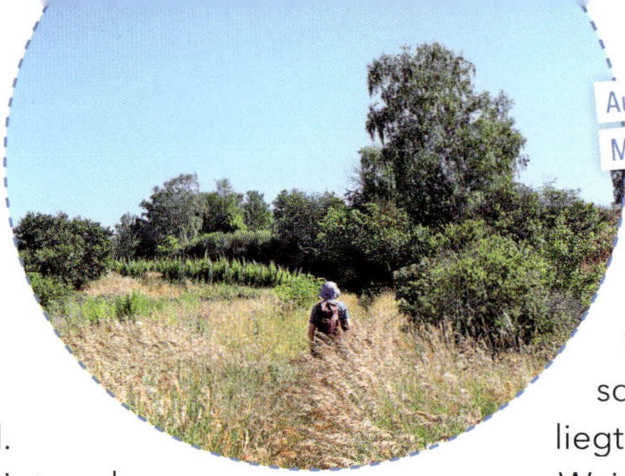

Aufstieg zum Pavillon Mondhalde

die Mondhalde. Der Wegweiser steht direkt am nächsten Fahrweg. Das ist leicht verwirrend. Denn der Querweg zweigt noch vor der Straße links mit dem Katharinenpfad ab. Nach wenigen Schritten am Waldrand und einer Passage durch die Reben wandern wir weiter bergan bis zum Wegweiser »Geißensee«. Der Name des etwas weiter oben gelegenen Gewässers verspricht mehr, als er hält. Tatsächlich ist der Geißensee bestenfalls ein Tümpel, der zudem oft austrocknet. Allein, dass auf dieser Höhenlage Wasser aus dem Vulkanberg austritt und sich hält, ist bemerkenswert.

Wer möchte, kann beim Geißensee den Umweg über die nahe Bassgeigenhütte nehmen. Mit der gelben Raute ginge es in dem Fall über den Parkplatz nahe der Hütte zum Hasenlager. Alle anderen überwinden auf dem hier bewaldeten Katharinenpfad bald den höchsten Punkt der Runde. Wieder leicht bergab folgen wir der Beschilderung über den Wegweiser »Eck« ebenfalls zum Hasenlager. Danach sind es noch gut 200 Meter bis zum Kiechlinsberger Eck am Texaspass.

## Bilderbuchlandschaft am Schneckenberg

Ab der Passhöhe folgen wir zunächst noch dem Katharinenpfad über den Pulverbuck bis zum Lochacker. Dort trennen sich die Wege: Während der Katharinenpfad geradeaus zur namensgebenden Katharinenkapelle führt, wechseln wir rechts auf den Nebenwanderweg und folgen der gelben Raute über den Bruderplatz an den unteren Waldrand zum Schneckenberg. Bei dem schlicht gehaltenen Rastplatz liegt uns nun das malerisch von Weinbergen umschmeichelte Oberbergen zu Füßen. In südlicher Richtung wacht der Totenkopf über diese Bilderbuchlandschaft. Wenden wir uns nach Westen, zeichnet sich stattdessen das Band der Vogesen am Horizont ab. Dazwischen verliert sich der Blick in der meist diesigen Markgräfler Rheinebene.

## Badbergpfad und Panoramaweg

Sowie wir uns von der herrlichen Kulisse losreißen können, folgen wir der Beschilderung über Barten und Walterlestor zum Dreschschopf. Zwischen den großen Gebäuden hindurch nutzen wir dann links die Kirchstraße hinunter nach Oberbergen. Klassische Bassgeigen-Wanderungen führen bis hinunter an die Durchgangsstraße. Damit verbunden wären längere Passagen durch die Bebauung von Oberrotweil. Landschaftlich attraktiver finden wir es, bereits beim Schorleplatz rechts in die Hirschstraße abzubiegen. Wir befinden uns damit auf dem Badbergpfad, mit dem wir am Ende der Straße erst rechts, dann beim Wegweiser »Lehgraben« links abzweigen.

Auf dem nächsten Abschnitt über das Weingärtle verläuft der Wanderweg zwischen dem Hangfuß und dem Krottenbach bis zum Aufgang Geißberg. Dort wechseln wir auf den Panoramaweg, der uns nochmals eine Reihe schöner Ausblicke eröffnet, eh wir ab dem Wegweiser »Panoramaweg« auf dem bereits bekannten Weg zurück zum Bahnhof wandern.

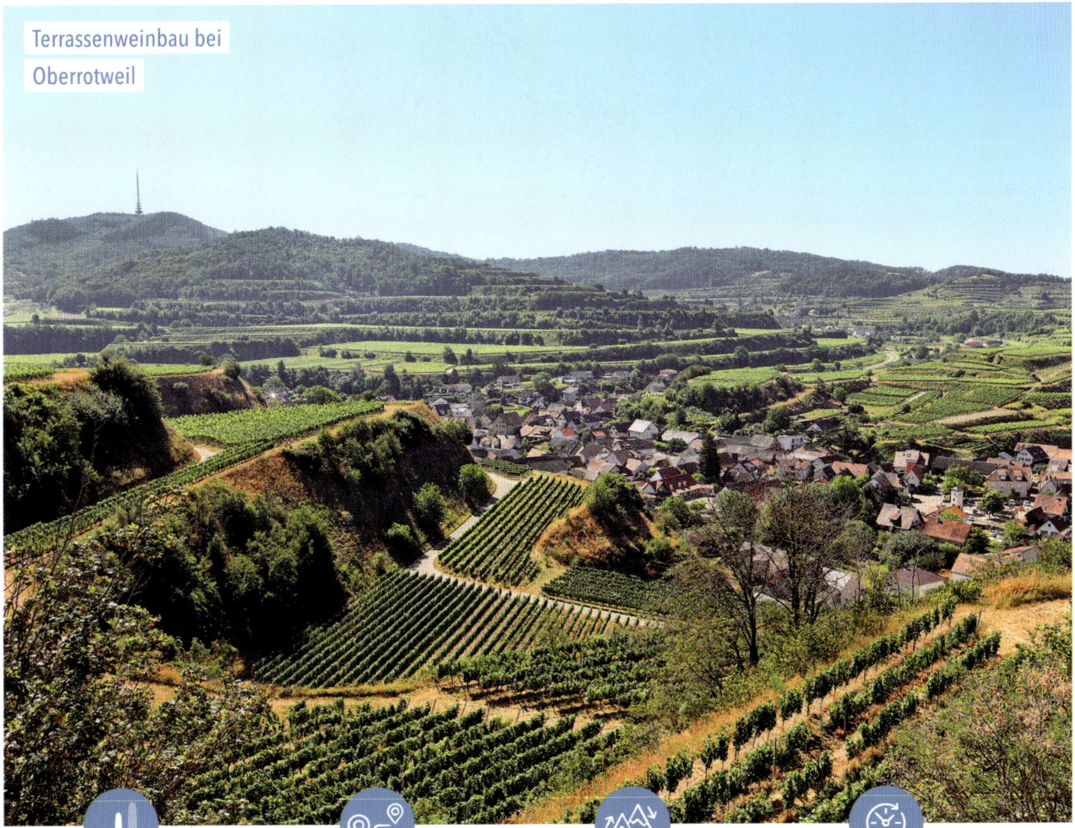
Terrassenweinbau bei Oberrotweil

mittel | 10,6 km | 320 Hm | 3.30 h

## Auf einen Blick

**Tourencharakter**
Technisch anspruchslose Verbindungen in den Weinbergen wechseln mit schattigen und angenehm zu wandernden Waldwegen und -pfaden.

**Ausgangs-/Endpunkt**
Bahnhof Oberrotweil
GPS 48.0890, 7.6206

**Anfahrt**
ÖPNV: Ab Freiburg Hauptbahnhof mit der S1 nach Breisach, weiter mit der S5 nach Oberrotweil
Auto: Von der A 5 Karlsruhe–Basel bei Ausfahrt 59 nach Sasbach abfahren. Der Beschilderung über Bahlingen nach Vogtsburg-Oberrotweil folgen und am westlichen Ortsrand zu den Parkplätzen beim Bahnhof Oberrotweil abbiegen

**Einkehr**
Auf der Strecke keine; Gastronomie in Oberbergen und Oberrotweil

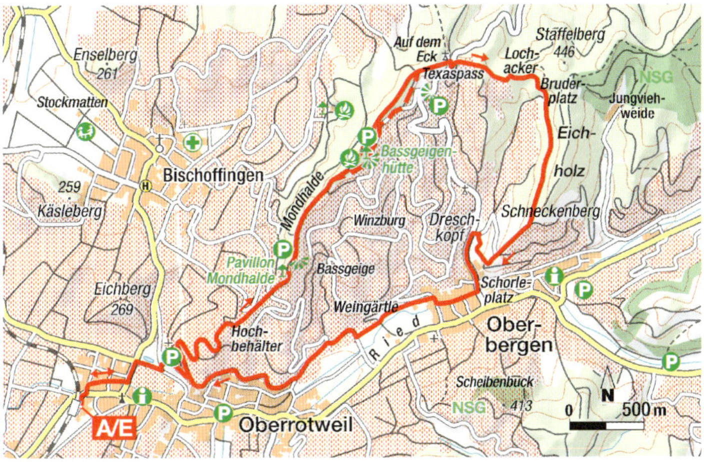

Über den Büchsenberg ins Naturschutzgebiet Ebnet

4

# Weinwanderpfad Oberrotweil

Dank seiner günstigen Lage zwischen der Rheinebene und dem nordwestlichen Ausgang des Kaiserstuhls war Oberrotweil schon zur Jungsteinzeit besiedelt. Den ersten Hirten folgten die Kelten, Römer und Alemannen. Heute sind hier vor allem Winzer, Weinliebhaber und Wanderer unterwegs.

Auf der Wander- und Übersichtskarte am Bahnhof Oberrotweil werden mehrere Themenwege vorgestellt. Der Zugang zum kulinarischen Weinwanderpfad erfolgt links vom Raiffeisengebäude zum Kirchweg.

## Kirchweg zwischen Ober- und Niederrotweil

Auch wenn es sich um einen Rundweg handelt, ist dieser nur entgegen dem Uhrzeigersinn beschildert. Somit biegen wir bei der ersten Station rechts auf die älteste Verbindungsstraße zwischen Ober- und Niederrotweil ein.

Nach den ersten schönen Ausblicken über die Weinfelder erklärt die nächste Tafel des Themenwegs, dass Oberrotweil mit einem gedehnten »o« - wie in Rotwein - gesprochen wird. Tatsächlich hört man durch die schwäbische Stadt Rottweil - diese befindet sich 75 Kilometer weiter östlich - immer wieder Sprechweisen mit kurzem »o« und dafür schnellem »t«. Gefeit, dass uns dieser Fauxpas nicht unterlaufen wird, biegen wir wenige Meter vor dem Ortsrand links auf den Stichweg ab.

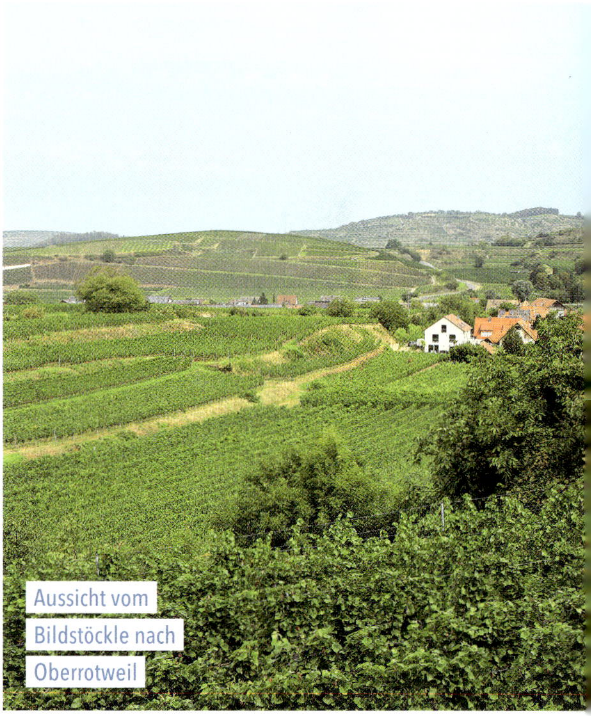

Aussicht vom Bildstöckle nach Oberrotweil

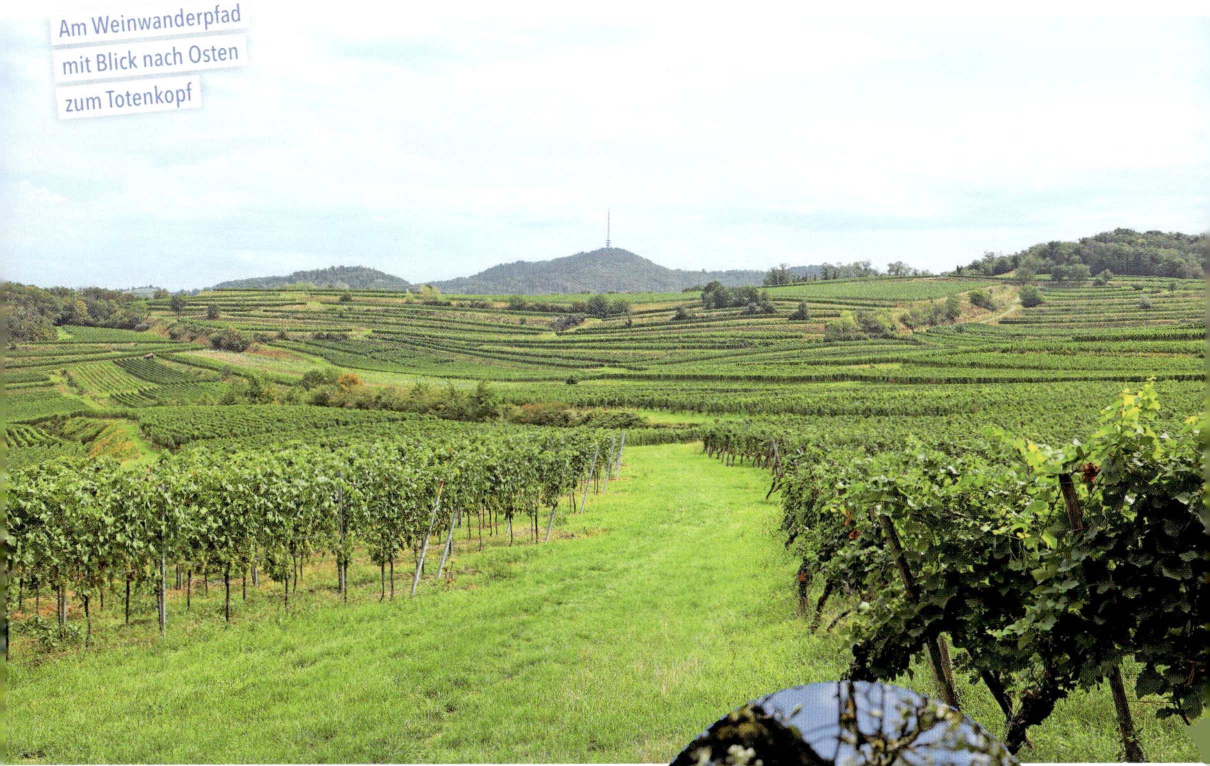

Am Weinwanderpfad mit Blick nach Osten zum Totenkopf

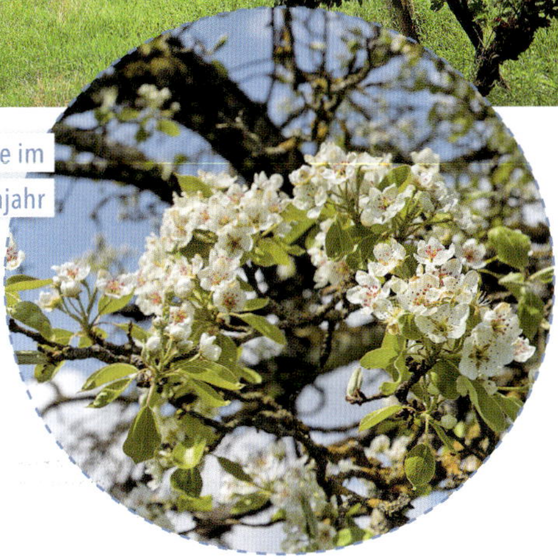

Apfelblüte im Frühjahr

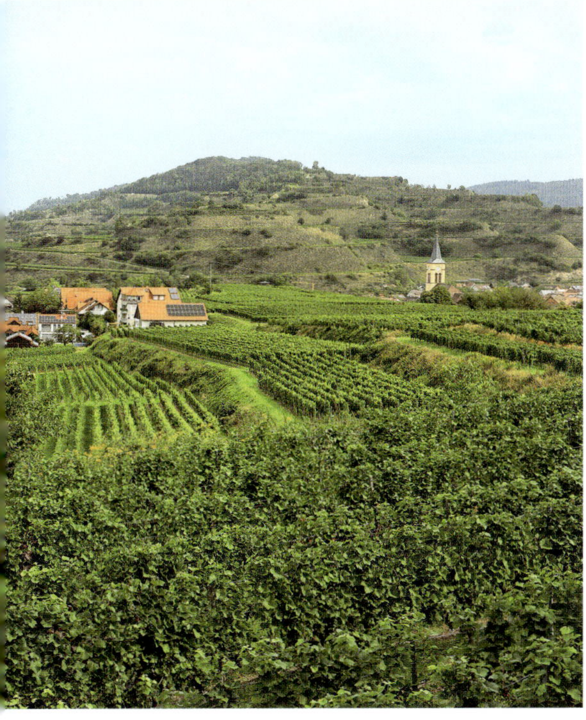

## Blütenkalender für den Kaiserstuhl

Dank der klimatisch günstigen Bedingungen können wir uns am Kaiserstuhl schon vor dem eigentlichen Ende des Winters auf eine reiche Blütenpracht freuen. Los geht es Ende Februar mit der Mandelbaumblüte. Im März folgen Küchenschellen – insbesondere bei Badberg und auf den Trockenrasen rund um Schelingen. Ebenfalls im März sowie auch im April bilden Traubenhyazinthen blau-lila Blütenteppiche in einigen der Rebparzellen. Von April bis Anfang Mai erfreuen wir uns schließlich an Buschwindröschen, der Bärlauchblüte sowie der Kirschbaum- und Apfelblüte.

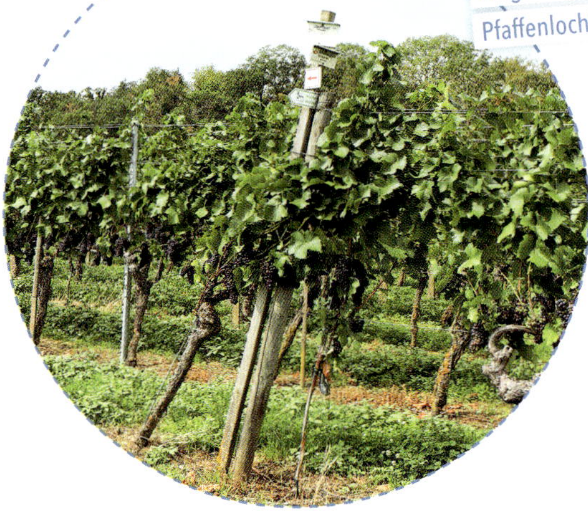

Wegmarkierung am Pfaffenlochberg

## Bildstöckle, Aussicht Krottental und Mittelberg

Nach dem Anstieg biegen wir beim Wegweiser »Heerweg-Schissergaß« rechts ab und folgen der gelben Raute über die Ostseite vom Kirchberg in eine kleine Waldinsel mit dem Wegweiser »Bildstöckle«. Von dort haben wir einen imposanten Blick über das Krottenbachtal, das Zentrum des erloschenen Vulkans und die Oberrotweiler Weinberge. Beim Wegweiser zweigt der Rundweg scharf rechts ab und bringt uns zum Bildstöckle bzw. zum Kirchberg-Kreuz. Ab dort folgen wir dem Rundweg in südlicher Richtung. Nachdem wir eine Infotafel v. a. über die Burgundertrauben passiert haben, halten wir uns bei der Gabelung rechts. Der Rundweg führt um den Mittelberg herum. Wo dieser in einen Fahrweg mündet, setzt sich der Themenweg um 20 Meter nach links versetzt fort.

## Um und über den Pfaffenlochberg

Weiter geht es in südlicher Richtung entlang der Westseite des Pfaffenlochbergs. Nach ein paar handfesten Tipps zum kultivierten Probieren des Weins und des Rätsels Lösung, warum das Glas vor der Geruchsprobe geschwenkt wird, biegen wir am Wald erst links, einen Katzensprung weiter rechts ab. Der Rundweg führt uns damit über den bewaldeten Pfaffenlochberg. Wo wir den Wald wieder verlassen, öffnet sich die Sicht unvermittelt über die hier besonders malerische Kulturlandschaft hinweg zum Totenkopf. Mit dieser schönen Aussicht zweigen wir am Wegende erst rechts, dann beim Wegweiser »Pfaffenlochberg« links und 150 Meter weiter nochmals rechts auf den breiten Weg ab. Der Themenweg nimmt damit Kurs auf den Schlossberg, kürzt aber noch vor dem Wegweiser »Schlossberg-Krüttacker« links auf einen weniger befestigten Weg zum Schneckenberg ab. Alternativ dazu können wir beim Krüttacker geradeaus laufen. Wer dies so macht, trifft beim Hofacker-Kreuz auf den Querweg Schwarzwald–Kaiserstuhl–Rhein, der wenige Schritte weiter ebenfalls erst nach Osten zum Schneckenberg, dann nach Norden zum Naturschutzgebiet Ebnet führt.

## Aussicht vom Pavillon Ebnet

Vor dem Rückweg nach Oberrotweil lohnt sich der Abstecher zum Pavillon Ebnet. Bei klarer Witterung sind im Westen die Vogesen zu sehen, angefangen beim Hartmannswillerkopf über den Grand und Petit Ballon bis hin zur Hohkönigsburg. Daneben macht ein Zitat des Dichters Gotthold Ephraim Lessing noch einmal deutlich, worum es bei einer kulinarischen Wanderung geht. Nach dem Abstecher biegen wir beim Wegweiser »Naturschutzgebiet Ebnet« rechts ab und folgen der gewohnten Beschilderung an der Infotafel über die Hohlwege und an den hier brütenden Bienenfressern vorbei.

leicht | 8,4 km | 200 Hm | 2.30 h

## Auf einen Blick

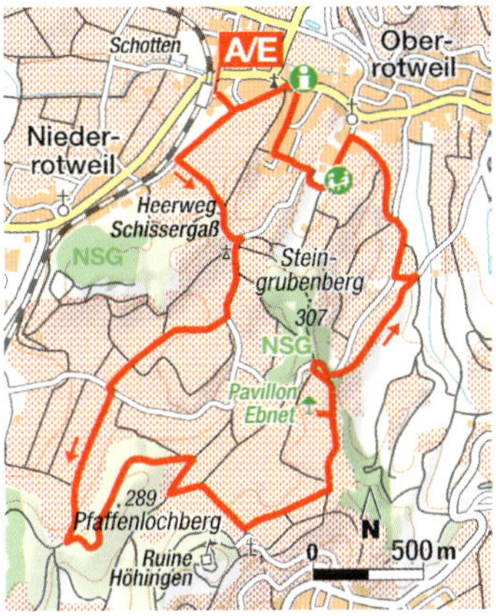


**Tourencharakter**
Der Weinwanderpfad nutzt die technisch sehr einfachen Wirtschaftswege der Weinberge und ist – mit Ausnahme von 750 m auf einem Waldpfad – entsprechend sonnenexponiert.

**Ausgangs-/Endpunkt**
Bahnhof Oberrotweil
GPS 48.0890, 7.6206

**Anfahrt**
ÖPNV: Ab Freiburg Hauptbahnhof mit der S1 nach Breisach, weiter mit der S5 nach Oberrotweil
Auto: Von der A 5 Karlsruhe–Basel bei Ausfahrt 59 nach Sasbach abfahren. Der Beschilderung über Bahlingen nach Vogtsburg-Oberrotweil folgen und am westlichen Ortsrand zu den Parkplätzen beim Bahnhof Oberrotweil abbiegen

**Einkehr**
Schöne Rastmöglichkeit am Ebnet-Pavillon; Einkehr in Oberrotweil möglich

### Querweg versus Rundweg

Am unteren Ausgang des Hohlwegs trennen sich die Wege. Während der Querweg zunächst geradeaus verläuft und über den Wegweiser »Roggenbach« direkt nach Oberrotweil abzweigt, biegt der kulinarische Rundweg bei der Tafel über das Ellenbuch links ab. Damit verläuft er auf ordentlich beschilderten Wegen nochmals durch die Weinberge.

Wo auch wir schließlich den Ortsrand erreichen, geht es links durch die Eisentalstraße an der Festhalle vorbei. Wenige Hundert Meter vor dem Ziel werden wir eingeladen, an einer Verkostung der Oberrotweiler Weine teilzunehmen und den Ausflug in einer der Gaststätten ausklingen zu lassen. Zuvor führt uns der Rundweg durch ein Wohngebiet zur Bahnhofstraße mit dem Ortszentrum. Links sind es nur noch wenige Schritte zum Kirchweg, auf dem wir über die erste Station des Wegs wieder zurück zum Bahnhof gelangen.

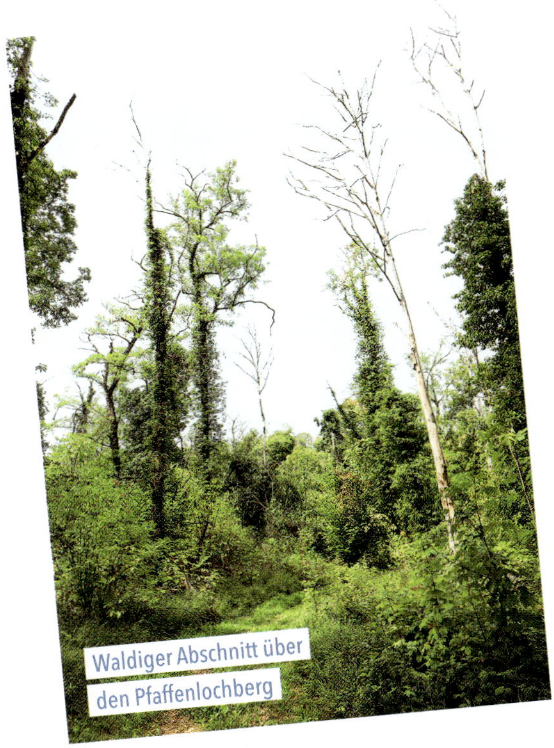
Waldiger Abschnitt über den Pfaffenlochberg

WEINBAU AM BLANKENHORNSBERG

5

# Ihringen-Winzerrundweg West

Durch die Lage am Südwestrand vom Kaiserstuhl zählt Ihringen zu den wärmsten Orten Deutschlands. Frosttage gibt es hier selten. Stattdessen gedeihen Mandeln und Zitrusfrüchte, Palmen und Kakteen in den Gärten. Mit etwas Glück entdecken wir Bienenfresser oder Smaragdeidechsen.

Ab dem Bahnhof Ihringen erfolgt der Zugang zum Rundweg mit der Markierung gelbe Raute durch die Bahnhofsstraße und, bei der T-Kreuzung beim Bahnübergang rechts, die Eisenbahnstraße. Bei der Mündung der Straße in die L 114 biegen wir links in die Poststraße ein.

## Zugang über den Jüdischen Friedhof

200 Meter weiter war die Beschilderung bei unserer Begehung leider lückenhaft. Um auf dem Rundweg zu bleiben, halten wir uns bei einer markanten Linde rechts und nehmen den Fuß- und Radweg zur Straße Im Josental. Wenige Schritte weiter ist dann auch wieder eine gelbe Raute zu sehen. Wo die Straße in einer Rechtskurve in die Fohrenbergstraße übergeht, orientieren wir uns erneut links und verlassen Ihringen durch die Torgasse, dann rechts zur Landstraße.

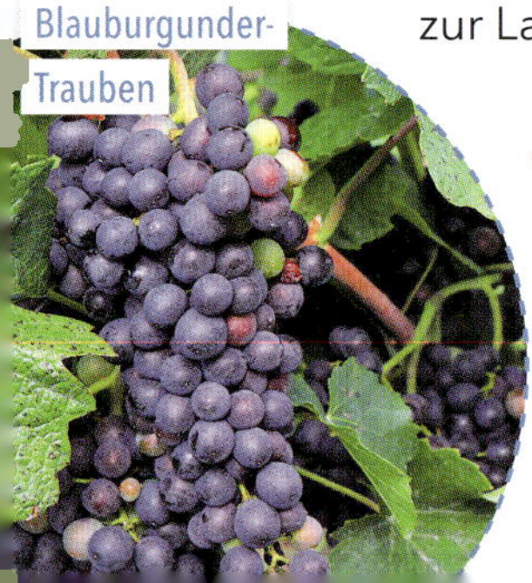

Blauburgunder-Trauben

Sowie wir diese überquert haben, heißt uns auf dem Weg zum Jüdischen Friedhof eine Infotafel im Vulkanfelsgarten Winklerberg und Blankenhornsberg willkommen. Der Jüdische Friedhof wurde 1810 angelegt und ist heute von einer weißen Mauer umgeben. Das Tor ist für gewöhnlich geschlossen, denn leider war die unter Denkmalschutz stehende Ruhestätte 1990 und 2007 zweimal Ziel blinder Zerstörungswut. Dabei wurden die meisten Grabsteine umgestürzt, teilweise zertrümmert und beschmiert. Bis 2009 gelang es, die Steine zu restaurieren.

## Auf wechselnden Wegen auf den Littensbühl

Der Winzerrundweg verläuft entlang der südlichen Friedhofsmauer auf dem zunächst noch asphaltierten Fahrweg, dann über grasbewachsene Wirtschaftswege zwischen zwei Weinfeldern hindurch. Wo wir wieder auf einen Fahrweg treffen, folgen wir der gelben Raute erst in nordwestlicher Richtung, dann südwestlich bis zum Stein mit der Aufschrift Fohrenberg. Rechts führt der Themenweg zwischen den Reben am Winklerberg hindurch, ehe wir erneut auf den Fahrweg treffen und rechts den Wegweiser »Wanne« erreichen.

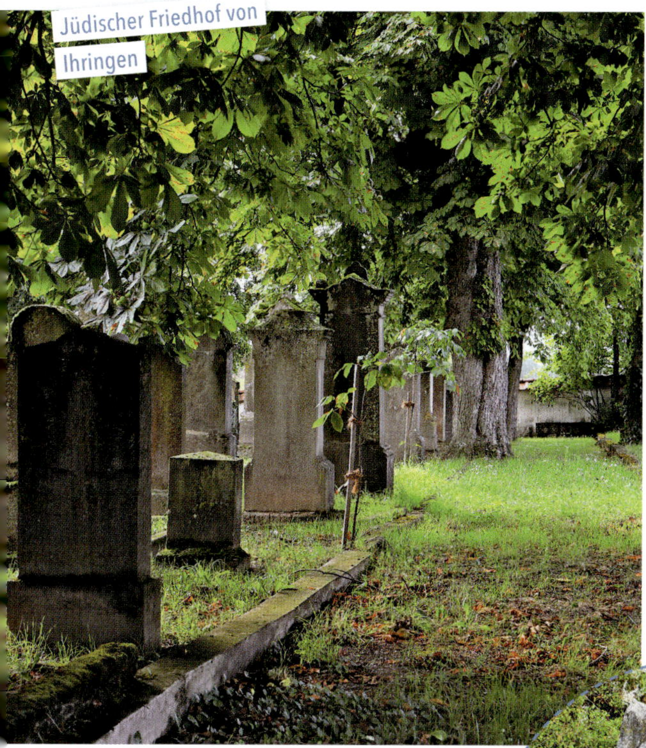

Jüdischer Friedhof von Ihringen

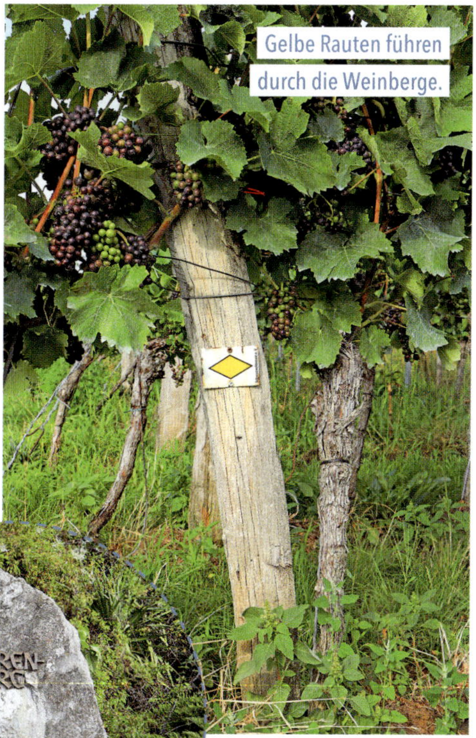

Gelbe Rauten führen durch die Weinberge.

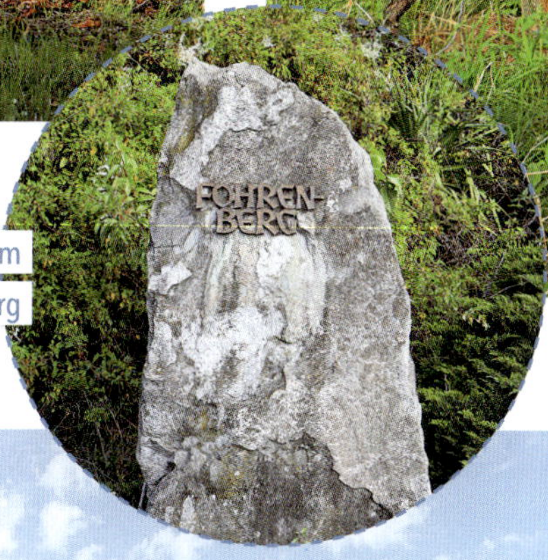


Gewannstein auf dem Fohrenberg

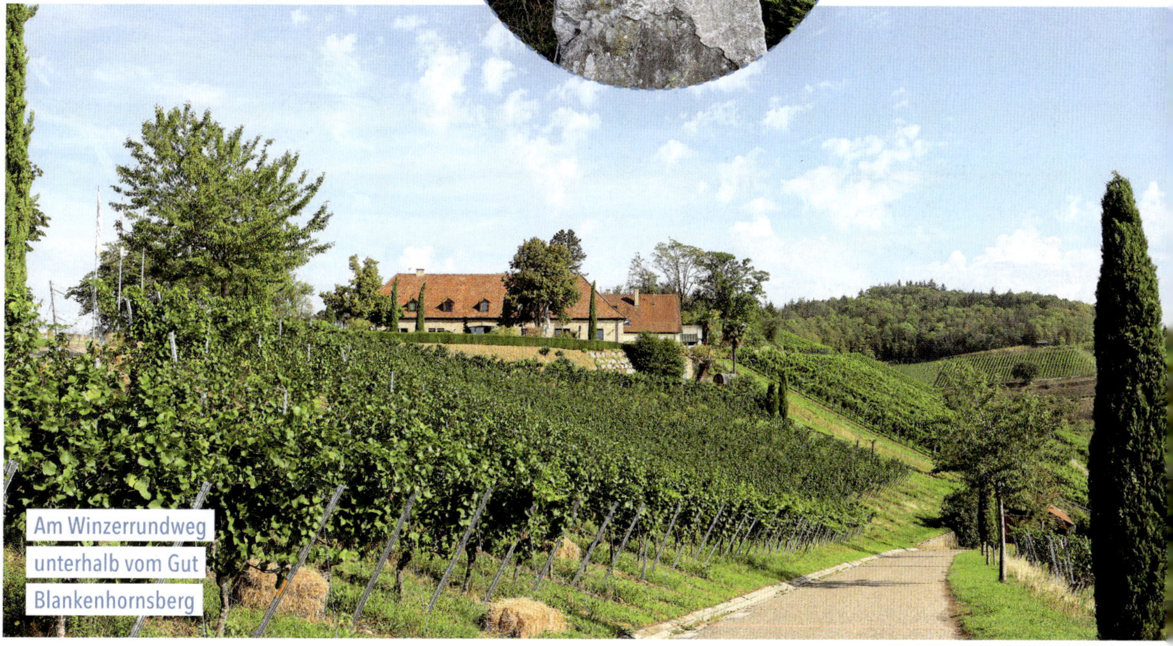

Am Winzerrundweg unterhalb vom Gut Blankenhornsberg

Auf dem nächsten Abschnitt nutzt der Winzerrundweg die Straße an einem Rastplatz und am Stein Nonnental vorbei zur Littensbühl-Schutzhütte. Spätestens dort sollten wir innehalten und den Blick über die Terrassenlandschaft und Weinfelder schweifen lassen. Über die komplett mit Reben bestandene Kuppe des Hägrod und Krebsbergs hinweg ist der Sendeturm auf dem Totenkopf zu sehen. Wenden wir uns nach Süden oder Westen, verliert sich die Sicht in der meist diesigen Rheinebene.

## Zum Gutsbetrieb auf dem Blankenhornsberg

Vom Lindenbühl führt der Winzerrundweg nach Norden auf den Blankenhornsberg. Auf dem Weg dorthin fällt eine Photovoltaikanlage auf, die im Frühjahr 2023 direkt über den Weinreben installiert wurde. Es handelt sich dabei um ein Versuchsprojekt, welches klären soll, ob Weinbau in Kombination mit Nutzung der Sonnenenergie zur Stromgewinnung funktioniert. So könnte die Sonderkultur durch die PV-Anlage vor Sonnenbrand und Hagelschlag geschützt werden. Zum Einsatz kommen dabei sowohl semitransparente als auch lichtundurchlässige Sonnenpaneele. Letztere können der Sonne entweder folgen oder sich abwenden, sodass mehr Licht direkt auf die Reben fällt. Weiter geradeaus führt die Straße hoch zum Gutsbetrieb Blankenhornsberg.

## Duttental- und Krebsberghütte

Ab dem Wegweiser südlich des Weinguts nutzt der Winzerrundweg die talwärts führende Straße am Doktorhaus vorbei. Sowie wir einen Parkplatz passiert haben, biegen wir bei der T-Kreuzung links ab. Gut 200 Meter weiter nehmen wir bei der Gabelung den rechten Fahrweg zur Duttentalhütte. Oberhalb der Hütte treffen wir wieder auf einen mit gelber Raute gekennzeichneten Weg, auf den wir scharf links abbiegen. Wer ihn verpasst oder abkürzen möchte, kann gleich nach dem Abzweig rechts abbiegen. Die in der Karte gestrichelt dargestellte Variante trifft nach knapp 400 Metern wieder auf den Rundweg.

Der Winzerrundweg indes vereint auf wechselnden Wegen mehrere besonders schöne Aussichtspunkte miteinander. Leider war die Beschilderung während unserer Begehung unvollständig. Auf Nachfrage bei der Kaiserstuhl Touristik wurde uns jedoch versichert, dass diese komplett überprüft und ergänzt werden soll. Damit soll es dann wieder sicher am Ende der Abkürzung vorbei zur Krebsberghütte gehen.

## Rückweg über Schlichten

Bei der Krebsberghütte trennen sich die Wege nochmals. Während der mit gelber Raute markierte Wanderweg rechts abbiegt, leitet uns der Rundweg erst geradeaus, dann auf gewohnt wechselnden Wegen bis zum ebenfalls mit gelber Raute gekennzeichneten Bienenfresserpfad. Rechts ab folgen wir dem nach einem Vogel benannten Pfad über Schlichten bis zur Kirche in Ihringen, laufen dann aber um die Kirche herum zur Bachenstraße, wo wir an der Servicestelle der Kaiserstuhl Touristik vorbei zurück zu unserem Ausgangspunkt, dem Bahnhof Ihringen, finden.

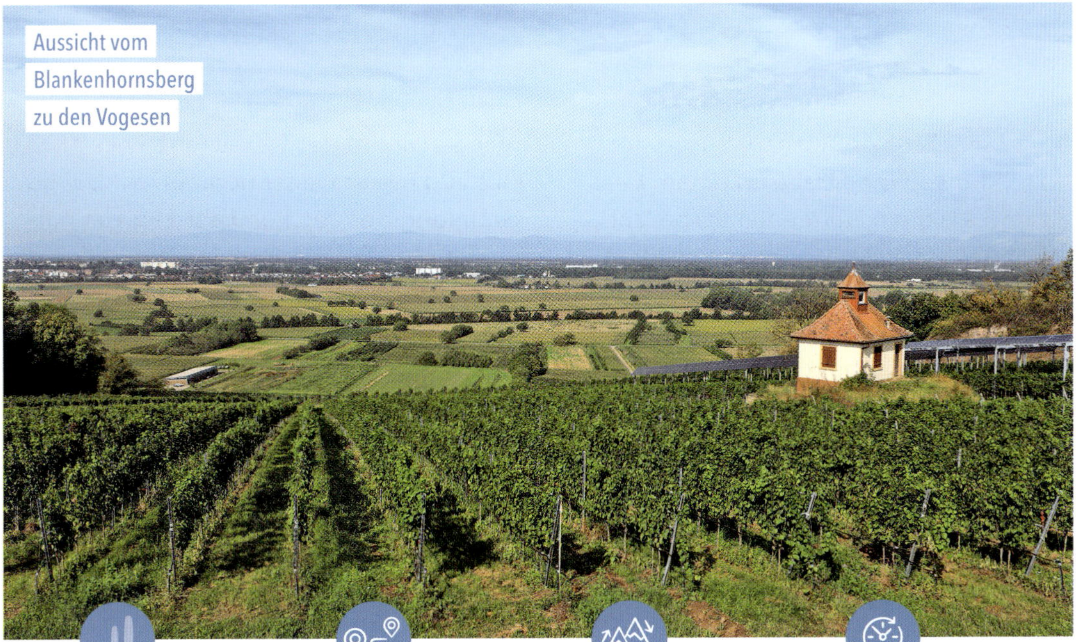

Aussicht vom Blankenhornsberg zu den Vogesen

leicht | 9,6 km | 180 Hm | 2.45 h

## Auf einen Blick

### Tourencharakter

Sehr sonnige und leichte Runde mit reizvollen Aussichten über die Weinberge von Ihringen. Kurze Abschnitte nutzen etwas steilere Pfade.

### Ausgangs-/Endpunkt

Bahnhof Ihringen
GPS 48.0407, 7.6497

### Anfahrt

ÖPNV: Ab Freiburg Hauptbahnhof mit der S1 nach Ihringen
Auto: Mit dem Auto von der A 5 Karlsruhe–Basel bei Ausfahrt 60 nach Eichstetten abfahren, der Beschilderung über Bötzingen bis Ihringen folgen. Die Zufahrt zum Bahnhof erfolgt über die Winzerstraße.

### Einkehr

Schöne Rastmöglichkeiten entlang der Strecke; Gastronomie in Ihringen

### Gutsbetrieb Blankenhornberg

Den Grundstein für das heutige Staatsweingut legten die Brüder Nikolaus, Adolph Friedrich und Jakob Wilhelm Blankenhorn im Jahr 1842, als sie mit zeitweise bis zu 200 Arbeitern ein ungenutztes und verwildertes Hanggrundstück urbar machten. Mit der ersten Lese im Jahr 1847 wurde der heute noch bestehende Gewölbekeller fertiggestellt. Weintrinker werden an der Vinothek ihre Freude haben. Ansonsten bietet die Terrasse zumindest eine herrliche Aussicht nach Westen zu den Vogesen sowie über den Kaiserstuhl hinweg zum Schwarzwald (staatsweingut-freiburg.de).

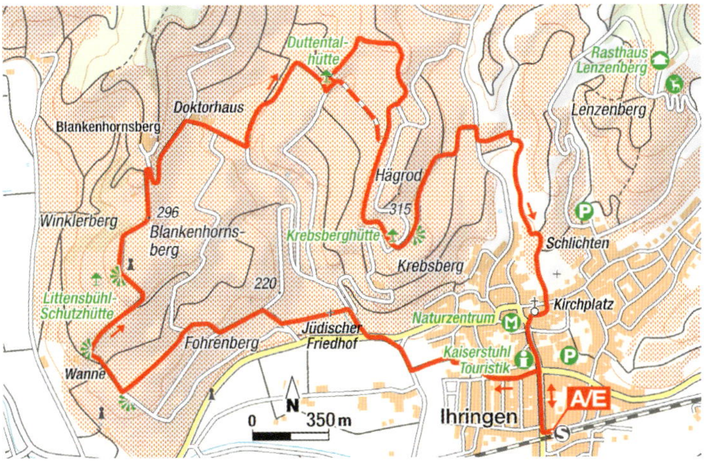

VON BÖTZINGEN ZUM NEUNLINDENTURM

6

# Auf den Totenkopf

Der Totenkopf bildet den höchsten Gipfel auf der Caldera des Kaiserstuhls. Durch den Fernmeldeturm ist er außerdem eine unverkennbare Landmarke des kleinen Mittelgebirges. Ganz in der Nähe finden wir mit dem Neunlindenturm ein dankbares Wanderziel.

Ab dem Bahnhof Bötzingen erfolgen die ersten Schritte durch die Rathausstraße, an deren Ende wir links in die Hauptstraße abbiegen. Nach dem Eiscafé und dem Gasthaus Krone geht es erst rechts durch die Bergstraße, dann über die Zufahrt zum Haus 13a zum Wegweiser »Seelenberg«. Dort kreuzen wir den Laireweg, um einen Katzensprung weiter rechts auf den Pfad zu wechseln.

## Von Bötzingen zur Hohrainbuckhütte

Nahe dem Ortsrand trifft der Pfad bald auf den Dorfbach, der uns bis zum Spielplatz in der Hofstraße begleitet. Ab dort folgen wir zunächst der Beschilderung durch die Hofstraße und Rankstraße in die Weinberge, dann der gelben Raute über wechselnde Wirtschaftswege munter bergan zur Hohrainbuckhütte. Im Aufstieg informieren Tafeln über den hier häufig angebauten Blauen Spätburgunder und die für Weinberge typischen Wildkräuter. Zugleich eröffnet uns der Hang eine zunehmend schöne Sicht zur benachbarten Eichelspitze und zu den nach Südosten ausgerichteten Terrassen.

Nach der Kehre im oberen Bereich der Rebfläche war bei unserer Begehung eine Raute kaum zu finden. Im Zweifelsfall weist uns der auf einer Mauer aufgemalte rote Pfeil den rechten Weg hoch zum Rastplatz bei der Hohrainbuckhütte.

## Aufstieg zum Neunlindenturm

Nach der schönen, wenn auch oft diesigen Aussicht über die Freiburger Bucht zum Schwarzwald nehmen wir den Weg zwischen der Schutzhütte und dem Spielplatz in den Wald. Beim folgenden Wegweiser halten wir uns leicht links zum Hohrain. Dort treffen wir auf den Knabenkrautpfad, der uns auf dem kurzen Abschnitt bis zur Hasenbeinmatte begleitet. Der weitere, teils steile Aufstieg erfolgt auf dem Neunlindenpfad über die Wegweiser »Gagenhartwald« und »Herrenweg« bis zum Neunlindenturm. Insbesondere an warmen Sommertagen – und solche gibt es am Kaiserstuhl reichlich – kommt der Rastplatz wie gerufen, um sich nach dem schweißtreibenden Aufstieg wieder zu erholen. Die geringe Höhe des Neunlindenturms verrät, dass die namensgebenden Bäume bei seiner Errichtung

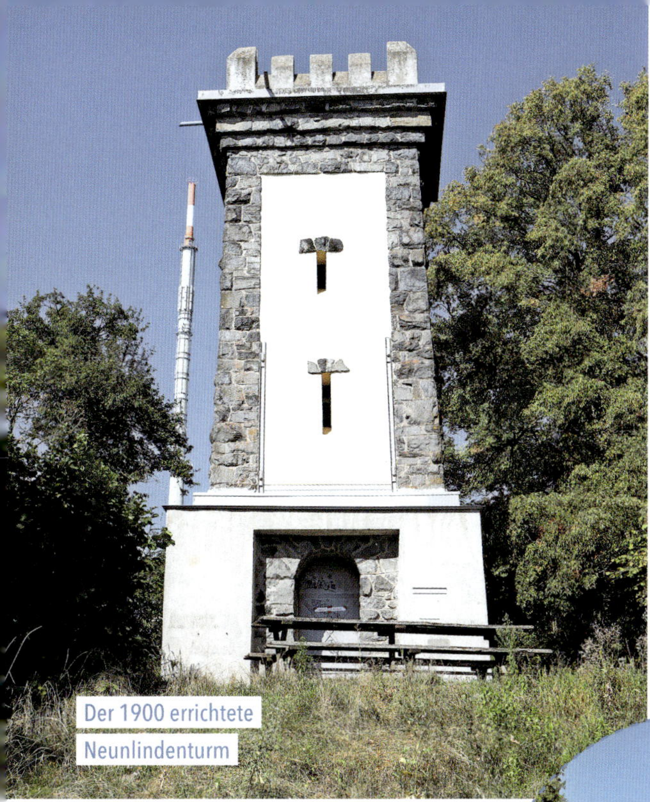

Der 1900 errichtete Neunlindenturm

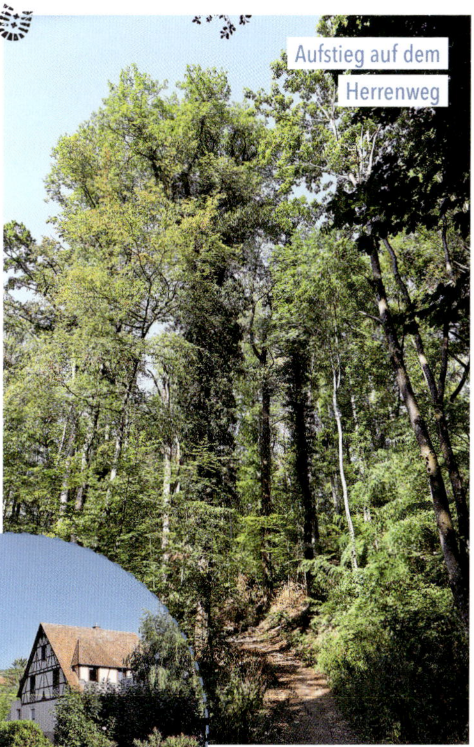

Aufstieg auf dem Herrenweg

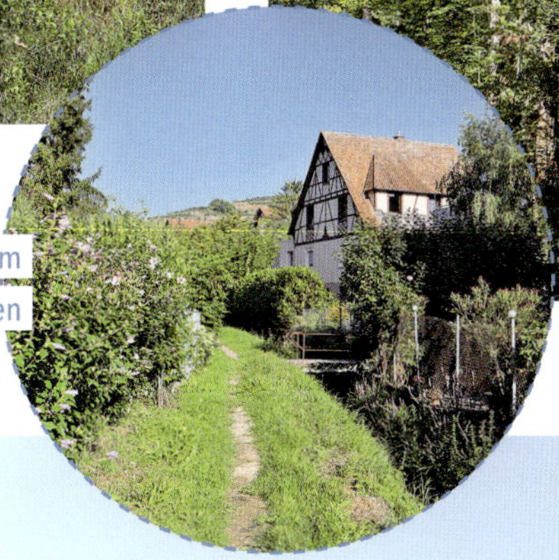

Idylle beim Weindorf Bötzingen

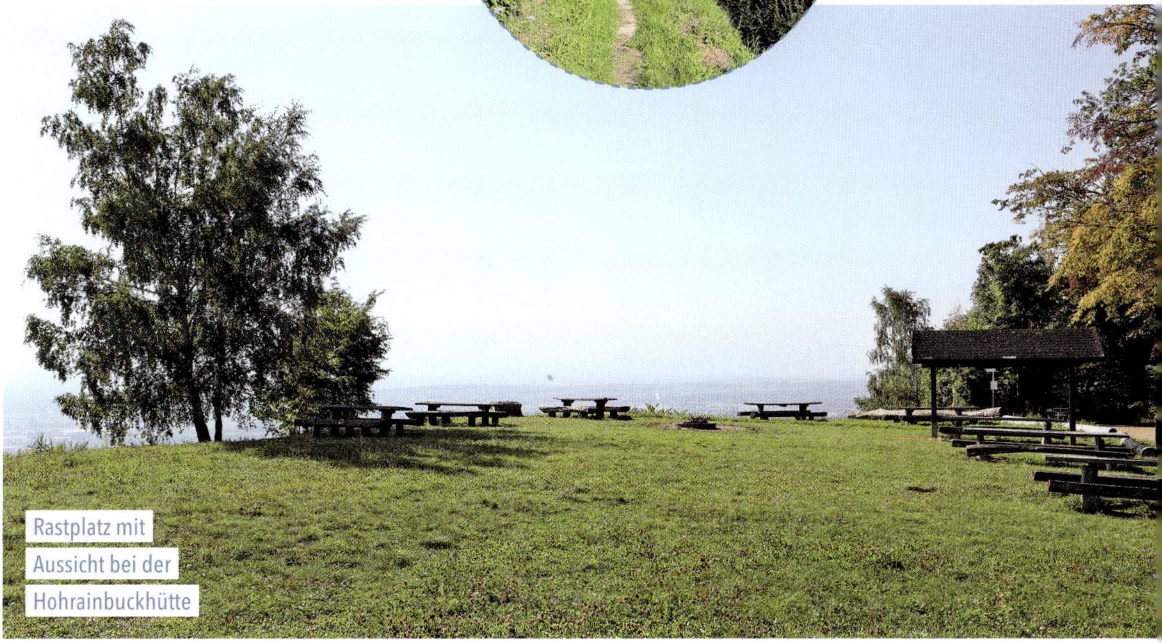

Rastplatz mit Aussicht bei der Hohrainbuckhütte

deutlich niedriger waren. Nach Osten aber ist die Sicht frei, sodass wir von hier aus bis zum Kandel und Feldberg schauen können. Gut zu erkennen ist am rechten Rand der Blauen, der schräg zur Markgräfler Rheinebene abfällt.

## Auf dem Neunlindenpfad zum Lenzenberg

Nach der Turmbesteigung laufen wir zunächst auf den Fernmeldeturm zu, orientieren uns beim Grenzstein von 1773 links. Wir bleiben damit auf dem Neunlindenpfad, womit wir durch einen historischen Waldhohlweg zum Adlerhorstsattel gelangen. Wer ein paar Meter abkürzen möchte, kann links nach Ihringen hinunterlaufen. Alle anderen folgen dem Neunlindenpfad bzw. hier auch Nord-Süd-Weg über den Rastplatz am Gierstein zum Rasthaus Lenzenberg. Das zum gleichnamigen Weingut gehörende Selbstbedienungsrestaurant bietet regionale Speisen sowie selbst gebackene Kuchen und Torten an. Von der zum Teil überdachten Terrasse reicht die Sicht sowohl nach Westen zu den Vogesen als auch in östliche Richtung zum Schwarzwald. Außerhalb der Öffnungszeiten führt der Wanderweg links um das Anwesen herum.

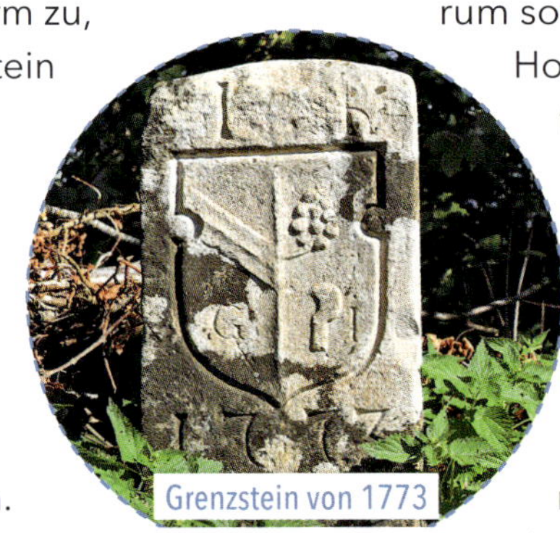

Grenzstein von 1773 am Neunlindenpfad

## Über die Dulltalhütte nach Ihringen

Beim Parkplatz bzw. dem Wegweiser »Himmelburg« biegen wir rechts ab, sodass wir über die Zufahrtsstraße zum Wegweiser »Am Lenzenberg« kommen. Dort wechseln wir auf den Kaiserstuhlpfad, der uns die Obere Dulltalgasse hinunter zur hübsch in den Weinberg integrierten Oberen Dulltalhütte führt. Anschließend geht es mit der gelben Raute auf erneut wechselnden Wegen hinunter zur Lenzenbergstraße. Wenige Meter rechts in der Straße vereint sich der Kaiserstuhlpfad wieder mit dem Neunlindenpfad, womit wir nun beiden Themenwegen um den nahen Friedhof herum sowie durch tief eingeschnittene Hohlwege zur Kirche in Ihringen folgen können. Im Ort nutzen wir die Verbindung um die Kirche herum zur Bachenstraße mit der Servicestelle der Kaiserstuhl Touristik. Geradeaus laden auf dem kurzen Weg zum Bahnhof mehrere Restaurants dazu ein, die Tour mit einer Einkehr zu beenden. Oder wir besuchen eines der Weingüter im Ort und gönnen uns ein paar Flaschen als Souvenir für daheim.

### Wie der Totenkopf zu seinem Namen kam

Im Alemannischen Raum und auch in den einst zu Vorderösterreich gehörenden Teilen Badens tragen einige Orte, Plätze und Berge düstere Namen. Die Benennung des Höllentals spiegelt die Angst wider, die Enge zwischen Himmelreich und Hinterzarten zu durchqueren. Der Tote Mann – nahe dem Feldberg – geht auf das traurige Schicksal eines Holzfällers zurück, der sich bei der Arbeit die Hand verklemmte. Deutlich öfter deuten Namen wie Galgenbuck oder Galgenbühl auf eine alte Richtstatt hin. Zu den ältesten heute noch bekannten Orten zählt der Totenkopf. Sein Name wird auf Hinrichtungen zurückgeführt, die König Otto III. am 22. Dezember 994 beim Gerichtstag in Leiselheim in der heutigen Gemeinde Sasbach verhängt hatte.

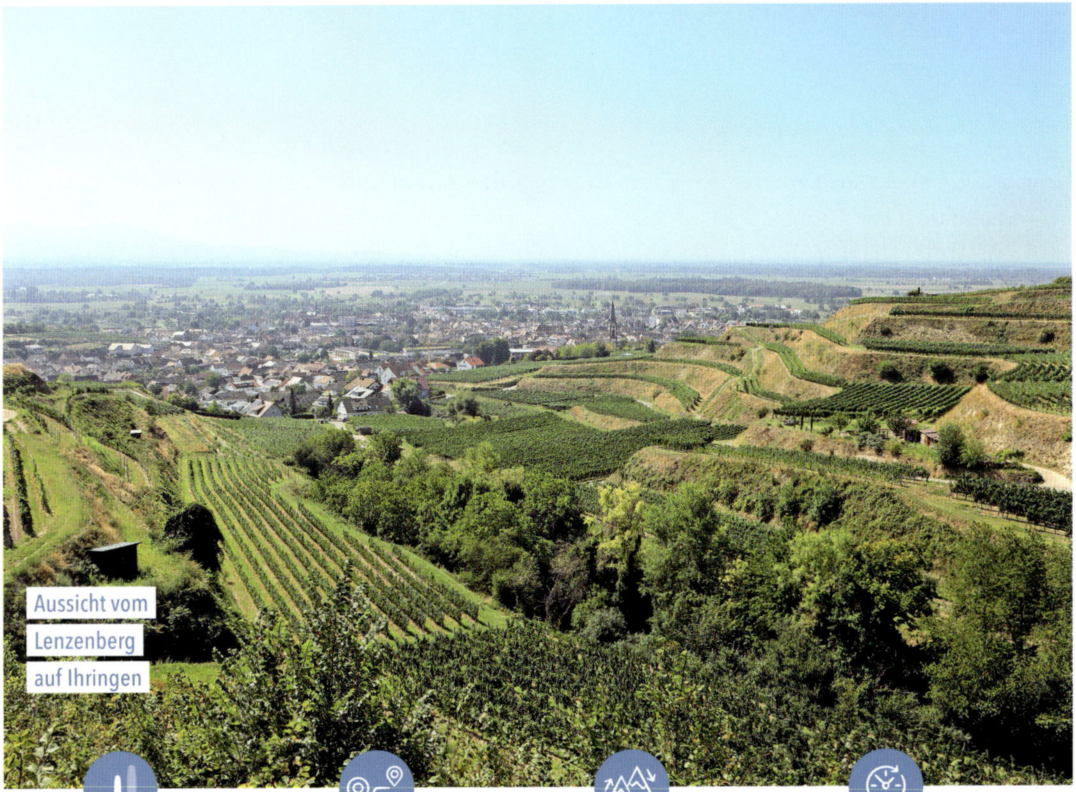
Aussicht vom Lenzenberg auf Ihringen

mittel | 12,0 km | 410/400 Hm | 4.00 h

## Auf einen Blick

### Tourencharakter
Nach dem Auftakt in den Reben schattiger Aufstieg im Wald auf den Totenkopf. Durch die Einkehrmöglichkeit ist die Tour auch gut bei sommerlichen Temperaturen möglich.

### Ausgangspunkt
Bahnhof Bötzingen
GPS 48.07021, 7.72155

### Endpunkt
Bahnhof Ihringen
GPS 48.0407, 7.6497

### Anfahrt
ÖPNV: Ab Freiburg mit der S11 nach Bötzingen. Rückfahrt ab Ihringen mit der S1; Wechsel der S-Bahn in Gottenheim möglich

Auto: Von der A 5 Karlsruhe–Basel bei Ausfahrt 60 nach Eichstetten abfahren, der Beschilderung über die L 114 nach Bötzingen folgen

### Einkehr
Rasthaus & Weingut Lenzenberg, Fr–Mo 11–18 Uhr, Di–Do Ruhetage, lenzenberg.de

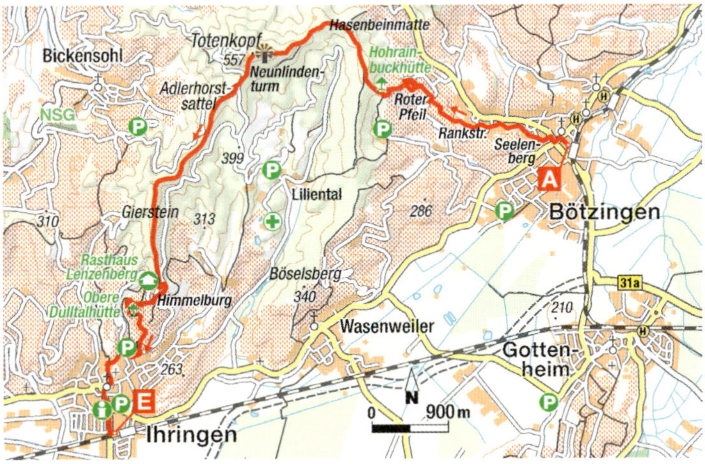

ZWISCHEN BÖTZINGEN UND EICHSTETTEN

7

# Auf die Eichelspitze

Die Eichelspitze ist mit gut 521 Metern die zweithöchste Erhebung des Kaiserstuhls. Im späten Mittelalter bestand eine Einsiedelei auf dem abgeflachten Gipfel. Seit der Eröffnung des Eichelspitzturmes genießen hier Wanderer einen guten Rundumblick über den erloschenen Vulkan.

Beim Bahnhof von Bötzingen ist der Eichelspitzturm in zwei Richtungen ausgewiesen. Praktischer ist die Variante auf dem Knabenkrautpfad.

## Auftakt mit dem Knabenkrautpfad

Dieser führt durch die Rathausstraße zur Hauptstraße, wo wir uns rechts auch an den Wochenenden im »Lecker Lädele« frühmorgens mit Proviant für die Strecke eindecken können. Ab dem Laden geht es dann an den Schulen und dem Friedhof vorbei zum Wegweiser bei der Kinderkrippe. Links folgen wir dem Kirchweg bis zur Sonnhalde, wo wir mit dem Knabenkrautpfad erst rechts zur nahen Hohlgasse Kirchhahle, dann links durch den Weinberg zur Oberen Leimengasse abzweigen.

Ab dort führt uns die gelbe Raute in südwestlicher Richtung durch eine Waldinsel und um den Phonolith-Steinbruch am Fohberg herum. Wo der Weg endet, setzt sich der Themenweg wenige Schritte nach links versetzt fort und nimmt anschließend zwei Serpentinen hoch zur Hagengasse. Weiter geradeaus trennen sich die Wege beim Wächtelberg. Während der Knabenkrautpfad über den Waldfestplatz zum Vogelsangpass führt (und bis dahin zweimal die Landstraße kreuzt), biegen wir rechts ab.

## Über den Fuchsbuck zum Blassendobel

Auf dem nächsten Abschnitt folgen wir damit der Beschilderung und gelben Raute über den Wegweiser »Fuchsbuck« zur Fuchsbuckhütte. Vor Ort erleichtert es eine Panoramatafel, die Schwarzwaldberge zwischen dem Roßkopf bei Freiburg (Tour 11) über den Feldberg und Belchen bis zum markanten Eckpfeiler Blauen zu bestimmen.

Nach diesem aussichtsreichen Vorgeschmack tauchen wir geradeaus in den Wald ein, ignorieren im Anstieg den ersten kreuzenden Weg, um 300 Meter weiter links auf den besser ausgebauten Weg zu wechseln. Einen Steinwurf weiter ist dann auch wieder eine gelbe Raute zu sehen. Sowie wir beim Blassendobel den Wald wieder verlassen, treffen wir auf den Kaiserstuhlpfad. Zugleich öffnet sich die Sicht über den Kessel des Kaiserstuhls mit der von hier aus gut zu sehenden Kirche Sankt Romarius in Altvogtsburg.

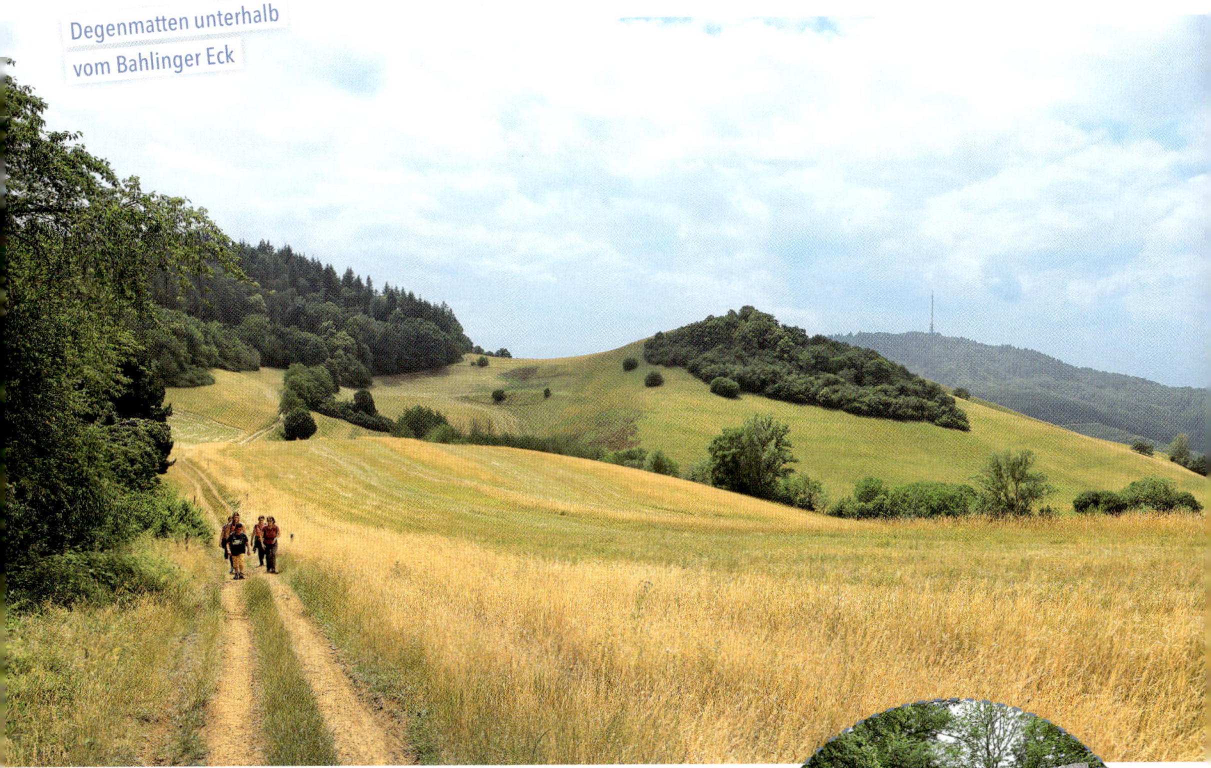

Degenmatten unterhalb vom Bahlinger Eck

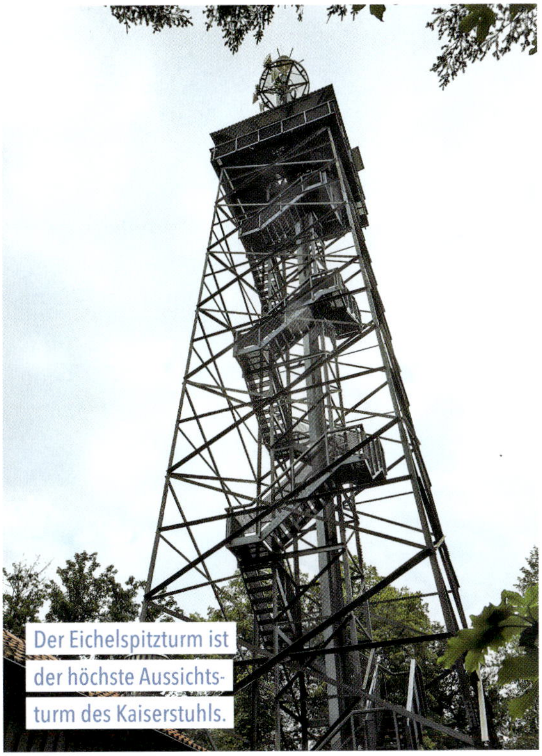

Der Eichelspitzturm ist der höchste Aussichtsturm des Kaiserstuhls.

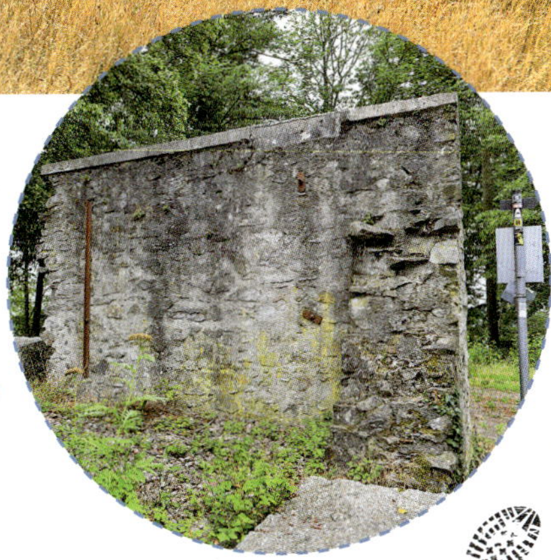

Einsiedelei auf der Eichelspitze

Um das Jahr 1400 errichteten Mönche die St.-Erhards-Kapelle auf der Eichelspitze. Zu der Einsiedelei gehörte ein Bruderhäusle mit Küche und Wohnraum. Die Einsiedelei bestand bis ins 16. Jahrhundert hinein, wurde dann aber im Zuge der Reformation planmäßig abgerissen. Nach ersten Funden durch Hobbyarchäologen wurden bei der Errichtung des provisorischen Aussichtsturms weitere Artefakte freigelegt und bis zum Bau des Eichelspitzturms vor allem Bruchstücke von Ofenkacheln und Keramikgeschirr, Maultrommeln und eine bronzene Ringfibel geborgen. Neben den zu sehenden Mauerresten konnten im Boden weitere Gebäudeteile nachgewiesen werden.

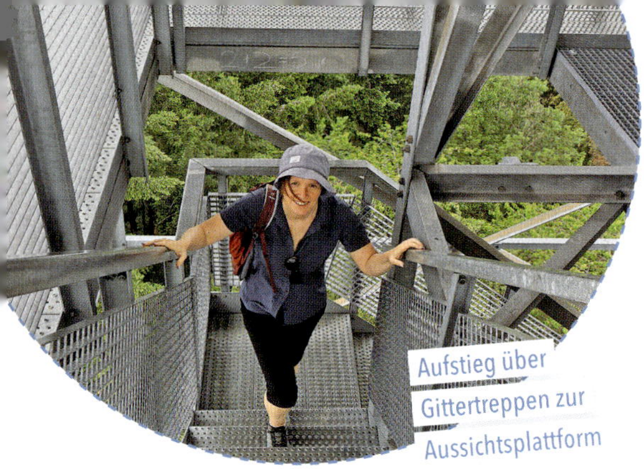

Aufstieg über Gittertreppen zur Aussichtsplattform

## Aufstieg zum Eichelspitzturm

Nach wenigen Schritten entlangs dem Waldrands folgen wir dem Kaiserstuhlpfad durch den Wald zum Eichelspitzturm. Wir sollten es ruhig angehen: Auf kaum 300 Metern müssen wir 75 Höhenmeter überwinden. Oben angelangt finden wir auf der heute bewaldeten Kuppe mehrere Rastbänke und Tische. Nahe dem Rastplatz zeugen spärliche Mauerreste von der früheren Nutzung als Einsiedelei mit Kapelle.

Sowie wir wieder zu Atem gekommen sind, trennen uns 127 Stufen und 15 Podeste von der Aussichtsplattform des Eichelspitzturms. Dieser ersetzt ein ehemaliges Vermessungsgerüst sowie einen im Jahr 2001 errichteten provisorischen Turm. Letzterer diente dazu, die erforderliche Höhe zu bestimmen, um die Baumkronen weit genug zu überragen. Nachdem dieser bereits gut angenommen wurde, entstand 2006 der heute 42,5 Meter hohe Aussichtsturm. Als eine Besonderheit hat – neben den umliegenden Gemeinden und einem Förderverein – ein Mobilfunkbetreiber die Hälfte der Baukosten übernommen. Die Aussichtsplattform ermöglicht eine freie Sicht zu den Vogesen und dem Schwarzwald sowie über den Kaiserstuhl selbst. In allen vier Himmelsrichtungen erleichtern es Panoramatafeln, die einzelnen Höhenzüge und Berge zu bestimmen.

## Naturschutzgebiet Haselschacher Buck

Weiter geht es auf dem Kaiserstuhlpfad in nördliche Richtung zur Robert-Maier-Hütte sowie links zum Wegweiser »Öhmdsmatten«. Dort biegen wir mit dem Kaiserstuhlpfad rechts ab und steigen durch offenes Terrain hoch zum Aussichtspunkt auf den Degenmatten. Die Degenmatten sind Teil des Naturschutzgebietes Haselschacher Buck und bestehen zum Großteil aus Trockenrasen. Neben einigen Grashüpfern und Heuschrecken finden wir mit etwas Glück eine Gottesanbeterin.

Weiter geradeaus bleiben wir bis zum Bahlinger Eck auf dem Kaiserstuhlpfad, wechseln dann aber halb rechts auf den Querweg Schwarzwald-Kaiserstuhl-Rhein und biegen mit diesem einen Steinwurf weiter rechts auf den Waldlehrpfad ab.

## Zurück auf dem Querweg nach Eichstetten

Nachdem wir die Kreisstraße gekreuzt haben, folgen wir der roten Raute auf gelbem Grund über den Schutteracker hinunter zum Wegweiser beim Waldparkplatz Käferholz. Vorbei an dem weitläufigen Rastplatz mit der Waldhütte verläuft der Querweg anschließend durch die Weinreben bzw. über den Wegweiser »Nägele« zum Schwarzwaldblick sowie über Siebenweg und Buchen zum Gutensberg. Ab dort sind es zweieinhalb Kilometer auf wechselnden, aber mit roter Raute ordentlich gekennzeichneten Wegen bis zu unserem Ziel in Eichstetten.

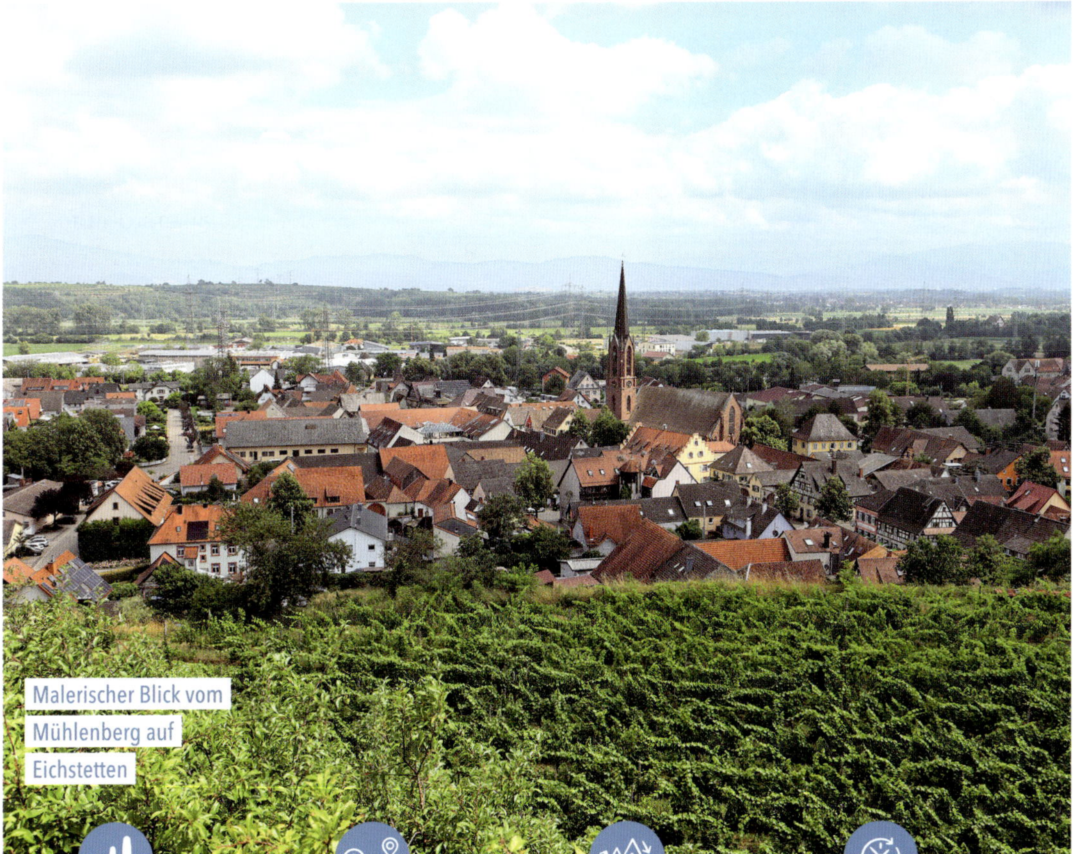

Malerischer Blick vom Mühlenberg auf Eichstetten

schwer | 12,4 km | 370 Hm | 4.00 h

## Auf einen Blick

**Tourencharakter**
Steiler Anstieg zur Eichelspitze auf felsigem und leicht rutschigem Untergrund. Ansonsten eher mittelschwere Tour durch die Weinberge sowie auf Waldwegen und -pfaden

**Ausgangspunkt**
Bahnhof Bötzingen
GPS 48.07021, 7.72155

**Endpunkt**
Bahnhof Eichstetten
GPS 48.0930, 7.7481

**Anfahrt**
ÖPNV: Ab Freiburg Hauptbahnhof mit der S11 zum Bahnhof in Bötzingen. Rückfahrt ebenfalls mit der S11 ab Bahnhof Eichstetten
Auto: Mit dem Auto von der A 5 Karlsruhe–Basel bei Ausfahrt 60 Eichstetten abfahren, der Beschilderung über die L 114 nach Bötzingen folgen

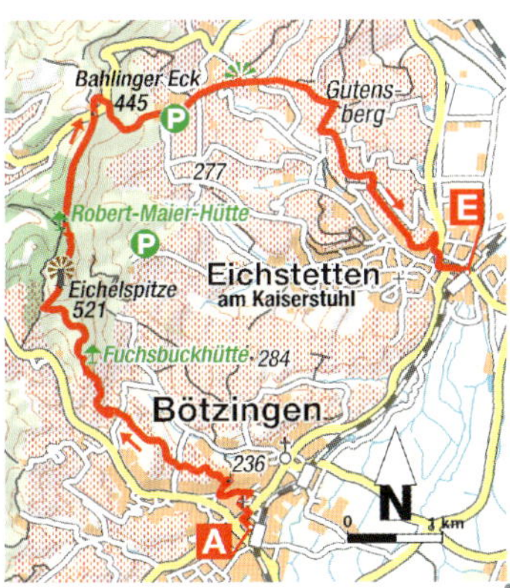


**Einkehr**
Auf der Strecke keine, schöne Rastmöglichkeiten u. a. beim Eichelspitzturm und bei der Waldhütte; Gastronomie in Eichstetten

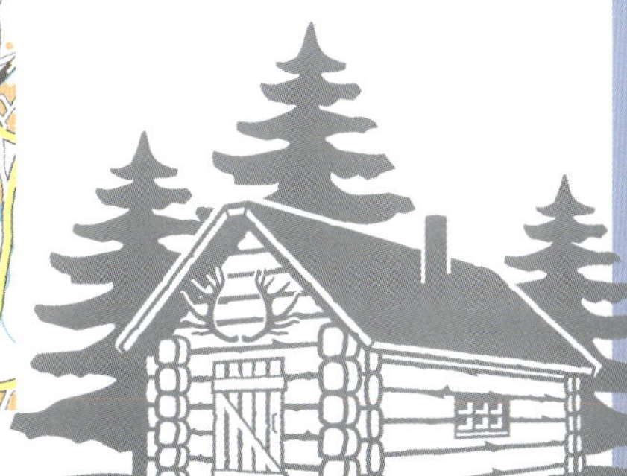

IN UND UM FREIBURG

# Großraum Freiburg

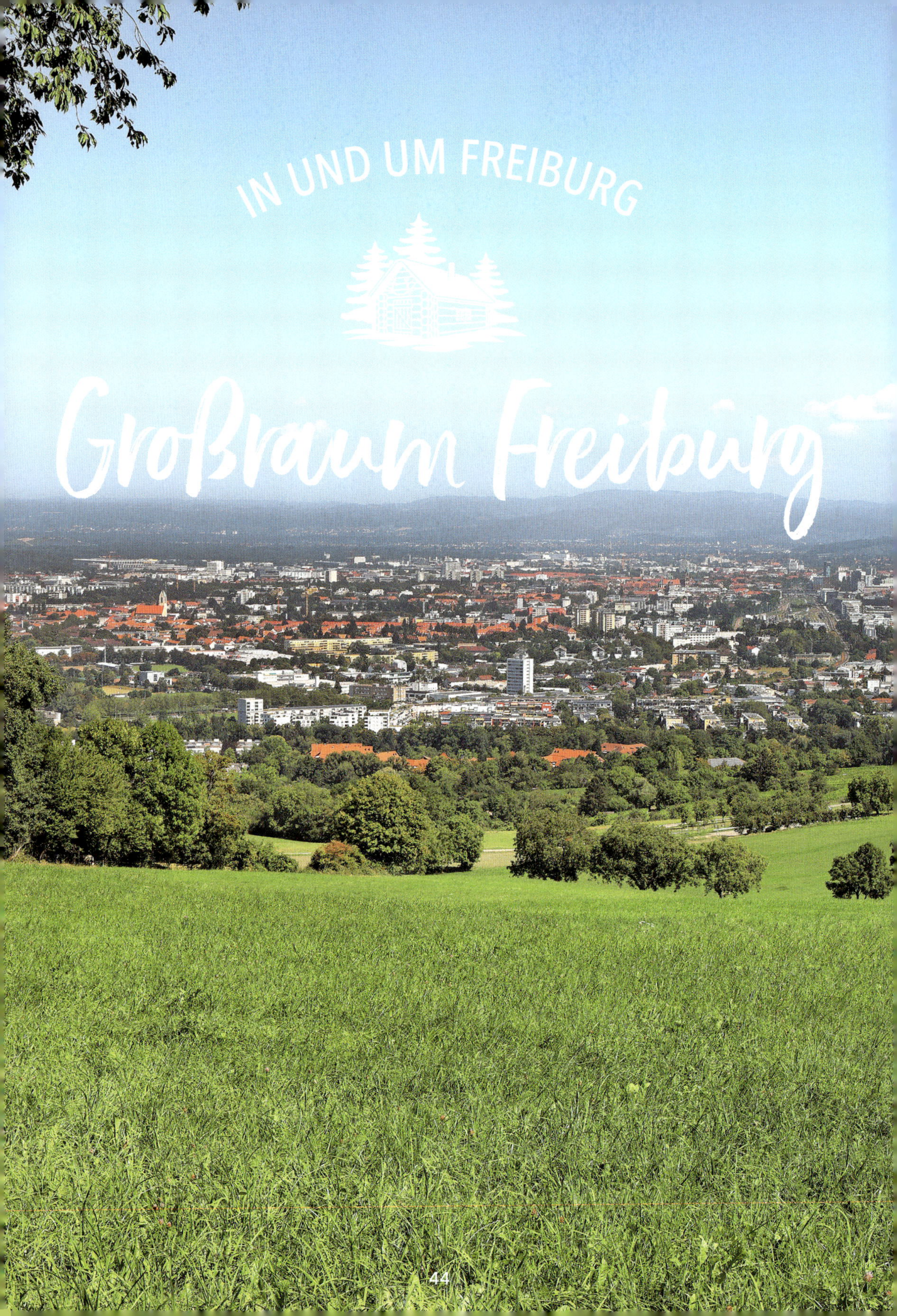

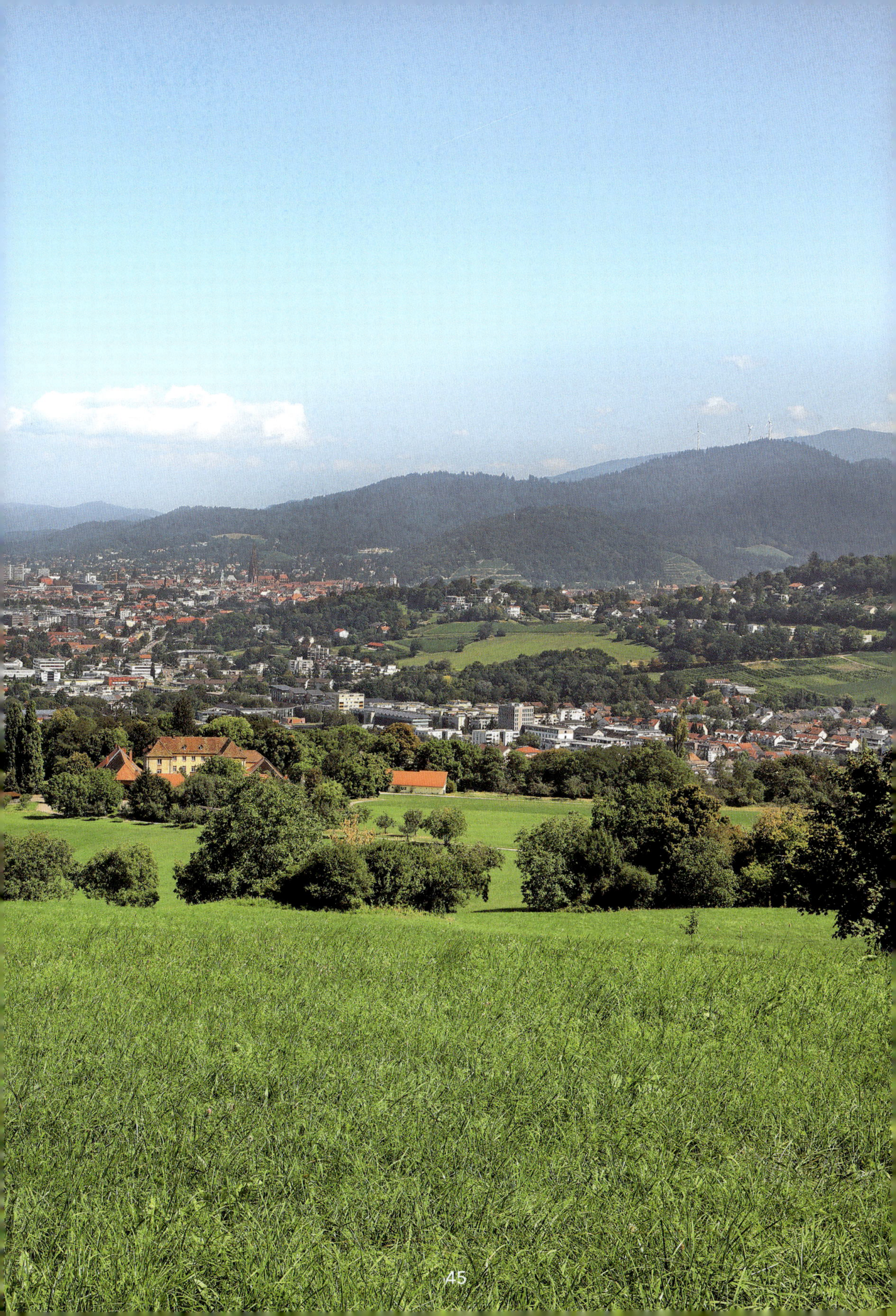

Aufstieg über die Schneeburg

8

# Wanderbarer Schönberg

Der Schönberg steht etwas im Schatten vom benachbarten Schauinsland. Damit eröffnet er Wanderern eine schöne Aussicht zum Höhenzug mit dem Freiburger Hausberg. Auf dem Weg dorthin lernen wir mit der Schneeburg eine ebenfalls nur wenig frequentierte Ruine kennen.

Wer von Freiburg mit der Bahn zur Haltestelle Ebringen anreist, nimmt die Brücken über die Rheintalbahn und – am P+R-Parkplatz vorbei – über die Landstraße nach Ebringen.

## Auf dem Breisgauer Wiiwegli

Im Ort treffen wir auf das Breisgauer Wiiwegli, dem wir geradeaus zum Unteren Springbrunnen folgen. Direkt davor ermöglicht uns das »Weckle & Eis am Brunnen«, den Ausflug mit einer gemütlichen Tasse Kaffee zu beginnen und uns mit Proviant auszurüsten. Weiter geht es entlang der Schönbergstraße am Dorfbrunnen vorbei zum Gasthaus Bären sowie auf dem Sommerbergweg zum Schloss Ebringen. Von dem als Weingut betriebenen Schlossgut führt das Breisgauer Wiiwegli links auf dem Hinteren Schlossweg hoch auf den Weinberg.

Nach den ersten schönen Aussichten über die Reben zu den umliegenden Hügeln und zum Kaiserstuhl wechselt der Themenweg im oberen Bereich des Sommerbergs (oberhalb der Infotafel zum Gewürztraminer) rechts auf den Kienzleweg. Nach weiteren malerischen Aussichten passieren wir das Flurbereinigungsdenkmal. Geradeaus kreuzen wir einen weiteren Wirtschaftsweg, um noch unterhalb vom Schlachtenkreuz links abzubiegen. In nördlicher Richtung führt der Weg in den Wald hinein ins Naturschutzgebiet Vogelsang.

## Aufstieg zur Schneeburg

Beim Wegweiser »Vogelsang« trennen sich die Wege. Während das Breisgauer Wiiwegli wieder hinunter nach Freiburg-St. Georgen führt, wechseln wir scharf rechts auf den mit gelber Raute markierten Weg zur Schneeburg. Wo wir auf einen breiteren Forstweg treffen, ginge es links bequem zum Schönberghof. Ebenfalls links setzt sich der Pfad zur Burgruine um wenige Schritte nach links versetzt fort.

Nachdem wir im weiteren Anstieg den Schneeburgweg gekreuzt haben, geht es am Ende des Pfads rechts entweder steil oder über den breiteren Weg hoch zur Burgruine Schneeberg. Oben angekommen eignen sich mehrere Plätze und (Mauer-)Nischen für eine erste Rast. Zudem können wir uns über eine tolle Rundumsicht

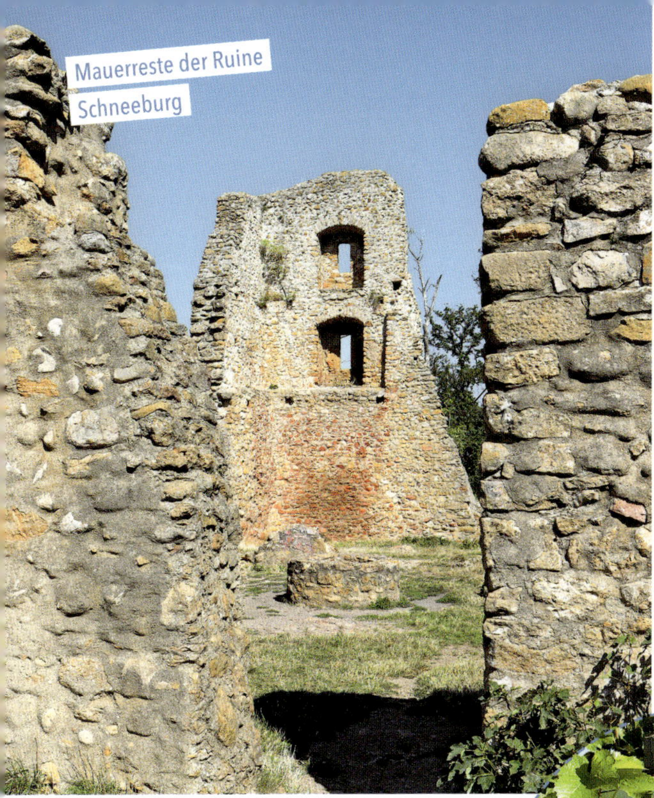
Mauerreste der Ruine Schneeburg

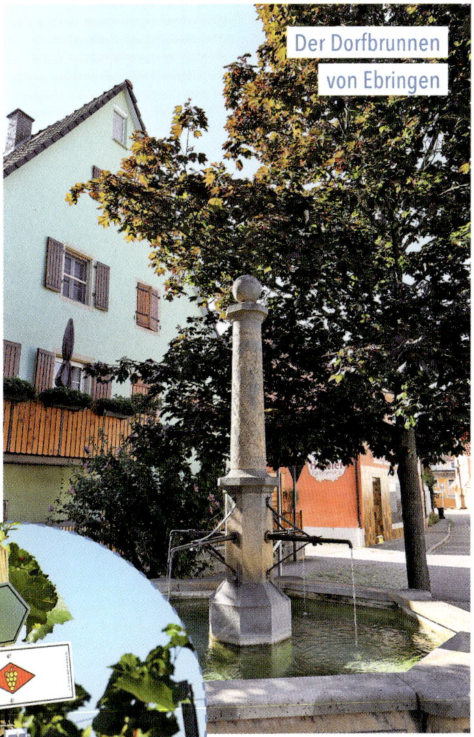
Der Dorfbrunnen von Ebringen

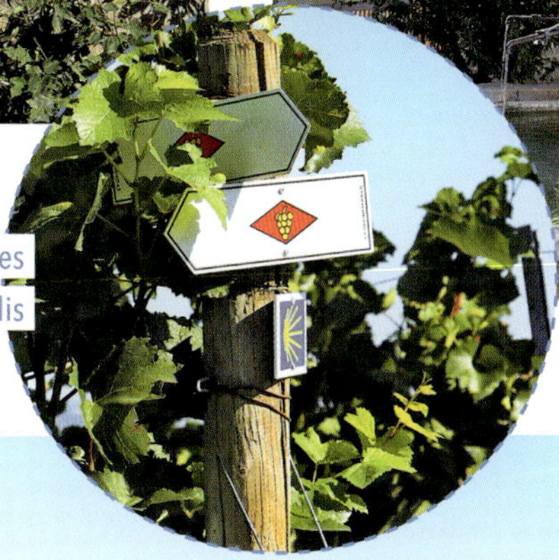
Markierung des Breisgauer Wiiweglis

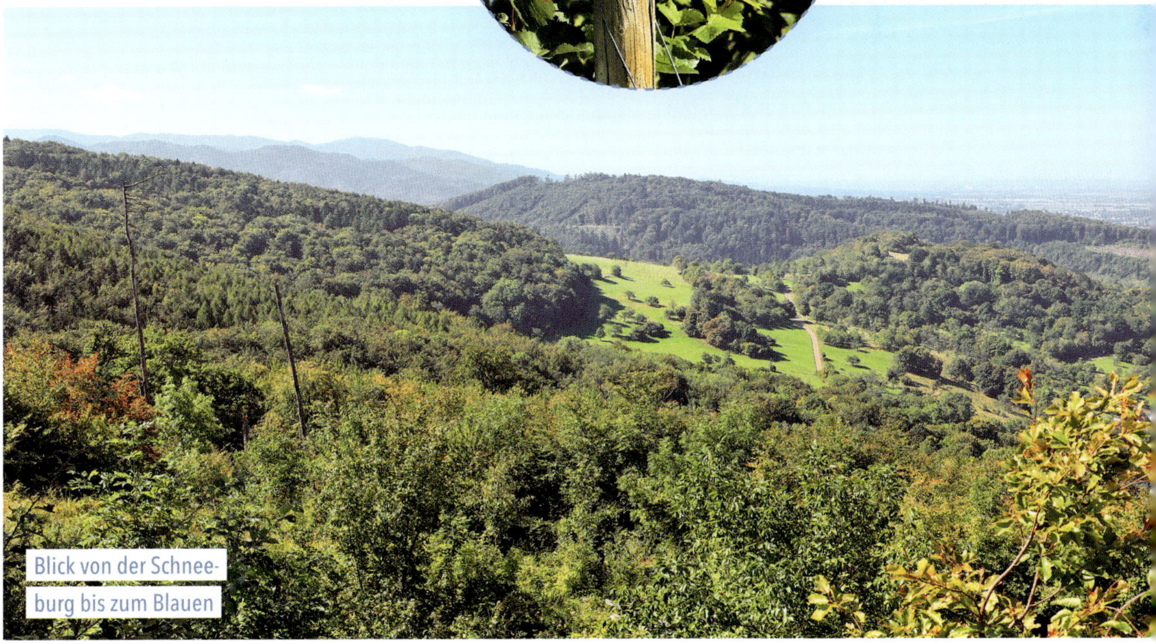
Blick von der Schneeburg bis zum Blauen

von der Gipfelburg über das Freiburger Becken, die Markgräfler Rheinebene und entlang der Bergkette bis zum Blauen freuen.

## Über den Schönberghof auf den Schönberg

Nach dem Abstecher biegen wir am Ende des Wanderwegs links zum Gasthaus Schönberghof ab. Das Ausflugslokal ist bekannt für seine liebevoll gestalteten Kuchen und Torten und kommt wie gerufen, um neue Kräfte für den weiteren Aufstieg zu sammeln. Dieser erfolgt auf dem Pfad gegenüber dem Hof über den Wegweiser »Ladhöfle« hoch zum Hedwigsbrunnen.

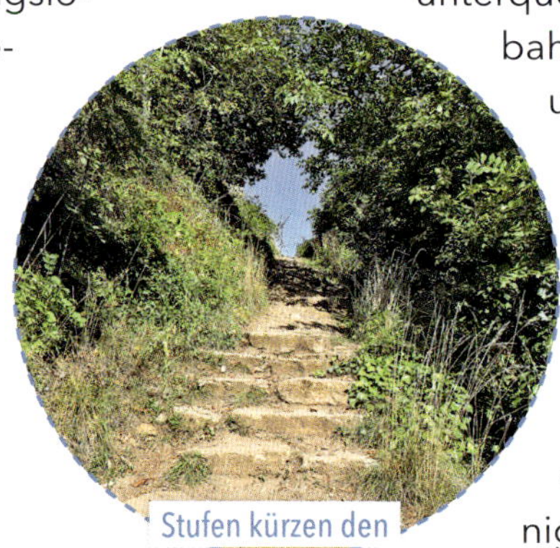

Stufen kürzen den Aufstieg zur Burg ab.

Ab dort folgen wir dem Weg rechts entlang des Waldrands mit zunehmend besserer Sicht über die Schneeburg zum Kaiserstuhl, dann in südlicher Richtung zum Wegweiser »Oberer Schönberg«. Der Zugang zum Schönberg-Gipfel erfolgt über die Zufahrt zum Sender und einen davon abzweigenden Pfad zu einem Rastplatz mit Himmelsliege. Gerne werden wir auch hier verweilen, um den Blick über das Hexental und Horben zum Bergzug mit dem Schauinsland zu genießen.

## Abstieg nach Vauban

Zurück beim letzten Wegweiser biegen wir links ab und folgen der gelben Raute durch den Wald zum Wegweiser »Langhardpfad« und - über den Forstweg hinweg - zum Dürrstein. Ab dort erfolgt der Rückweg nahe dem Waldrand über die Wegweiser »Am Kopfacker, Gaisberg und Zwiegeracker« zum Totengedenkstein des Turnvereins St. Georgen. Einen Steinwurf weiter treffen wir bei den Caritas-Werkstätten wieder auf das Breisgauer Wiiwegli, dem wir durch die Obere Schneeburgstraße bis zum Abzweig der Bergiselstraße folgen. Leider wird dort die Beschilderung unscharf. Geradeaus unterquert das Wiiwegli die Rheintalbahn nach Freiburg-St. Georgen, um bei der Bushaltestelle der Schneeburgstraße zu enden.

Wer mit der Bahn zurückfahren will, sollte vor der Bahnunterführung auf der Straße bleiben und sich anschließend rechts halten. In dem Fall geht es auf teils wenig befestigten Wegen entlang der Bahnlinie und an einem alten Lokschuppen vorbei zur Haltestelle. Besser erscheint uns indes der Rückweg durch die Bergiselstraße. In dem Fall geht es an der Waldorfschule vorbei, dann links zur Haltestelle Vauban Innsbrucker Straße, wo alle paar Minuten Busse und Straßenbahnen in Richtung Hauptbahnhof starten.

### Die Ruine Schneeburg auf dem Schönberg

Die im frühen 14. Jahrhundert errichtete Schneeburg wird aufgrund ihres Namens der Patrizierfamilie Schnewlin zugeschrieben. In der ersten urkundlichen Erwähnung ist indes von einem Friedrich von Hornberg die Rede. Nachdem die Hornberger ihren Wohnsitz hinunter nach Ebringen verlegt hatten, wurde die Burg verlassen und dem Verfall preisgegeben. Seit 1905 wird der alte Baubestand gesichert und in Teilen rekonstruiert. So wurden im Mai 2023 zwei Betonblöcke mit Pflöcken und Ankern im Gestein beim Turm verankert, um den Fels unterhalb des Turms zu stabilisieren.

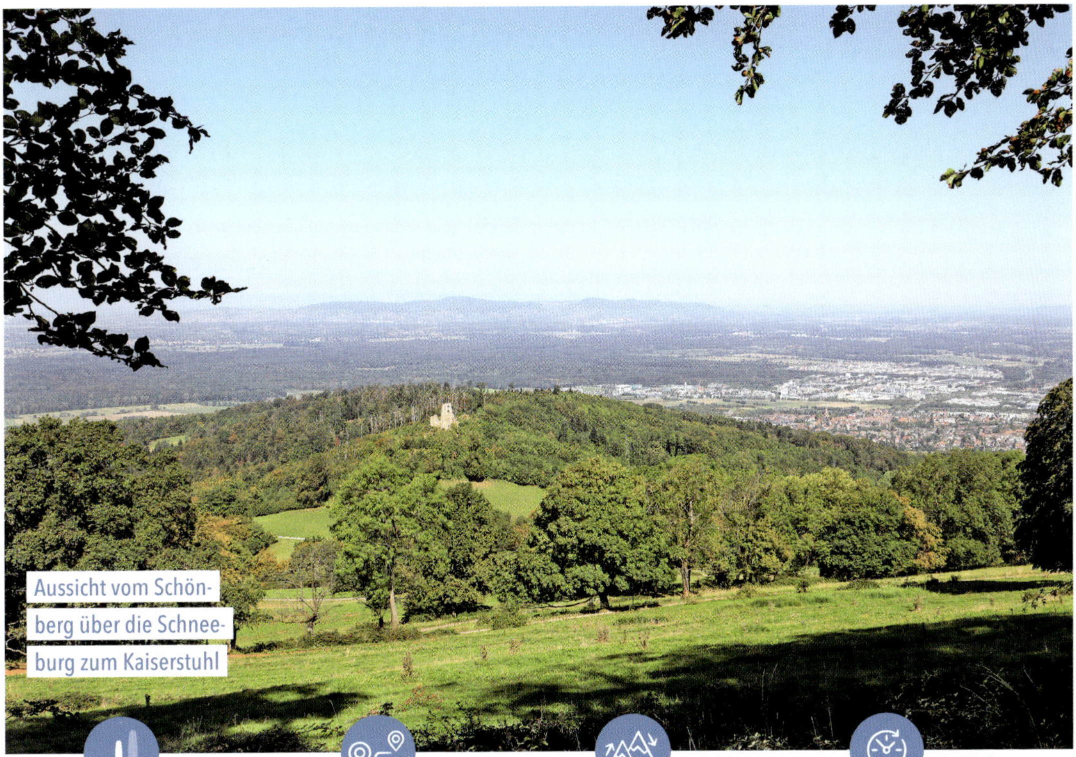

Aussicht vom Schönberg über die Schneeburg zum Kaiserstuhl

mittel | 10,6 km | 420/400 Hm | 3.30 h

## Auf einen Blick

**Tourencharakter**
Nach den leichten Wegen der Weinberge geht es über Waldwege und Pfade hoch auf den Schönberg. Mehrere flache Passagen erleichtern den Aufstieg.

**Ausgangspunkt**
Haltestelle Ebringen, Freiburg
GPS 47.9602, 7.7680

**Endpunkt**
Haltestelle Vauban Innsbrucker Straße, Freiburg
GPS 47.9766, 7.8176

**Anfahrt**
ÖPNV: Ab Freiburg Hauptbahnhof mit der RB 27 bis Richtung Neuenburg bis Ebringen. Die Rückfahrt ist ab der Innsbrucker Straße mit Bus 11 und der Straßenbahn 3 möglich. Alternativ kann man die Variante zur S-Bahn-Haltestelle nehmen.
Auto: Auf der B 3 Freiburg–Basel bis Ebringen, beim Gebäude der Winzergenossenschaft auf die Ebringer Straße wechseln und zum Parkplatz jenseits der Bahnlinie abbiegen

**Einkehr**
Gasthaus Schönberghof, Do-Sa ab 11:30 Uhr, So ab 11 Uhr, Tel. 07664/72 22

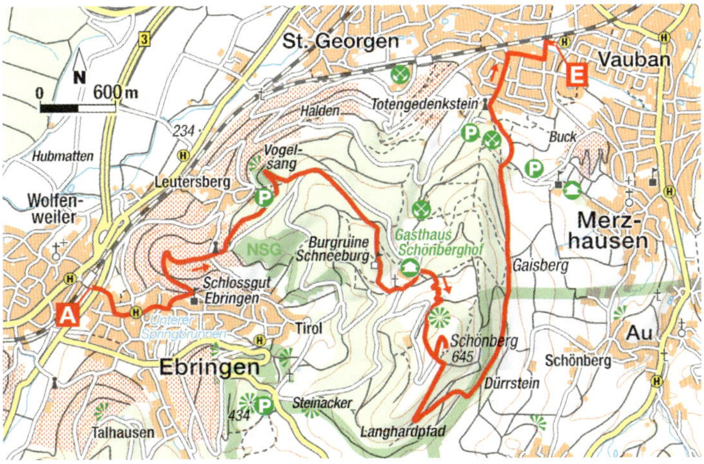

VON HORBEN BIS FREIBURGS WIEHRE

9

# Weg der Revolutionäre

Der sogenannte Heckeraufstand war der erste große Aufstand der Badischen Revolution 1848/1849 mit dem Ziel, das Großherzogtum zu entmachten und durch eine Republik zu ersetzen. Von Horben aus kann man sich heute auf die Spuren der Revolutionäre begeben.

Im beschaulichen Horben startet der Weg der Revolutionäre, der am 3. Oktober 2020 zur Erinnerung an die letzte Abteilung des Hecker-Zuges 1848 während der Badischen Revolution eröffnet wurde.

## Zwischen Horben und Langackern

Ab dem Rathaus folgen wir der blauen Raute in nördlicher Richtung durch die Hauptstraße. Nach dem Ortsende von Horben kürzt der Wanderweg durch die Wiese ab. Anschließend biegen wir in Langackern links in die Luisenhöhestraße, dann beim Wegweiser »Althüsli« rechts in den Junghofweg ab.

## Durch den Wald nach Günterstal

Wenige Schritte vor der Engstelle des Junghofwegs biegt der Weg der Revolutionäre links ab. Auf wechselnden Wegen folgen wir der gelben Raute durch den Wald nach Günterstal, wo wir bei Kyburg bzw. vor der Brücke über den Bohrerbach links abbiegen. Erst nach einer Passage am Ortsrand geht es beim Wegweiser »Vogelsang« nach Günterstal und über die Schauinslandstraße hinweg zur Kreuzung mit dem Rehhagweg. Durch die Dorfstraße gelangen wir zurück zur Schauinslandstraße und über den Klosterplatz zum Günterstäler Tor. Weiter geradeaus folgen wir der Straße bis zur Haltestelle Wiesenweg, um dann rechts zum Kloster Sankt Lioba abzubiegen.

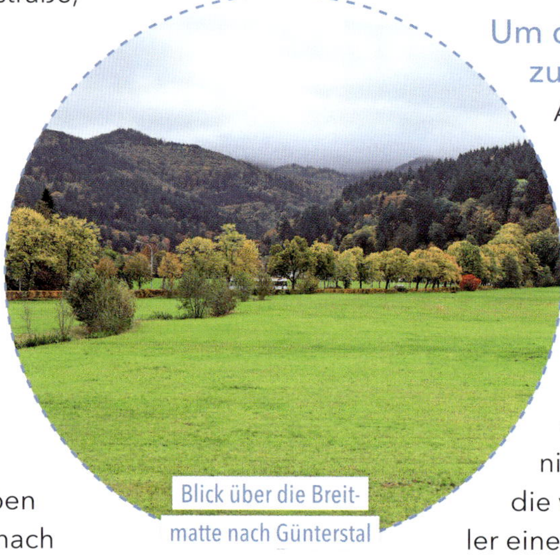

Blick über die Breitmatte nach Günterstal

## Um das Schlachtfeld zum Sternwaldeck

Am Waldrand schwenkt der Wiesenweg links zum Waldparkplatz Günterstal. Die nun westlich von uns liegende Wiese stand am 23. April 1848 im Mittelpunkt der traurigen Ereignisse. Tags drauf wagten die verbliebenen Freischärler einen letzten Anlauf auf

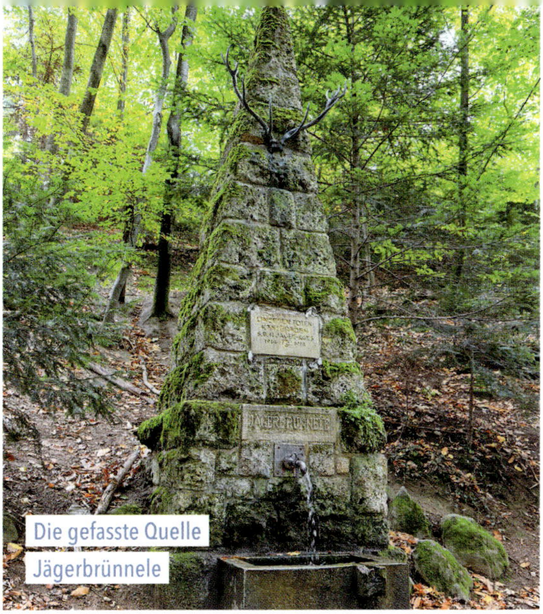

Die gefasste Quelle Jägerbrünnele

Freiburg. Heute führt uns der Themenweg nach wenigen Schritten auf dem Günterstälerweg (rechts) ansteigend durch den Wald zum Jägerbrünnele. Dort queren wir den Weiherdobel, eh wir uns links halten und den Wegmarkierungen über schmale Pfade wieder talwärts folgen. Ab dem Wegweiser »Silberdobel« erfolgt der letzte Abschnitt auf dem Günterstälerweg bis zum Sternwaldeck. Die Revolutionäre sind damals bis zum Schwabentor gekommen. Für uns endet die Wanderung am Rand der Freiburger Wiehre, wo wir nahe der Teilung der Schauinslandstraße links zur Haltestelle Holbeinstraße finden.

### Der Hecker-Zug in der Badischen Revolution

Im April 1848 führten die Radikaldemokraten Friedrich Hecker und Gustav Struve einen bewaffneten Aufstand durch den Süden Badens. Was in Konstanz begann, endete allerdings vor den Toren Freiburgs. Die von Hecker angeführte Hauptschar der Revolutionäre wurde am 20. April bei Kandern geschlagen, Hecker selbst floh in die Schweiz. Eine zweite Kolonne zog über den Notschrei nach Freiburg. Nach einem für beide Seiten verlustreichen Gefecht musste sich der von Struve angeführte Vorstoß am 23. April 1848 nach Horben zurückziehen.

leicht | 6,8 km

30/340 Hm | 2.30 h

## Auf einen Blick

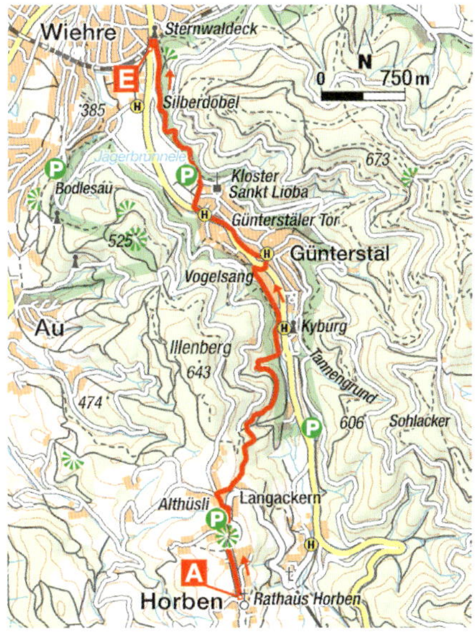


**Tourencharakter**
Die leichte Streckenwanderung nutzt sowohl Schotterwege und Fußwege entlang der Straßen als auch bei Nässe leicht rutschige Waldwege und -pfade.

**Ausgangspunkt**
Rathaus in Horben
GPS 47.9353, 7.8586

**Endpunkt**
Haltestelle Holbeinstraße, Freiburg
GPS 47.9795, 7.8478

**Anfahrt**
ÖPNV: Ab Freiburg Hauptbahnhof mit der Straßenbahn 2 bis Dorfstraße Günterstal, weiter mit Bus 21 bis Rathaus Horben
Auto: Von der B 31 Freiburg–Titisee zwischen Kronen- und Schwanentorbrücke nach Todtnau abbiegen. Bei Bohrer rechts zur Schauinslandbahn-Talstation abbiegen und der Straße weiter bis zur Gemeindeverwaltung in Horben folgen

**Einkehr**
Gastronomie in Günterstal

FESTUNGSTOUR AB DER SCHLOSSBERGBAHN

10

# Freiburger Schlossberg

Der Ausflug auf den Schlossberg von Freiburg gleicht einer Zeitreise. Auf dem Berg errichteten die Zähringer im 11. Jahrhundert das Burghaldenschloss. Ihnen folgten die Grafen von Freiburg, die Habsburger und französische Besatzer. Die Festungstour gibt Einblicke in die spannende Geschichte.

Ab der Haltestelle beim Stadtgarten nutzen wir die Fußwege zur Talstation der Schlossbergbahn. Wer mit dem Auto anreist und im Karlsbau parkt, gelangt am besten über den Steg dorthin.

## Per pedes oder Bahn auf den Schlossberg?

Mit der heute barrierefreien Kabine der Schlossbergbahn fährt man in drei Minuten mühelos zur Bergstation. Der Westhang des Schlossbergs zählt bereits zum Schwarzwald. Die Steigung wird durch fünf Kehren entschärft, sodass wir gut der Beschilderung über den Mozartsteg folgen können.

Am Ende des Stegs orientieren wir uns rechts und nehmen bei der Gabelung den linken Weg zum Wegweiser »Spielplatz« Schlossberg West. Scharf links unterqueren wir im weiteren Aufstieg zur Bergstation mit dem Schlossbergrestaurant mehrfach die Trasse der Bahn, womit erste Motive für Erinnerungsfotos einhergehen. Oben angelangt liegt uns beim Aussichtspunkt im Burghaldering die Freiburger Altstadt mit dem Münster zu Füßen. Rechts davon sind die Vogesen und der Kaiserstuhl zu sehen.

## Tusculum und Redoute

Nach diesem schönen Auftakt biegen wir vom Burghaldering in den Fahrweg Am Schlossberg ein, nehmen dann aber den Schwenk über das Tusculum mit. Das 1903 im Jugendstil errichtete Gartenhaus steht seit den 1980er Jahren unter Denkmalschutz. Im Juni 2023 wurden bauliche Mängel festgestellt, weshalb Teile der auch nachts beliebten Anlage bis auf Weiteres abgesperrt wurden.

Zurück auf dem Fahrweg passieren wir als Nächstes eine heute noch gut erkennbare Redoute. Sie geht auf den französischen Baumeister Sébastian le Prestre de Vauban zurück, der mit dem einfachen Festungswerk den Hauptzugang zum Schlossberg absichern wollte.

## Kommandantengarten, Fort Carré und Peterskreuz

Vorbei am einzeln stehenden Redoutenhäusle tauchen wir in den Wald ein und nehmen bei der Kreuzung den zweiten Pfad scharf rechts. Dieser führt uns wieder aus dem Wald heraus zum Kommandantengarten. Vom dazugehörenden Ahornrondell

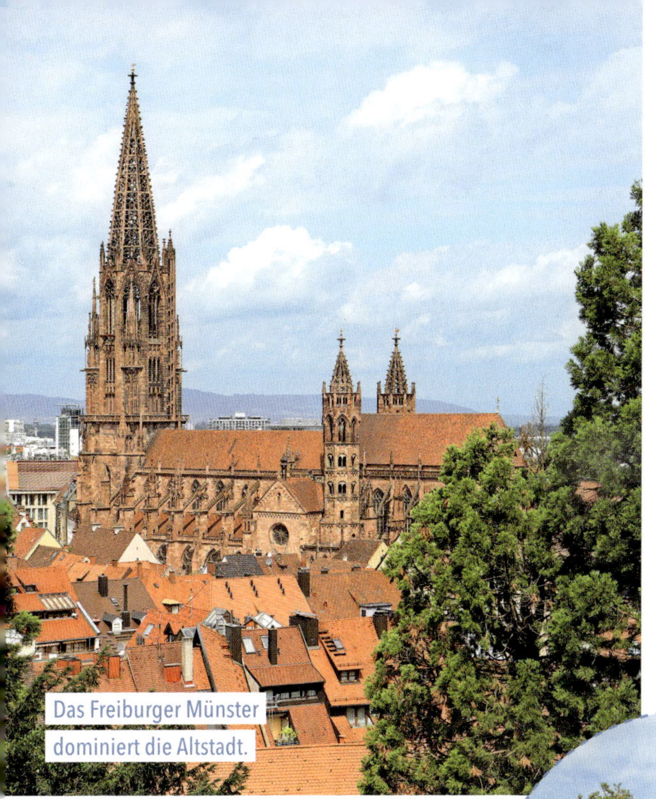

Das Freiburger Münster dominiert die Altstadt.

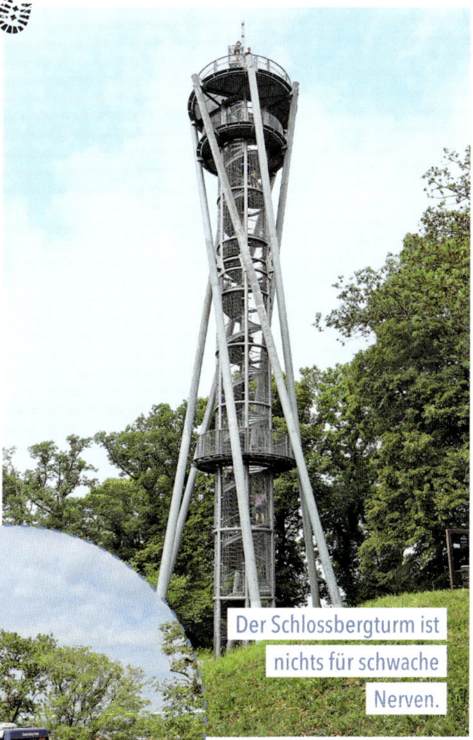

Der Schlossbergturm ist nichts für schwache Nerven.

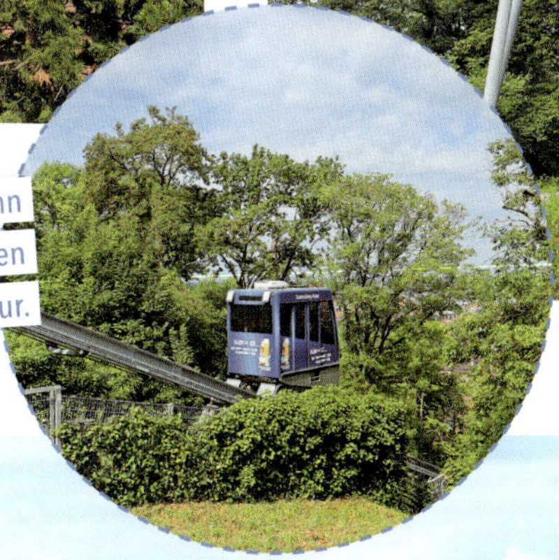

Die Schlossbergbahn ersetzt den ersten Aufstieg der Tour.

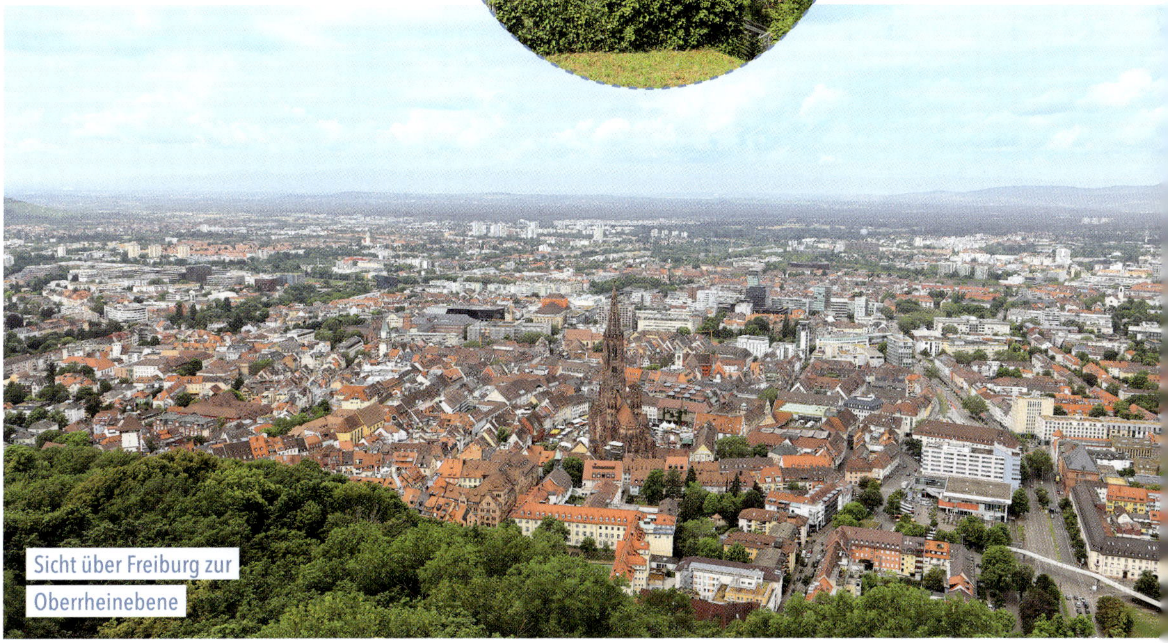

Sicht über Freiburg zur Oberrheinebene

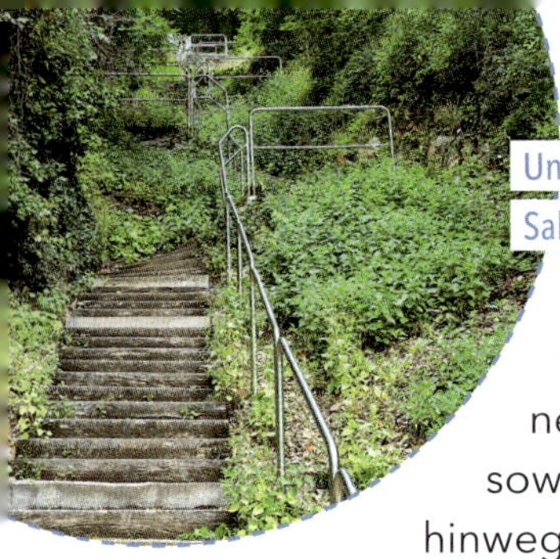

Unterer Abschnitt der Salzbüchsletreppe

bietet sich uns eine herrliche Aussicht sowohl über Freiburg hinweg auf den Tuniberg als auch auf die Ostseite des Kaiserstuhls. Noch vor dem Rondell geht es links über eine Kehre hoch zum ebenfalls von Vauban geplanten Fort Carré, wo wir sogleich erneut scharf links abbiegen. Rund 120 Meter weiter (nach einer Infotafel über Eiben) zweigt die Festungstour rechts zum Peterskreuz ab. Hier stand einst die Festungskirche Saint-Pierre im Innenhof des 1678 durch die Franzosen gebauten Oberen Schlosses. Das Peterskreuz markiert den Standpunkt des Hochaltars. Vor dem Abzug der Franzosen wurde die Kirche mitsamt der Festungsanlage gesprengt. Einzig den Altar vermochten die Franziskaner Mönche zu retten. Er steht heute in der Annakirche in der Freiburger Wiehre.

## Über den Feldbergblick zum Schlossbergturm

Beim Peterskreuz halten wir uns links, sodass wir auf den vorigen Weg zurückfinden. Dieser führt zunächst auf die Nordseite vom Schlossberg zu einem ehemaligen Hornwerk, dann in südöstliche Richtung zum Feldbergblick. Nach der Aussicht über das Zartener Becken und die Dreisam zum Feldberg biegen wir rechts ab und folgen der Beschilderung über die Obere Festung und dem Wegweiser »Fort Carré Mitte« zum Schlossbergturm. Die filigrane Konstruktion ragt 35 Meter weit in den Himmel. Das reicht für einen traumhaften Rundumblick. Neben den zuvor genannten Landschaften ist in südlicher Richtung der Schauinsland an seinem Turm zu erkennen. Etwas rechts davon erhebt sich der Schönberg.

## Kanonenplätze und Ludwigshöhe

Nach der Turmbesteigung gelangen wir über die 251 Stufen der Salzbüchsletreppe hinunter zum Kleinen Kanonenplatz. Dort treffen wir wieder auf den Burghaldering, dem wir rechts bis zum Wegweiser »Burggraben Süd« folgen. Wir biegen erst rechts, dann 70 Meter weiter links zur Ludwigshöhe ab. Auf dem heute kargen und teils verwilderten Areal ließ Herzog Berthold II. von Zähringen 1092 das Burghaldenschloss bauen. Nach der kurzen Runde über den Ursprung Freiburgs nehmen wir den Fußweg hinunter zum Kanonenplatz. Von dort führt der Festungsweg auf dem Burghaldering zurück zur Bergstation.

Schöner finden wir es, ab dem Kanonenplatz der weiß-roten Raute des Querwegs Freiburg-Bodensee hinab zum Greiffeneggschlössle mit dem Kastaniengarten zu folgen. Der weitere Rückweg führt dann entweder mit der gelben Raute zurück zum Stadtgarten oder auf dem Querweg zum Schwabentor nahe der Haltestelle Oberlinden.

### Umkämpfter Freiburger Schlossberg

Durch seine Lage am Übergang des Zartener Beckens zum Breisgau besaß der Freiburger Schlossberg eine herausragende strategische Bedeutung. Bereits die Zähringer kontrollierten von hier aus den Zugang durch das Dreisamtal in den Schwarzwald. In Folge des Dreißigjährigen Kriegs besetzten Truppen Ludwigs XIV. den Berg und bauten diesen zu einer modernen Festung aus. Vor ihrem endgültigen Abzug im Jahr 1745 sprengten sie die Wehranlagen, bevor sie Freiburg an die Habsburger zurückgaben.

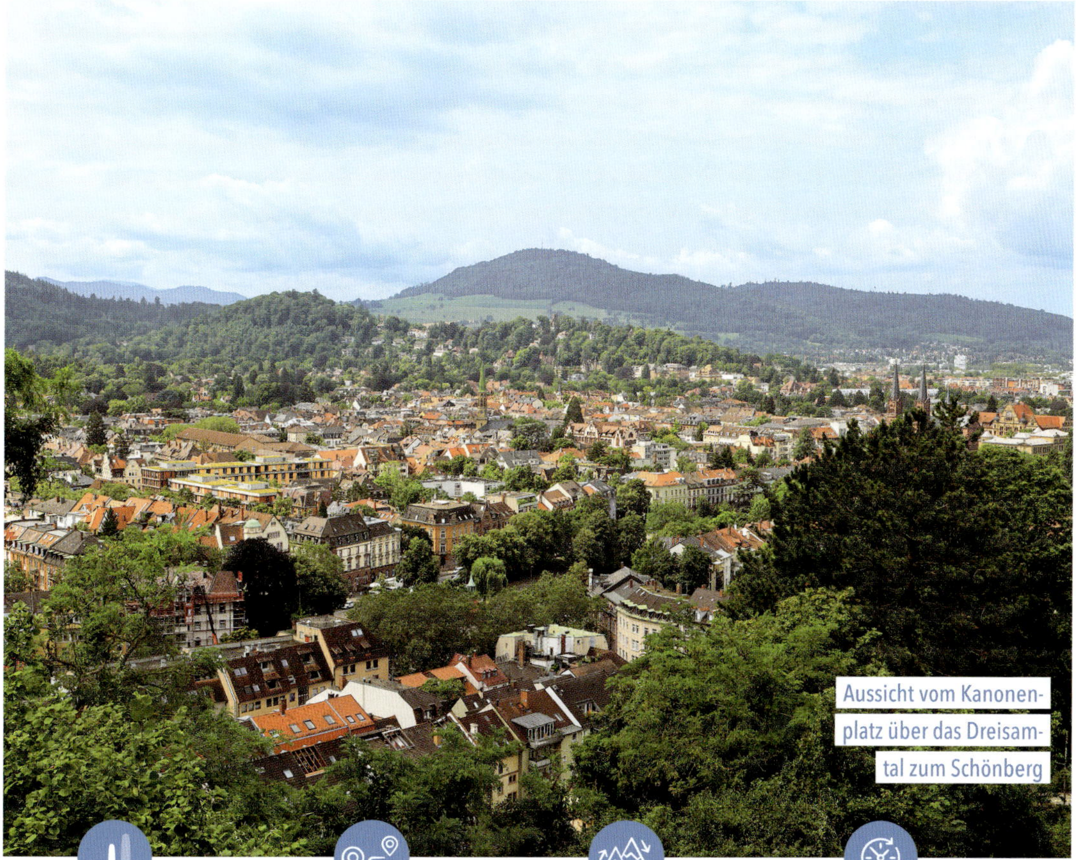

Aussicht vom Kanonenplatz über das Dreisamtal zum Schönberg

mittel | 5,0 km | 220/210 Hm | 2.00 h

## Auf einen Blick

**Tourencharakter**
Der Anstieg auf den Schlossberg wird durch mehrere Kehren entschärft. Danach kurzweilige Runde auf Waldwegen und Pfaden. Für den Aufstieg auf den Schlossbergturm ist etwas Schwindelfreiheit erforderlich, der Abstieg zum Kleinen Kanonenplatz erfolgt über Treppen.

**Ausgangs-/Endpunkt**
Stadtgarten Freiburg
GPS 47.9977, 7.8563

**Ausgangs-/Endpunkt**
Straßenbahnhaltestelle Oberlinden, beim Schwabentor
GPS 47.9939, 7.8535

**Anfahrt**
ÖPNV: Ab Freiburg Hauptbahnhof mit der Straßenbahn 4 bis Europaplatz, weiter mit Bus 27 zum Stadtgarten. Alternativ die 380 m zu Fuß durch den Luipoldring. Rückfahrt mit der Straßenbahn 1
Auto: In Freiburg von der B 3 beim Europaplatz bzw. von der B 31 bei der Schwabentorbrücke auf den Schlossbergring zum Parkhaus Karlsbau abbiegen

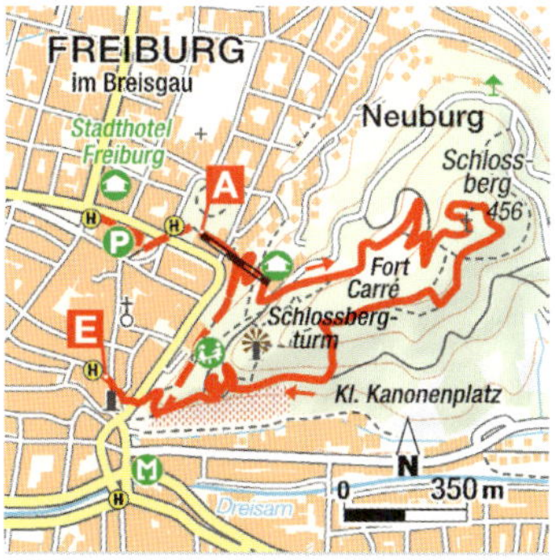


**Einkehr**
Schlossbergrestaurant Dattler, Mi–So 11–23 Uhr, dattler.de; Kastaniengarten, greiffenegg.de

**Schlossbergbahn**
Schrägaufzug vom Stadtgarten auf den Schlossberg, Betriebszeiten Mo/Di 10–18 Uhr, Mi–So 9–22 Uhr, schlossberg-bahn.de

VARIANTE ÜBER DEN ROSSKOPF

11

# Waldheiligtum St. Ottilien

Das Waldheiligtum St. Ottilien ist eine der ältesten Wallfahrtsstätten Deutschlands. Direkt neben der Kapelle lädt das gleichnamige Waldrestaurant zum Verweilen und Genießen ein. Zuvor eröffnet uns der Roßkopf eine weite Aussicht über Freiburg und die Westausläufer des Hochschwarzwalds.

Nach der Anfahrt mit der Stadtbahn zur Haltestelle Musikhochschule folgen wir der gelben Raute zunächst durch die Hirzbergstraße an der Friedenskirche vorbei an die Dreisam. Linker Hand nutzen wir den Max-Müller-Steg über den Fluss. Rechts ist St. Ottilien bereits angeschrieben; von dort werden wir später zurückkommen.

## Aufstieg über die Sieben Linden

Wir laufen also geradeaus weiter, sodass wir als Nächstes den Campingplatz Hirzberg passieren. Oberhalb vom Waldkindergarten treffen wir auf die Schlossberg-Entdeckertour. Auch hier lassen wir den Abzweig nach St. Ottilien außer Acht und biegen stattdessen links in Richtung Silberbrunnen und Sieben Linden ab. Bei der folgenden Lichtung ist in alten Karten ein Wanderweg direkt hoch zu den Sieben Linden eingetragen.

Besser ist es, auf dem ausgewiesenen Pfad zu bleiben und erst beim Wegweiser »Am Hirzberg« rechts zur Wegkreuzung und dem Rastplatz Sieben Linden abzubiegen. Auf dem Sattel treffen der Burghaldering und die Forststraße Hirzberg-Jägerhäusle aufeinander. Wir selbst orientieren uns kurz rechts, um dann auf den ansteigenden Pfad zu wechseln.

Blick von der Aussichtsplattform des Turms zum Kaiserstuhl

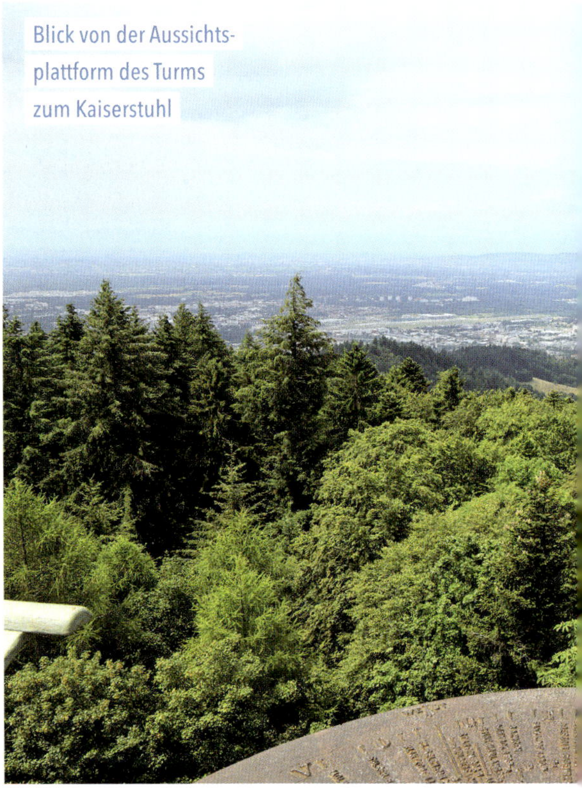

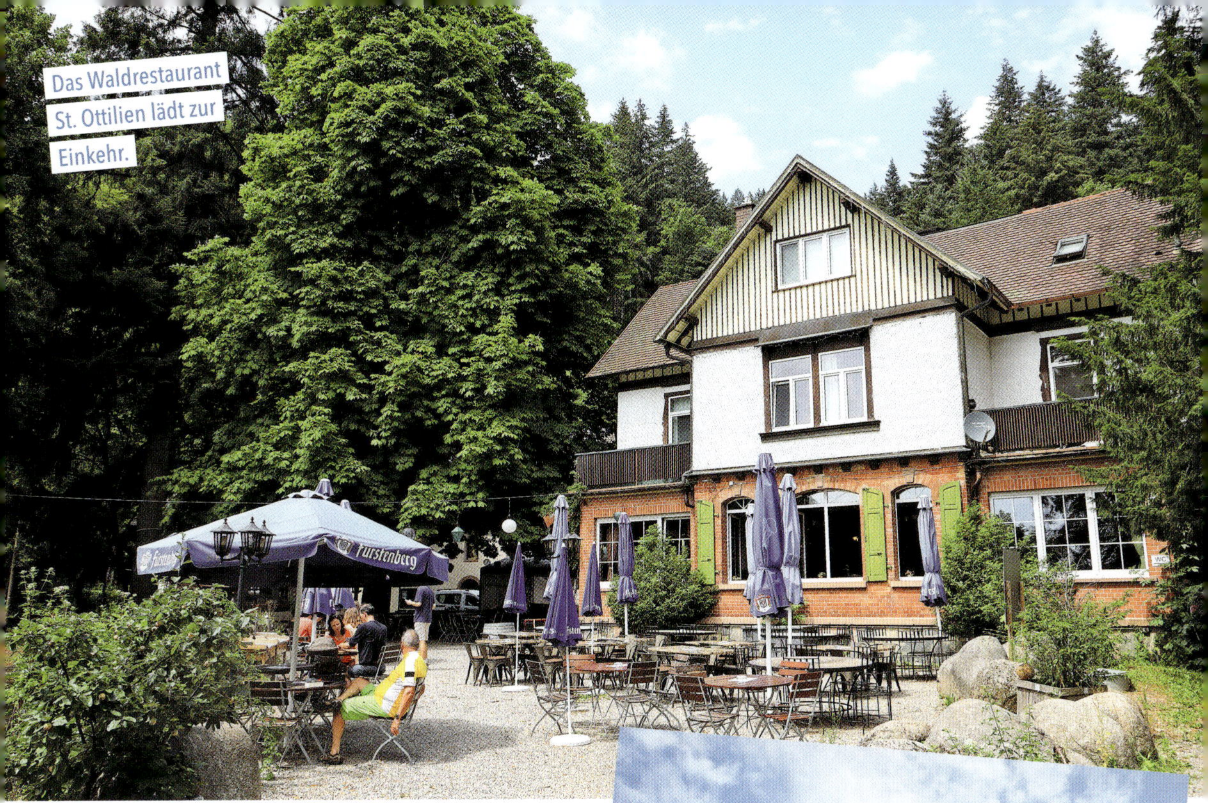

Das Waldrestaurant St. Ottilien lädt zur Einkehr.

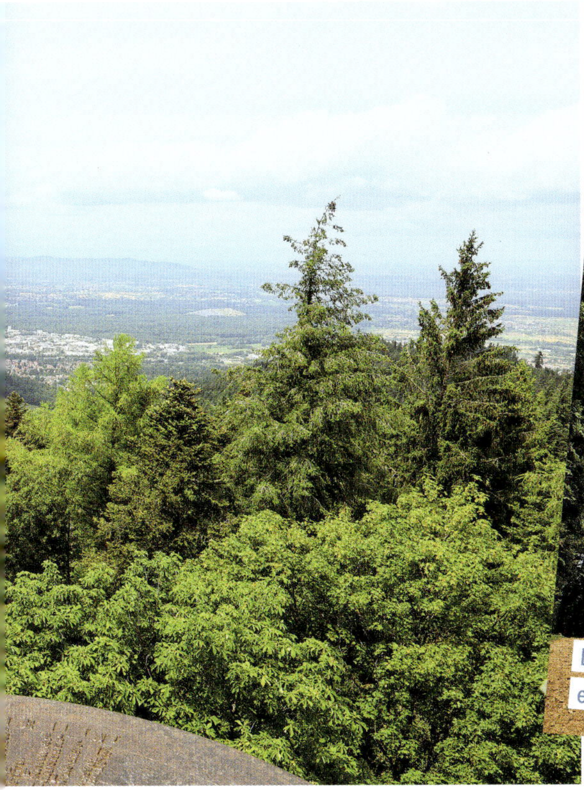

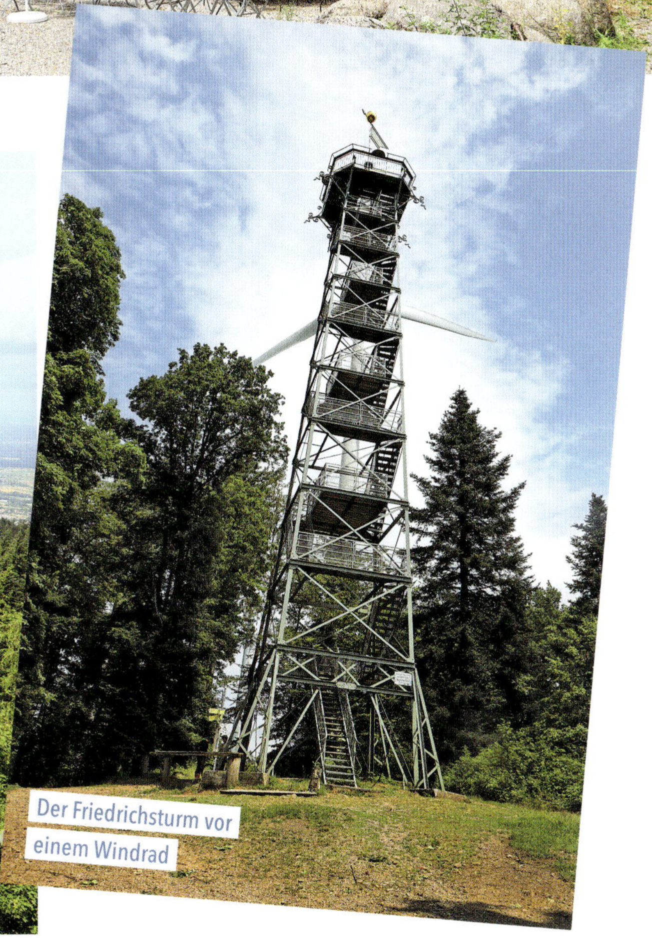

Der Friedrichsturm vor einem Windrad

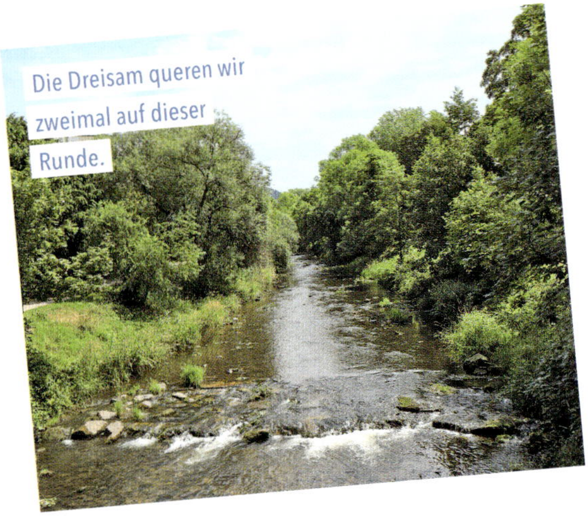


## Auf dem Kandelhöhenweg

Der nächste Abschnitt verläuft damit auf dem Kandelhöhenweg. Der mit einem weißen K auf roter Raute markierte Weg führt uns gleichmäßig bergan durch den Wald zum Wegweiser »Roßkopfhaldenweg«. Rechts bestünde dort eine Abkürzung zum Roßkopfsattel. Für den Aussichtsberg bleiben wir auf dem Kandelhöhenweg und folgen der Beschilderung über die Obere Roßkopfstufe (geradeaus) zum Wegweiser »Lachen«, wo wir eine Mountainbike-Strecke tangieren. Der Höhenweg biegt dort scharf links ab und nimmt anschließend zwei Kehren hoch auf den Roßkopf.

Gekrönt wird der Berg vom 34,4 Meter hohen Friedrichsturm. Das nach dem Großherzog Friedrich I. von Baden benannte Bauwerk wurde 1889 errichtet und zählt somit zu den ältesten Stahlfachwerktürmen Deutschlands. 137 Stufen trennen uns von der schon bei leichtem Wind schwankenden Aussichtsplattform. Wer sich davon nicht abschrecken lässt, kann sich über ein perfektes Panorama über das Zartener Becken und das Glottertal zu den umliegenden Bergen freuen. Bei klarer Luft sind im Westen der Kaiserstuhl und die Vogesen, im Süden die Alpen zu sehen. Zudem eröffnet uns die Plattform einen beeindruckenden Blick auf den benachbarten Windpark.

## Waldheiligtum St. Ottilien

Weiter geht es auf dem Kandelhöhenweg am Abzweig nach Herdern und Zähringen vorbei sowie über den Martinsfelsen bis nach Ochsenlager. Dort trennen sich die Wege: Während der Kandelhöhenweg nach St. Peter führt, biegen wir rechts nach St. Ottilien ab. Nach 500 Metern wechseln wir in einer weiten Linkskurve auf den links abgehenden Pfad zum Husarenbrunnen. Anschließend führt uns der Weg über die St.-Ottilien-Halde und den Roßkopfsattel zum Wegweiser »Oberer Kohlwald«.

Wer möchte, kann links einen Abstecher auf dem Querweg Freiburg–Bodensee bis zur 350 Meter entfernten St.-Wendelins-Kapelle machen. Ansonsten folgen wir dem Querweg in die andere Richtung, kreuzen den breiten Oberen Abfuhrweg und nehmen den Pfad hinunter nach St. Ottilien. Neben der Kirche und ihrem sehenswerten Innenraum bietet das angeschlossene Waldrestaurant einen angenehmen Ort, um zu verweilen und das Sein zu genießen.

## Abstieg über den Stationenweg

Der spätere Rückweg erfolgt mit der gelben Raute über den Stationenweg. Wo der breite Forstweg zwischen dem Rastplatz Vogelsanghütte und der Ottilienwaldhütte endet, biegen wir mit dem Stationenweg links ab. Nahe dessen Ende nutzen wir eine Verbindung über die Ottilienstraße hinweg zum Wilhelm-Schüle-Weg, auf dem es links zu einem Rastplatz nahe der Jugend-

mittel

12,3 km

500 Hm

3.30 h

## Auf einen Blick

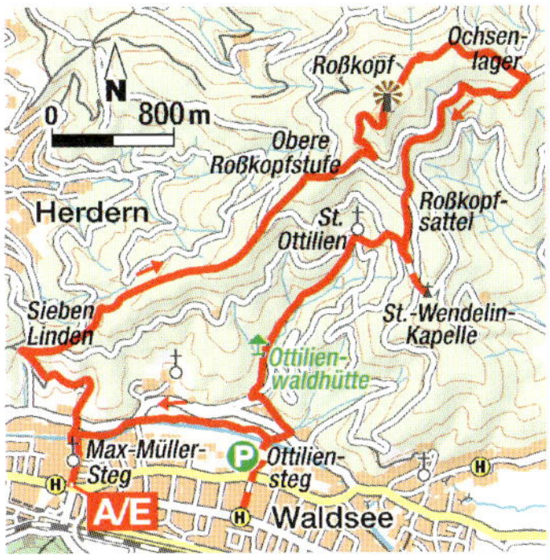


**Tourencharakter**
Nach Querung der Dreisam waldreiche Strecke, für den Aufstieg auf den Roßkopf ist eine gute Ausdauer am Berg von Vorteil. Oberhalb von St. Ottilien sind die Pfade leicht ausgewaschen.

**Ausgangs-/Endpunkt**
Straßenbahnhaltestelle Musikhochschule
GPS 47.9880, 7.8735

**Anfahrt**
ÖPNV: Ab Freiburg Hauptbahnhof mit der Straßenbahn 1 Richtung Littenweiler bis Haltestelle Musikhochschule
Auto: In Freiburg von der B 31 vor der Einfahrt in den Schützenallee-Tunnel auf die Schwarzwaldstraße abfahren

**Einkehr**
Waldrestaurant St. Ottilien, täglich ab 12 Uhr, st-ottilien.com

herberge geht. Bei dem Rastplatz überqueren wir den Gewerbekanal, halten uns bei der Dreisam rechts und haben schließlich beim Ottiliensteg nochmals die Wahl:

Genug gewandert? Dann können wir den Wegen jenseits der Dreisam durch die Sportanlagen hindurch zur Haltestelle Römerhof folgen. Schöner ist es, wenn wir ab dem Steg den Uferweg entlang der Dreisamwiesen bis zum Max-Müller-Steg nutzen und erst dort zur Haltestelle Musikhochschule wandern.

### Wallfahrt zum Waldheiligtum St. Ottilien

Ursprung der Wallfahrt nach St. Ottilien ist eine Quelle, deren radonhaltigem Wasser heilende Kräfte bei Augenleiden zugesprochen wird. Gewidmet ist die Kapelle der Heiligen Odilia. Die Schutzpatronin des Elsass wurde um das Jahr 660 blind geboren, soll bei der Taufe jedoch das Augenlicht erhalten haben. Einer Legende nach floh sie vor einer durch ihren Vater beschlossenen Heirat ins heutige Freiburger St. Ottilien, wo sich ein Felsen öffnete, in dem sie sich vor ihrem Vater verstecken konnte. Eine 679 errichtete Brunnenkapelle wurde um 1100 durch eine neue Kapelle ersetzt. Mit der im Jahr 1503 gestifteten Kirche erlebte die Wallfahrt ihre Blütezeit. Danach wurde St. Ottilien im Verlauf mehrerer Kriege wiederholt geplündert und zerstört, aber stets wieder aufgebaut. Die ursprünglich neben der Kirche sprudelnde Quelle ist heute in einer Grotte integriert, sodass diese vom Kirchenraum aus zugänglich ist. Eine weitere Besonderheit sind mittelalterliche Fresken, die bei einer Restaurierung in den 1960er Jahren wiederentdeckt wurden.

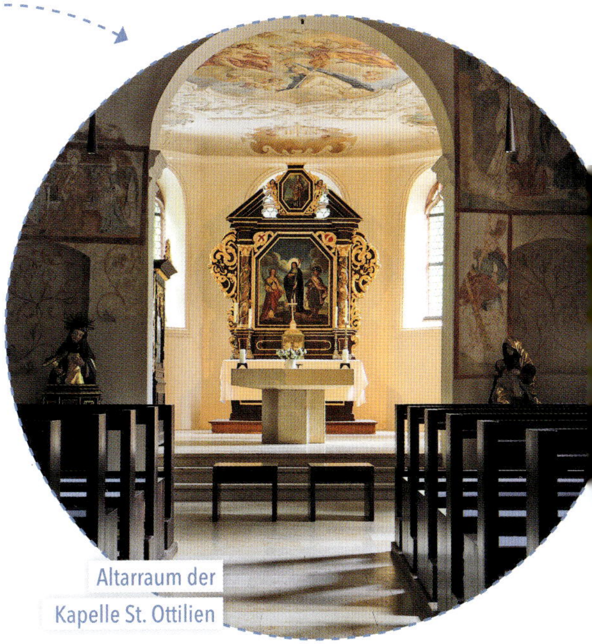

Altarraum der Kapelle St. Ottilien

AUF DEN FREIBURGER HAUSBERG

12

# Erzkastenrundweg Schauinsland

Im Mittelalter profitierte Freiburg stark vom Silberabbau im Schwarzwald, besonders von den Vorkommen im Schauinsland. So ist es nur gerecht, dass der Schauinsland heute der Hausberg der Freiburger ist. Der Erzkastenrundweg vereint markante Punkte zu einer abwechslungsreichen Runde.

Nach der Ankunft bei der Talstation der Schauinslandbahn schweben wir mit einer der 37 Kabinen gemütlich in die Höhe. Dabei können wir obendrein ein gutes Gewissen haben. Denn seit der bereits 2009 erfolgten Umstellung auf Ökostrom entsteht bei der Fahrt zur Gipfelstation nur ein Bruchteil des $CO_2$, das ein Pkw mit Verbrennungsmotor auf der kurvigen Schauinslandstraße ausstoßen würde. So erreichen wir nach 3,6 Kilometern entspannt die Bergstation mit dem daran angeschlossenen Café und Restaurant.

### Der Schatz im Silberberg

**Seit 1975 wird der Barbarastollen des Bergwerks als Lager für auf Filmrollen kopierte Archivalien genutzt. Der Stollen gilt als der größte Aufbewahrungsort zur Langzeitarchivierung in Europa.**

## Museums-Bergwerk

Für die Wanderung nutzen wir die Zufahrt der Bergstation hinunter zum Parkplatz an der Schauinslandstraße. Dort wechseln wir links auf den Fahrweg und folgen der Beschilderung zum nahen Museums-Bergwerk. Seinen Besuchern vermittelt es Einblicke in 800 Jahre Bergbaugeschichte, angefangen im Mittelalter bis in die Neuzeit. Auf 22 Sohlen entstand mit zunächst einfachsten Mitteln, dann immer besseren Werkzeugen und Maschinen ein etwa 100 Kilometer langes Stollensystem. Der Zugang ist im Rahmen verschiedener Führungen (Mi, Sa und So 11 Uhr und 15 Uhr) möglich.

Am Ende der Zufahrt verjüngt sich der Wanderweg zu einem Pfad, dem wir über zwei Kehren durch den Wald folgen. Am unteren Waldrand besteht links eine direkte Verbindung zum Engländerdenkmal.

## Zum Schniederlihof

Der Erzkastenrundweg biegt indes rechts ab. Damit erfolgt der nächste Abschnitt auf einem aussichtsreichen Pfad hinunter zu einem Rastplatz mit Wassertretbecken. 180 Meter unterhalb davon biegen wir scharf links zum Schniederlihof ab. Das Gebäude entstand 1593 auf einem Kohlplatz. Damit ist es eines der ältesten erhaltenen Schwarzwaldhäuser und zugleich ein typischer Vertreter des Schauinslandhauses.

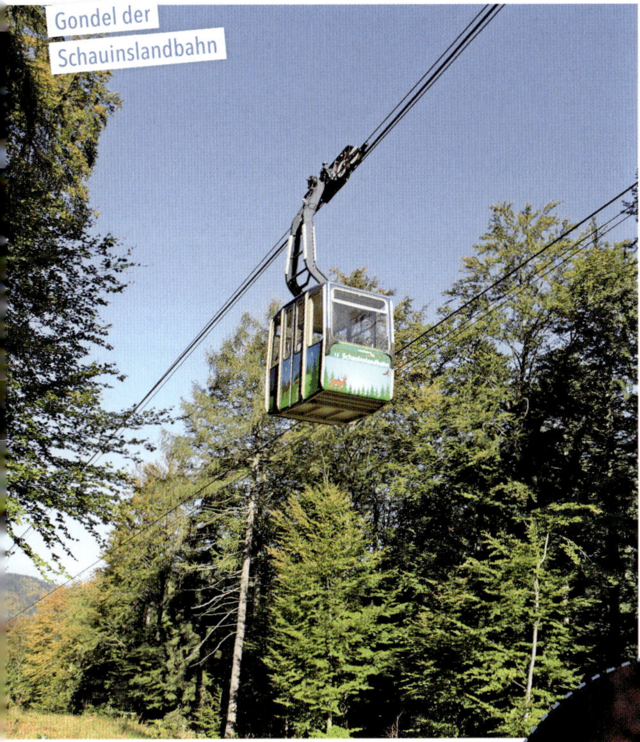

Gondel der Schauinslandbahn

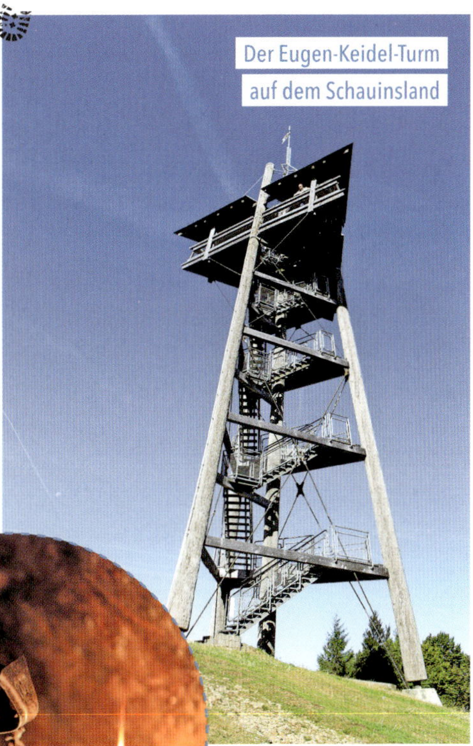

Der Eugen-Keidel-Turm auf dem Schauinsland

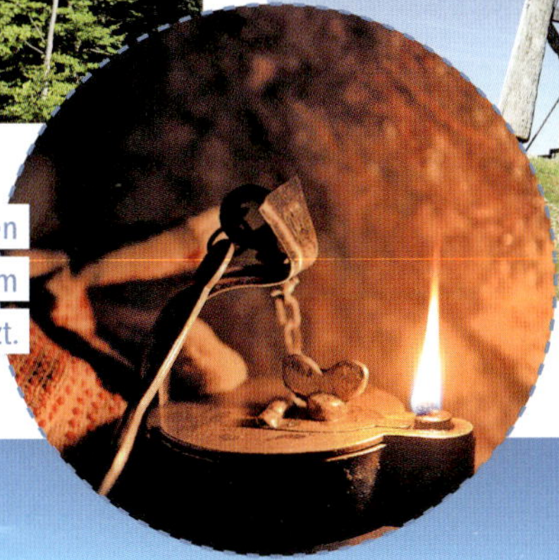

Froschlampen wurden ab dem 14. Jh. im Bergbau eingesetzt.

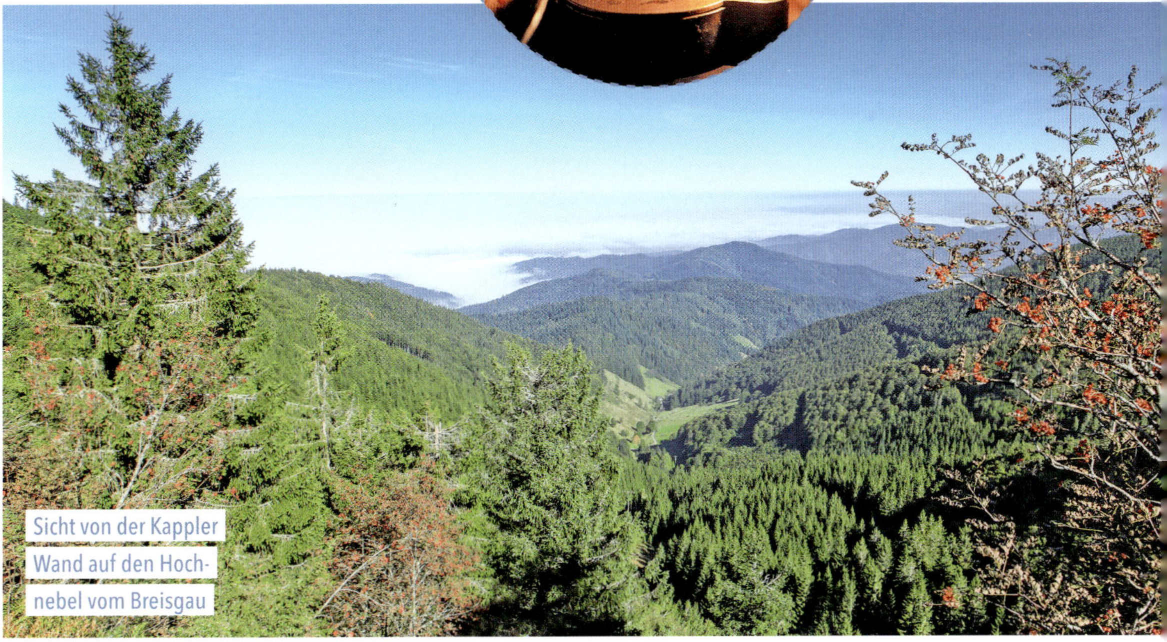

Sicht von der Kappler Wand auf den Hochnebel vom Breisgau

Bis zum Jahr 1966 wurde es weitgehend unverändert bewirtschaftet. Sechs Jahre später wurde es als Museum Besuchern zugänglich gemacht. Gegenüber früher wurde ein Schornstein ergänzt, sodass der Rauch nicht mehr durch alle Ritzen und das Dach nach außen dringt. Besichtigungen sind von Mai bis Oktober an den Wochenenden möglich (12–16 Uhr, die Führung dauert 45 Minuten).

## Aufstieg zum Engländerdenkmal

Oberhalb vom Schniederlihof gabelt sich der Weg. Wir halten uns links, sodass wir bergauf durch einen lichten Wald mit knorrig gewachsenen Weidbuchen wandern. Nach etwa 800 Metern ab dem Hof biegen wir bei der Wegkreuzung scharf links zum Engländerdenkmal von Hofsgrund ab.

Es erinnert an eine englische Schulklasse, die am 17. April 1936 trotz Regen und Graupelschauer zur Jugendherberge am Radschert bei Todtnauberg aufgebrochen war. Auch die Mahnungen von Einheimischen konnten die Lehrer und die unzureichend gekleideten Jungen nicht zur Umkehr bewegen. Die Katastrophe war somit vorprogrammiert: Im dichten Nebel und bei heftigem Schneefall verlor die Klasse die Orientierung und irrte bald entlang der Kappler Wand – entgegengesetzt zur beabsichtigten Richtung – umher. Für fünf der 27 Schüler endete das Unterfangen tödlich.

## Auf den Schauinsland

Ab der Gedenkstätte erfolgt der weitere Aufstieg rechts über Weidfelder hinauf auf die Ostflanke vom Schauinsland. Dort biegen wir beim Wegweiser nahe des Sonnenobservatoriums links ab und wandern entlang der Kappler Wand hinauf zum Schauinslandgipfel. Gekrönt wird dieser vom 31 Meter hohen Schauinslandturm oder auch Eugen-Keidel-Turm.

Von der oberen Plattform bietet dieser ein perfektes Panorama: Im Osten wird dieses vom Toten Mann und dem Feldbergmassiv mit dem Baldenweger Buck und dem Feldberggipfel bestimmt. Im Norden sind der Kandel und die 87 Kilometer entfernte Hornisgrinde zu sehen. Im Westen erstreckt sich jenseits der Rheinebene das Band der Vogesen. Im Süden schließlich reihen sich bei günstiger Witterung zahlreiche Gipfel der Alpen aneinander. Leider musste der Turm Anfang Juli 2022 geschlossen werden, nachdem bei Untersuchungen Schäden an den Querhölzern entdeckt worden waren. Wann die Sanierung des Turms erfolgt, war bei Drucklegung der Erstauflage dieses Buchs noch nicht bekannt.

## Aussicht für Bodenständige

Zum Glück ist der abgeflachte Gipfel hoch genug und nach Süden und Osten baumfrei. So können wir auch dann die Sicht zum Hochschwarzwald und den Schweizer Alpen genießen, wenn eine Begehung des Turms nicht möglich ist. Besonders schön ist es hier übrigens, wenn bei einer Inversionswetterlage hier oben die Sonne vom blauen Firmament lacht, während die Täler unter dem Hochnebel verborgen sind. Der Rückweg zur Bergstation erfolgt dann in westlicher Richtung mit der blauen Raute über den Wegweiser »Naturwiesen«.

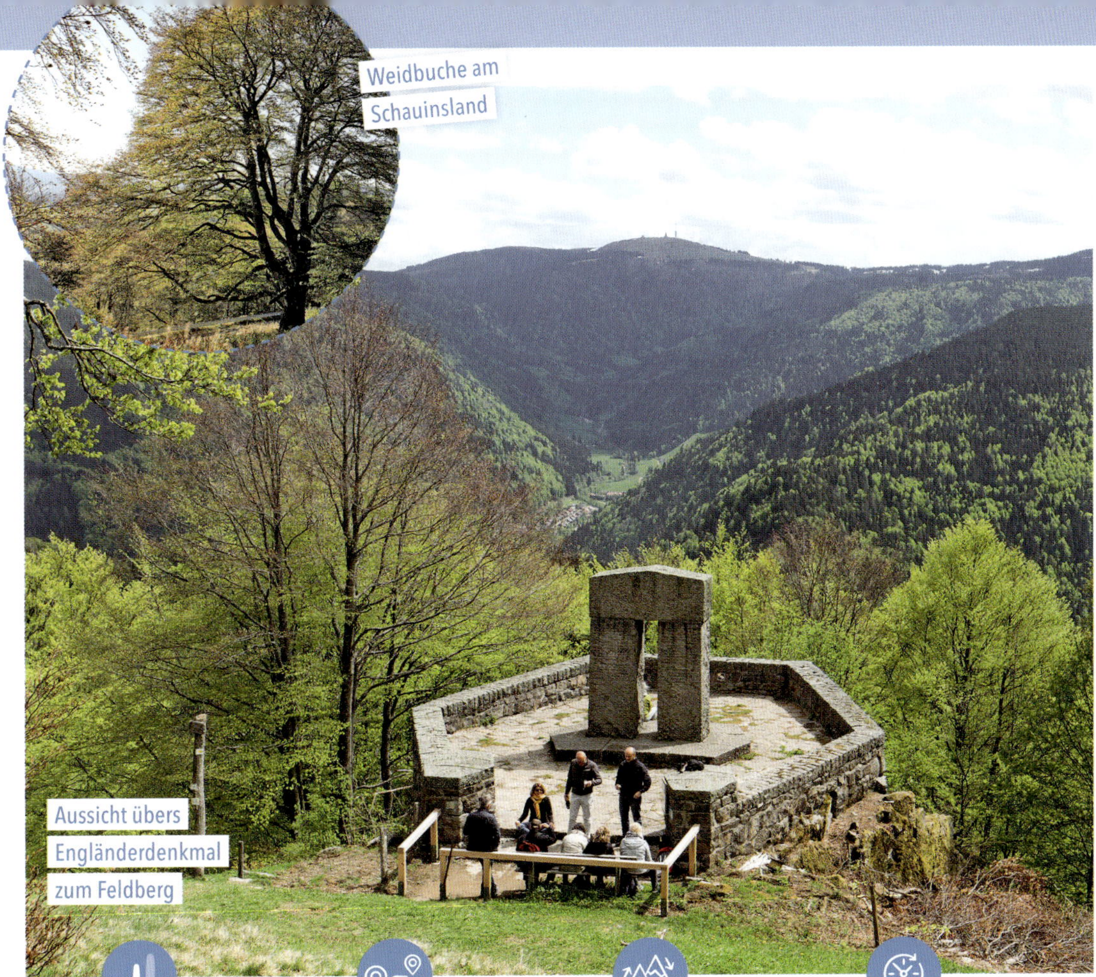

Weidbuche am Schauinsland

Aussicht übers Engländerdenkmal zum Feldberg

mittel | 4,5 km | 250 Hm | 1.45 h

## Auf einen Blick

**Tourencharakter**
Reizvolle Bergwanderung, die im Aufstieg zum Schauinslandturm etwas Trittsicherheit erfordert und Wanderern schöne Fernsichten eröffnet

**Ausgangs-/Endpunkt**
Talstation Schauinslandbahn GPS 47.9367, 7.8650

**Anfahrt**
ÖPNV: Ab Freiburg Hauptbahnhof mit der Straßenbahn 2 bis Dorfstraße Günterstal, weiter mit der Buslinie 21 zur Talstation der Schauinslandbahn

Auto: Von der B 31 Freiburg–Titisee zwischen Kronen- und Schwanentorbrücke nach Todtnau abbiegen und der Beschilderung zur Talstation der Schauinslandbahn folgen

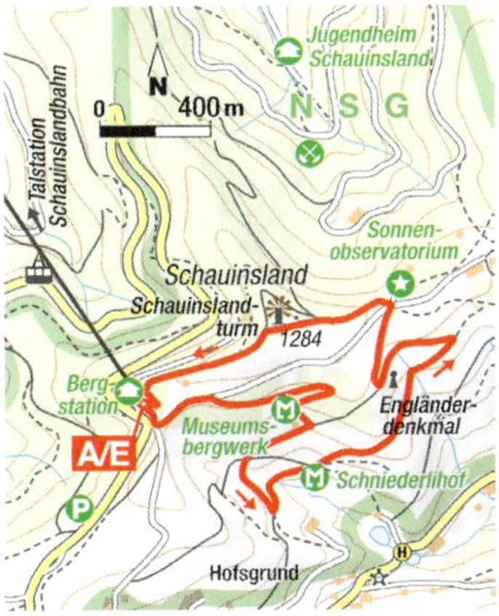


**Einkehr**
Restaurant Die Bergstation, täglich ab 9:30 Uhr, bietet Mi–So ein reichhaltiges Gourmetfrühstück, das als Besonderheit in Form eines Büfetts am Tisch serviert wird (Reservierung erforderlich), diebergstation.de

**Schauinslandbahn**
Kabinenseilbahn, Betrieb ganzjährig außer in den Revisionszeiten im Frühjahr und Herbst, schauinslandbahn.de

Von Himmelreich in den Hochschwarzwald

13

# Über den Hinterwaldkopf

Der Hinterwaldkopf ist durch seine markante Lage auch als Wächter des Dreisamtals bekannt. Unterstrichen wird die Bedeutung durch eine für den Schwarzwald ungewöhnliche Gedenkstätte. Beiderseits des Gipfels erwarten uns zwei herrlich gelegene Berghütten.

Ab dem Bahnhof Himmelreich nutzen wir die nahe Unterführung der B 31. Der Hinterwaldkopf ist bereits angeschrieben. Wir biegen links ab, sodass wir den Rotbach kreuzen und die Untere Blechschmiede passieren.

## Über das Holzeck zur Höfener Hütte

Ein gutes Stück weiter nehmen wir beim gleichnamigen Wegweiser rechts die engen Kehren einer steilen Ziegenweide hinauf. Ab dem oberen Ende folgen wir der gelben Raute über den Wegweiser »Schweizerlehofweg« zum Neubauernhofdobel. In der markanten Kurve wechseln wir in Richtung Holzeck auf den Pfad in den Wald. Dieser kreuzt nach gut 600 Metern den breiten Schuhseppleweg, um weiter zum Rastplatz am Holzeck anzusteigen.

Dort treffen wir auf den mit blauer Raute markierten Weg von Kirchzarten auf den Feldberg. In vornehmlich südlicher Richtung führt uns der regionale Wanderweg weiter bergan zur Höfener Hütte. Bekannt ist die Bergwirtschaft für ihre Knödelgerichte. Daneben können wir uns über herzhafte Vesperteller, vegetarische Gerichte sowie auch den Klassiker – Schnitzel mit Pommes – freuen.

## Aufstieg über den Rotecksattel auf den Hinterwaldkopf

Sowie wir uns wieder aufraffen können, folgen wir der blauen Raute auf dem weiter ansteigenden Pfad erst über eine Weide, dann durch den Wald zum Rotecksattel. Dort öffnet sich die Sicht über das Obere Zastlertal. Bestimmt wird die Kulisse jedoch durch den Hinterwaldkopf, den wir schnurgerade hinaufstapfen.

Auf dem Gipfel erinnert die von einem Steinkreis umgebene Gedenkstätte des Freiburger Turnerbunds an die Opfer beider Weltkriege. Zugleich wird deutlich, warum der Hausberg von Kirchzarten als »Wächter des Dreisamtals« bekannt ist. Im Westen liegen uns weite Teile des Dreisamtals und Breisgaus zu Füßen. Dahinter sind

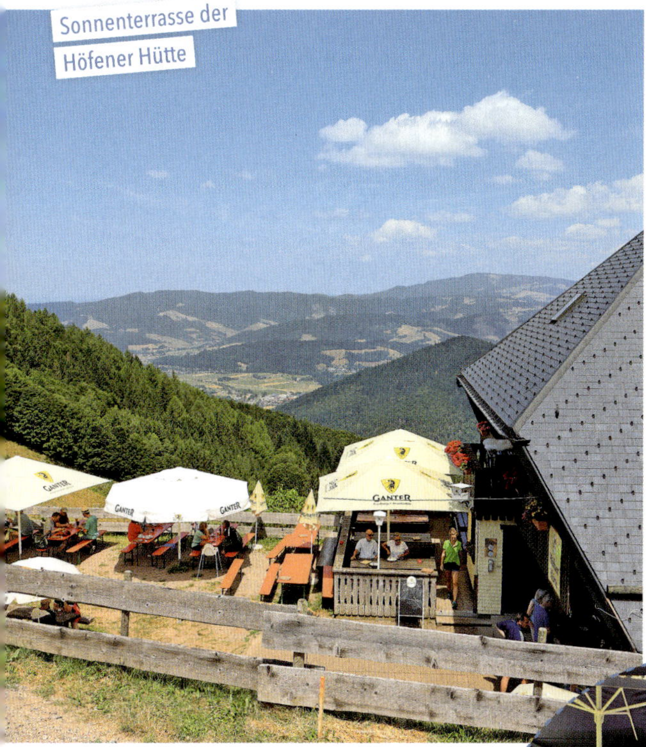


Sonnenterrasse der Höfener Hütte

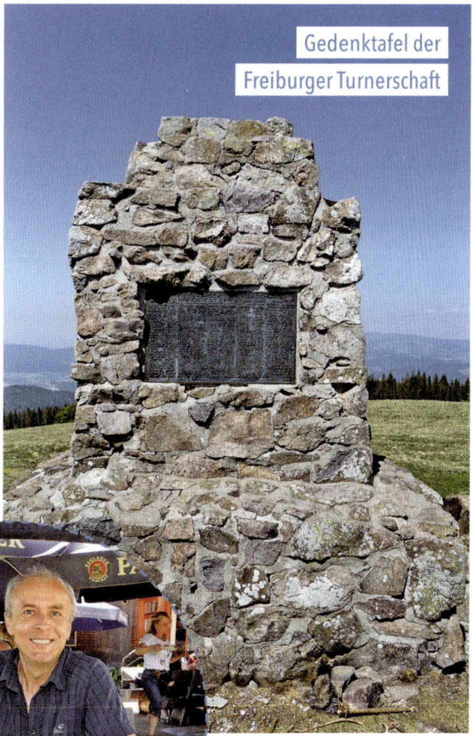

Gedenktafel der Freiburger Turnerschaft

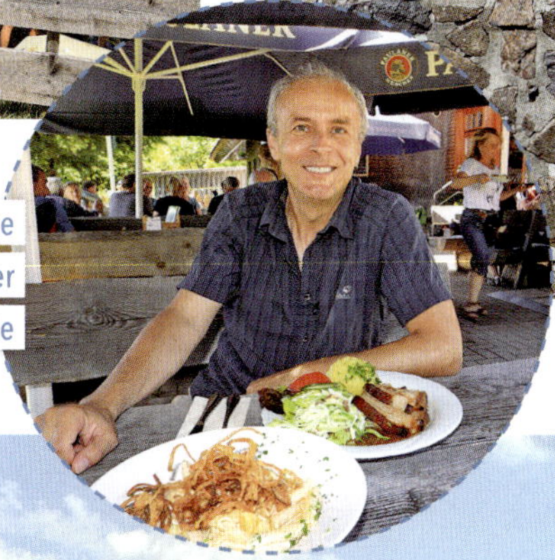

Wohlverdiente Stärkung in der Hinterwaldkopfhütte

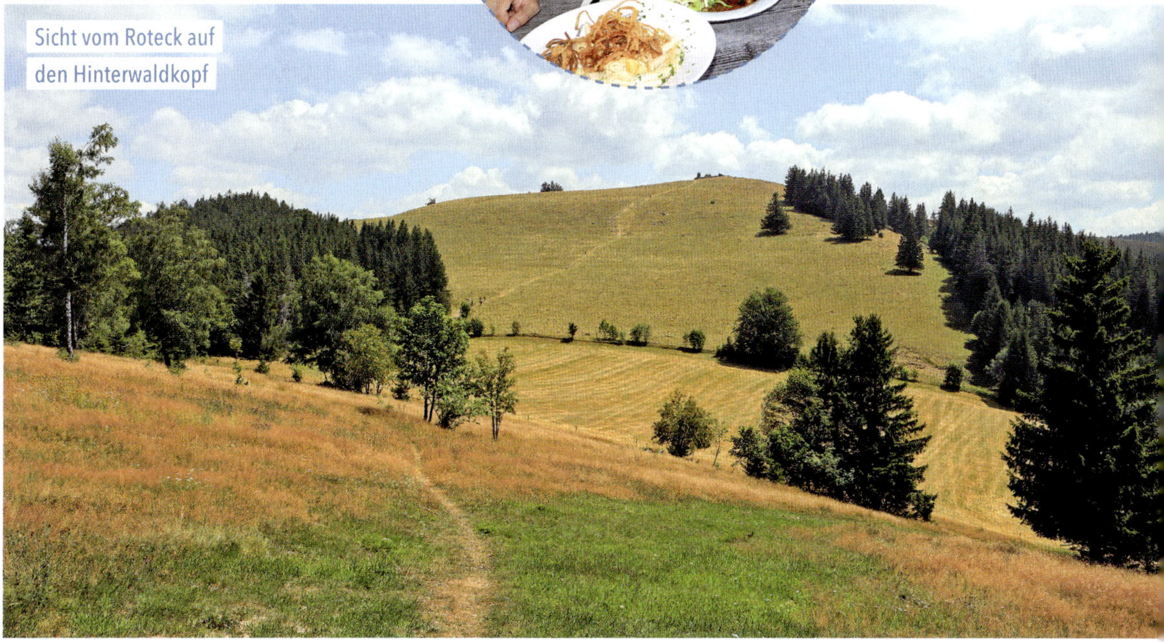

Sicht vom Roteck auf den Hinterwaldkopf

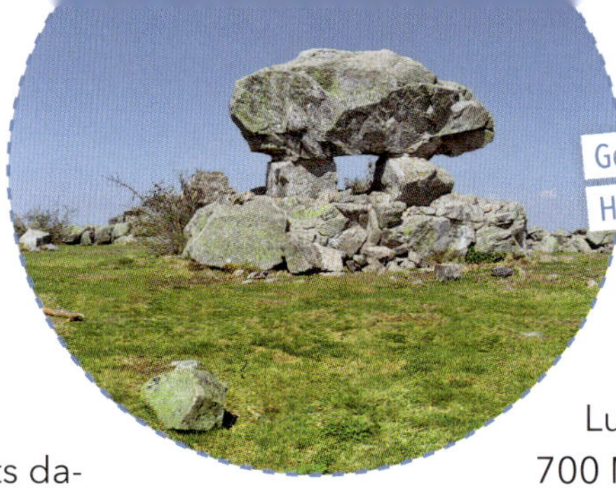

Gedenkstätte auf dem Hinterwaldkopf

die Vogesen schemenhaft zu erkennen. Wenden wir uns nach Süden, sehen wir zum Feldbergmassiv. Rechts davon ist der Tote Mann an der markanten Baumgruppe gut zu erkennen.

## Abstieg zur Hinterwaldkopfhütte

Der anschließende Abstieg erfolgt über einen Pfad schräg über die Wiese, dann am Waldrand zum Hinterwaldkopfsattel. Auf dem Sattel lädt neben der offenen Schutzhütte eine doppelseitige Liege zum Verweilen ein. Während zur Talseite das Höllental durch die Bäume überblickt wird, trennt uns auf der ruhigen Bergseite nur ein Steinwurf von der Hinterwaldkopfhütte.

Die Hütte ist mit Blumen und reichlich Zierrat verspielt dekoriert, auf der Terrasse spenden einige Schirme angenehmen Schatten. Heiß begehrt sind an Sonn- und Feiertagen die krustigen Schweinebraten mit hausgemachten Knödeln. Daneben gibt es auch hier gute vegetarische Gerichte wie die Alpler-Makkaroni sowie Kuchen aus der eigenen Backstube.

## Intermezzo bei Alpersbach

Zurück beim Hinterwaldkopfsattel wechseln wir anschließend links auf den mit gelber Raute markierten Forstweg nach Alpersbach. Beim Wegweiser »Am Dr.-Ganter-Weg« haben wir die Wahl. Wer fortan technisch einfachere Wege laufen möchte, dem empfehlen wir die Variante durch Alpersbach. Diese führt am Gasthaus Zum Engel vorbei, womit sich eine weitere Einkehrmöglichkeit ergibt. Alle anderen halten sich links in Richtung Weißtannenhütte.

Der nächste Abschnitt erfolgt damit auf dem Dr.-Ludwig-Thoma-Weg. Etwa 700 Meter weiter kreuzen wir den Hanselehofweg. Rechts bestünde eine zweite Verbindung nach Alpersbach. Wir indes laufen geradeaus, womit wir uns zusätzlich zur gelben Raute an der Beschilderung »Drumrum Alpersbach« orientieren können. Der Dorfweg trifft mehrmals auf einen Forstweg, wechselt aber stets wenige Schritte weiter auf den nächsten Pfad.

## Finale in Hinterzarten

Schließlich passieren wir die Weißtannenhütte, lassen den Abzweig zum Noppelfelsen links liegen und überqueren den Alpersbach. Wo der Waldweg in eine Zufahrtsstraße mündet, geht es dann links zum Weberhansenkreuz. Dort treffen sich beide Varianten und es geht nun links nahe der Straße bis zum Wegweiser »Bisten«.

Erneut haben wir die Wahl: Relativ unspektakulär ginge es über die Skihütte Thoma zurück nach Hinterzarten. Schöner wird das Finale, wenn wir links in Richtung Eingang Löffeltal abbiegen. Diese Route nutzt Waldpfade und Treppenwege und führt oberhalb des kaum einsehbaren Bistenwasserfalls vorbei. Nachdem wir ein paar letzte Felsen passiert haben, geht der Weg bei der Kläranlage in die Straße Rappeneck über. Beim Eingang zum Löffeltal treffen wir auf den Querweg Freiburg-Bodensee. Auf diesen biegen wir rechts ein und nehmen den Treppenweg zum Rauchhüsli. Die letzten Meter bis zum Bahnhof in Hinterzarten laden zum Flanieren und Verweilen ein – Möglichkeiten gibt es reichlich.

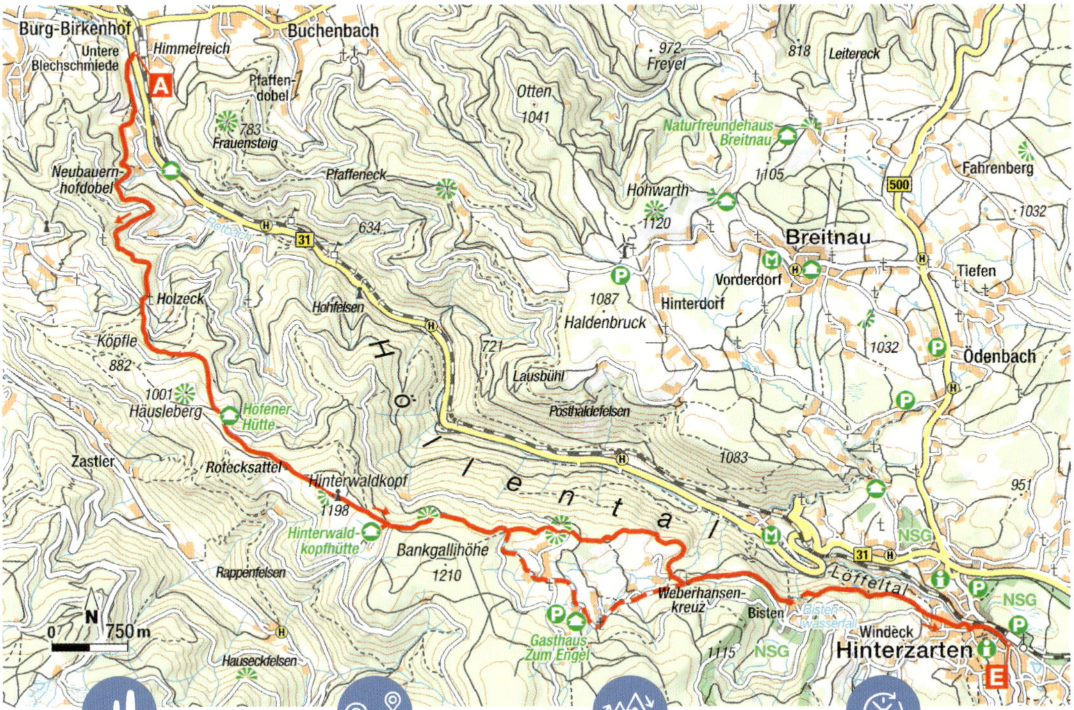


schwer | 15,2 km | 900/570 Hm | 5.00 h

## Alles auf einen Blick

### Tourencharakter

Für den langen Aufstieg auf den Hinterwaldkopf braucht es eine gute Kondition am Berg. Ansonsten reizvolle Bergwanderung auf Waldwegen und Pfaden sowie längeren sonnigen Passagen

### Ausgangspunkt

Bahnhof Himmelreich
GPS 47.9586, 7.9911

### Endpunkt

Bahnhof Hinterzarten
GPS 47.9061, 8.1062

### Anfahrt

ÖPNV: Ab Freiburg Hauptbahnhof fahren die S 1 und S 10 über Himmelreich nach Hinterzarten.
Auto: Von der B 31 Freiburg–Titisee bei Buchenbach auf die L 128 abfahren, nach Unterquerung der Bahnlinie rechts zum Parkplatz am Bahnhof Himmelreich abbiegen

### Einkehr

Höfener Hütte, Di–So ab 10 Uhr, hoefener-huette.de;
Hinterwaldkopfhütte, Mi–So ab 10 Uhr, hinterwaldkopf-huette.de

### Schwarzwälder Skimuseum

Im Schwarzwälder Skimuseum sind die Anfänge der regionalen Wintersportgeschichte dokumentiert. Neben dem Skilaufen auf zu Beginn einfachen Brettern zählen dazu die Skimode, der Feldberg als Skiberg, der Bobsport und die Wintermalerei. Initiator des Museums war der Skispringer und Nordische Kombinierer Georg Thoma, der Hinterzarten mit seinem Olympiasieg 1960 in Squaw Valley weltbekannt machte. Das Museum befindet sich im Hugenhof, der im 18. Jahrhundert entstand und damit auf eine noch längere Geschichte zurückblicken kann. Infos unter schwarzwaelder-skimuseum.de

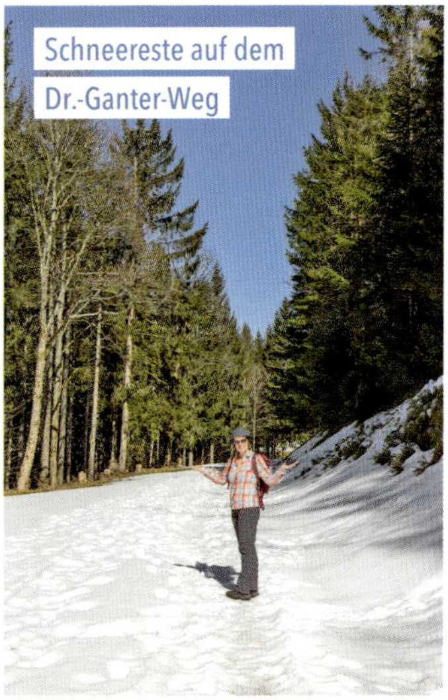

Schneereste auf dem Dr.-Ganter-Weg

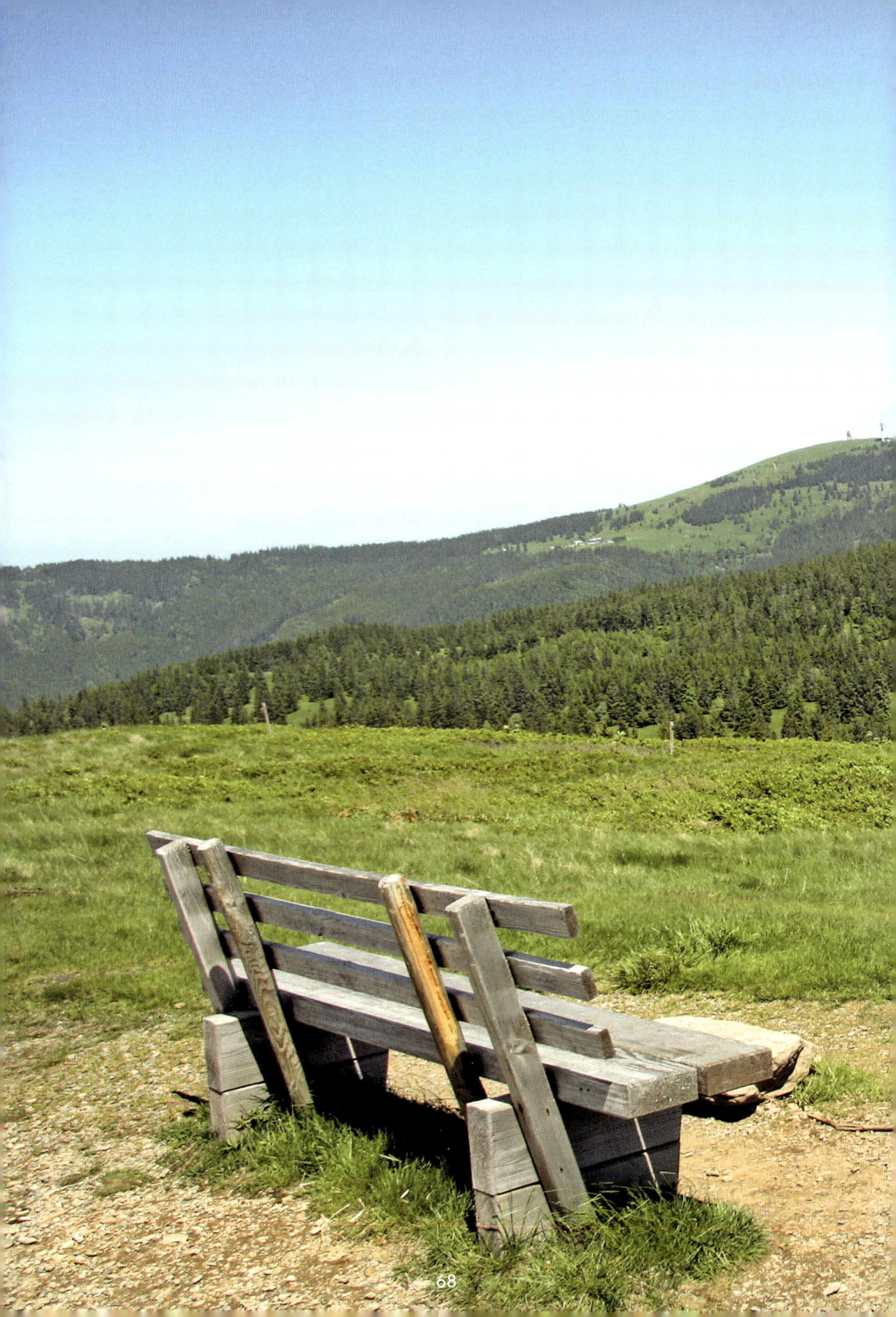

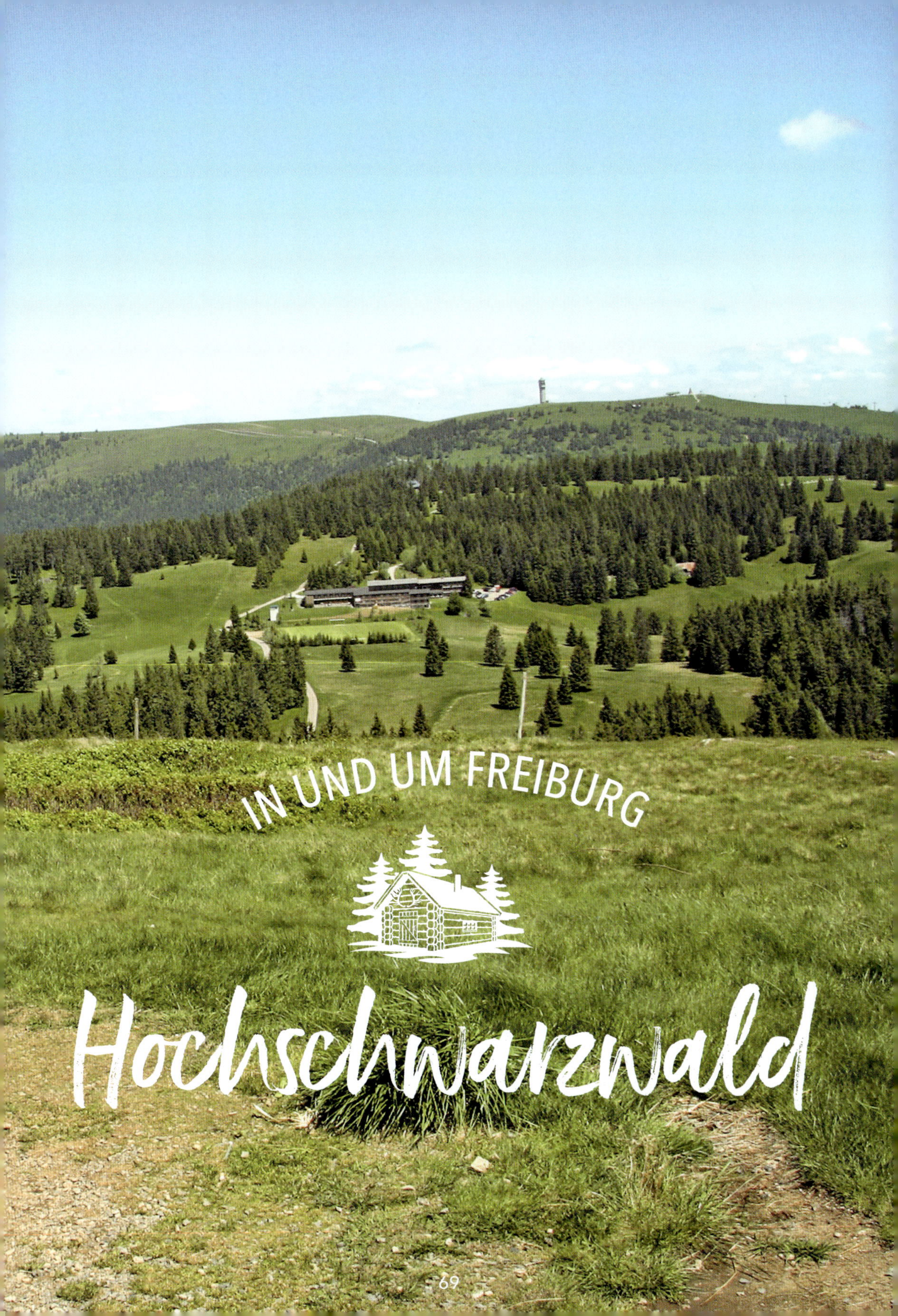

## IN UND UM FREIBURG

# Hochschwarzwald

LÖFFELTAL UND RAVENNASCHLUCHT

14

# Auf dem Hinterzartener Höllsteig

Der Höhenklimaweg Hinterzarten Höllsteig verbindet das Löffeltal mit der wildromantischen Ravennaschlucht. Wir lernen Zeugnisse der historischen Wasserkraftnutzung kennen und unterqueren die imposante Ravennabrücke der Höllentalbahn.

Ab dem Bahnhof von Hinterzarten erfolgen die ersten Schritte zum Hotel Schwarzwaldhof, wo wir rechts das Kurhaus passieren. Vorbei an den Läden, Cafés und Wirtschaften der Freiburger Straße geht es zum Wegweiser nahe der Bahnunterführung. Dort biegt der Höllsteig links in die Alpersbacher Straße ab.

## Sägen im Löffeltal

Direkt nach dem Rauchhüsli nutzen wir den Treppenweg hinunter zum Rappeneckweg, halten uns erneut rechts und biegen beim Wegweiser »Eingang Löffeltal« links ab. Der Höhenklimaweg führt über den breiten Weg bergab am Standort der ehemaligen Löffelschmiede vorbei zur Klingenhofsäge.

Es handelt sich um eine Art der Klopfsäge, die über Jahrhunderte im gesamten Schwarzwald und in der nördlichen Schweiz als Bauernsäge weit verbreitet war. Von Mai bis Oktober führt der Verein des Heimatpfads am ersten und dritten Sonntag zwischen 11 und 16 Uhr die Funktionsweise der Säge vor. Voraussetzungen für den Museumsbetrieb sind gutes Wanderwetter und ausreichend Wasser im Rotbach.

## Wirtschaftsblüte an der Alten Steige

Weiter flussabwärts passiert der Höllsteig eine alte Einstelzer Hochgangsäge, um am Waldrand rechts abzubiegen. Wir nutzen die Unterführung der B 31 und erfahren, wie die Raststation am unteren Ende des Höllentals bzw. der Alten Steige die Ansiedlung von Handwerksbetrieben begünstigt hat. So befand sich hier die letzte Möglichkeit, vor der schweren Passage durch das Höllental die Fuhrwerke auszubessern.

Nachdem unser Weg die Zufahrt zum Hofgut Sternen gekreuzt hat, führt rechts ein Pfad hinunter an den Bach. Je nach Höhe der Vegetation hat man vom Ufer einen schönen Blick auf eine Bogenbrücke. Zurück auf dem Weg führt uns dieser entlang des Bachs sowie der Parkplätze zum Hofgut Sternen. Das SteigenHaus und die MarktScheune bieten Gelegenheit zum Stöbern und Einkehren. Der Wanderweg führt zwischen der Glasmanufaktur und dem Kuckucksnest hindurch zum Hauptgebäude.

## Bahnviadukt Ravennabrücke

Der Einstieg in die Ravennaschlucht befindet sich links vom Hotel und Restaurant.

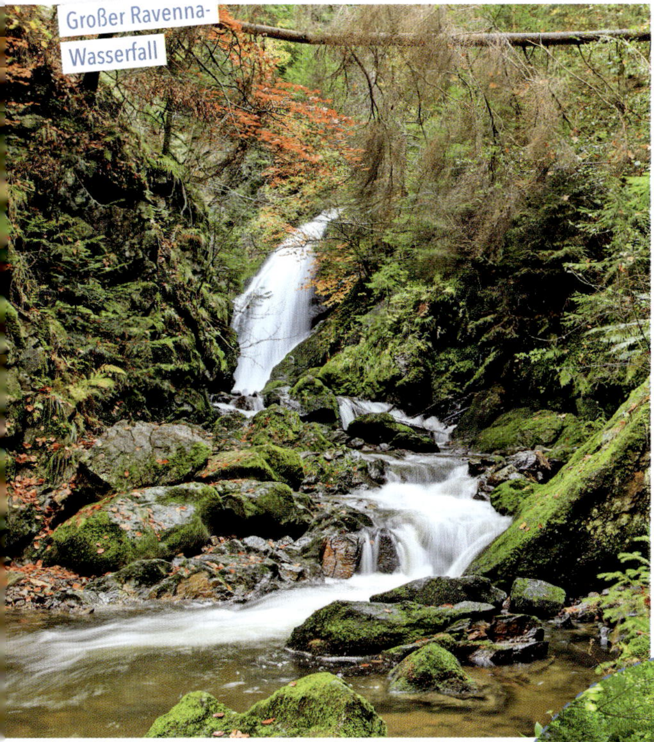
Großer Ravenna-Wasserfall

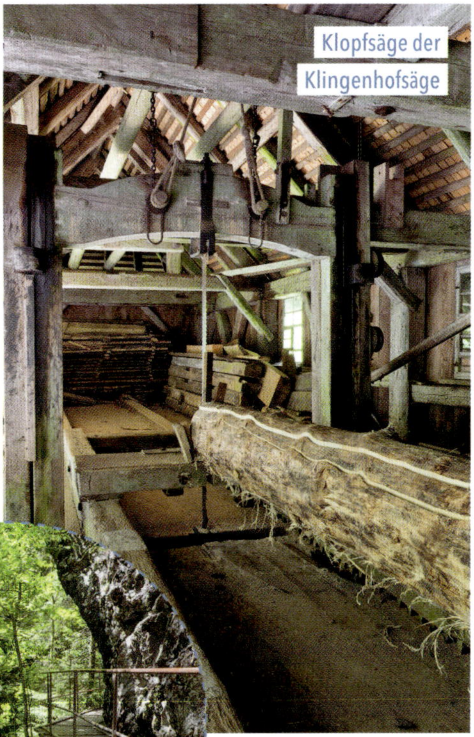
Klopfsäge der Klingenhofsäge

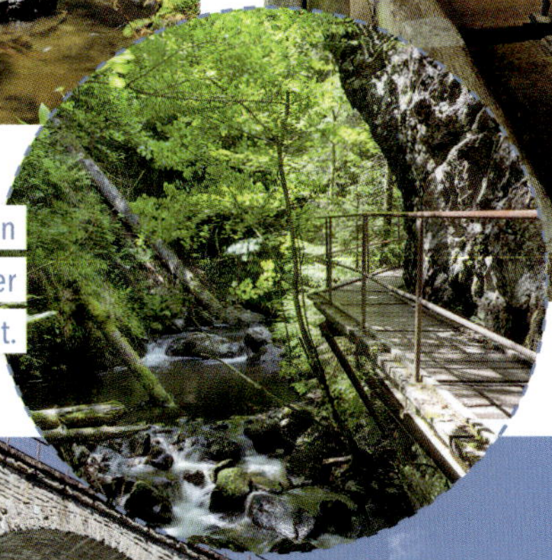
Stege sichern den unteren Bereich der Ravennaschlucht.

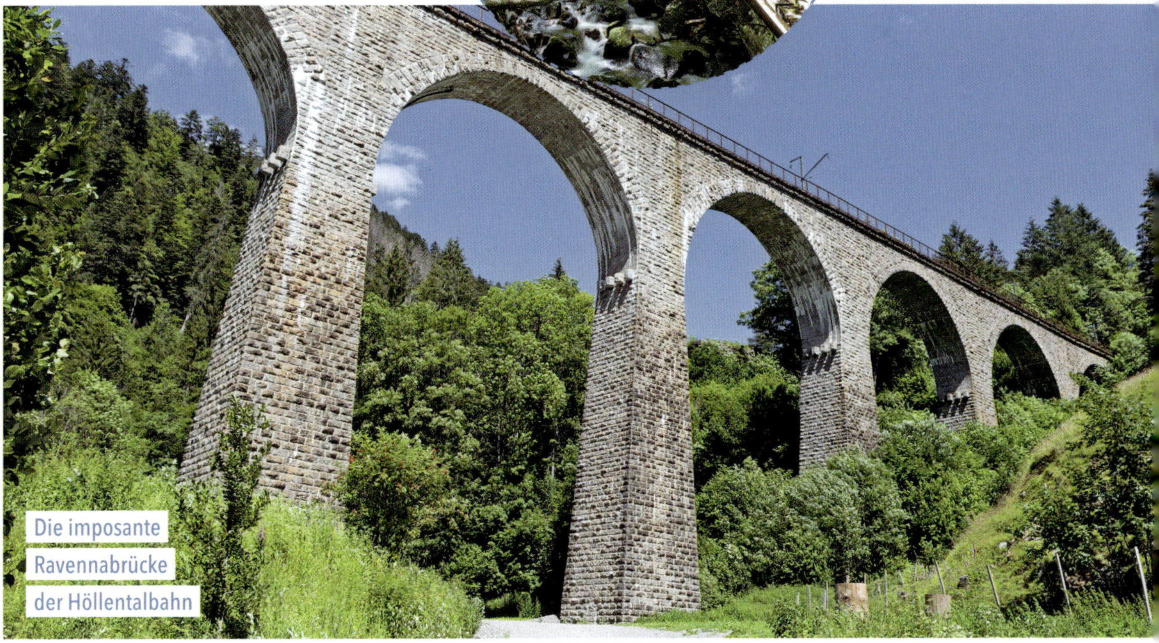
Die imposante Ravennabrücke der Höllentalbahn

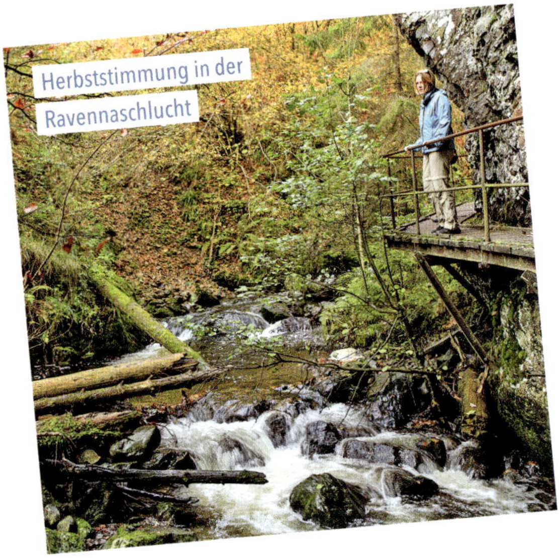


Nahe der Ravennabrücke informiert eine Tafel über die Entwicklung der Sägemaschinen im Schwarzwald. Unser Hauptaugenmerk gilt der Ravennabrücke. Die erste hier errichtete Brücke entstand nach Plänen und unter der Leitung von Robert Gerwig 1885 als Stahlkonstruktion. Nach der Zunahme des Zugverkehrs und den höheren Anforderungen wurde 1926/27 die zweite Brücke mit den markanten Steinbögen errichtet. Tragisch: Im April 1945 sprengten Pioniere die drei Mittelpfeiler, den Hirschsprungtunnel und die Löffeltalbrücke, kurz bevor ein Kradmelder mit dem Befehl eintraf, die Brücke nicht zu sprengen. Bahnreisende mussten dadurch zwischen den Stationen Höllsteig und Hinterzarten bis zur Einrichtung eines Pendelverkehrs mit holzgasbetriebenen Lastwagen zu Fuß durch das Löffeltal laufen. Der Wiederaufbau der Brücke erfolgte ab Herbst 1946 bis Ende 1947 unter französischer Leitung.

Einen erhöhten Blick auf das Ingenieursmeisterwerk ermöglicht der Galgenbühl; der Zugang dorthin erfolgt über den Pfad rechts vor der Brücke.

## Aufstieg durch die Ravennaschlucht

Nachdem wir die Ravennabrücke unterquert haben, kommen wir an den Ravennabach. Dort ändert sich der Charakter der Wanderung. Waren wir bisher auf bequem zu gehenden Wegen unterwegs, führt uns nun ein Pfad erst hoch an einen Weiher, dann über Stege und Treppen durch die Ravennaschlucht. Beim Aufstieg lohnt es sich auch mal ein paar Schritte in das Bachbett hineinzuwagen. Denn die Ravenna-Wasserfälle befinden sich an einer Stelle, die vom Weg nur schlecht einsehbar ist.

Nachdem eine Brücke den Blick auf eine kleinere Kaskade ermöglicht, steigt der Pfad zur Großjockenmühle an. Sie stammt aus dem Jahr 1883 und diente der Herstellung von Mehl, Schrot und Futterkleie. Sie wird gelegentlich zu Demonstrationszwecken betrieben, erfordert jedoch durch die Anfälligkeit gegenüber Hochwasser sowie auch Sturmschäden immer wieder aufwendige Reparaturen. Auf nun wieder gut zu wanderndem Terrain passieren wir oberhalb den Standort einer 1770 errichteten Löffelschmiede sowie das Haus Ketterer.

## Auf dem Querweg Freiburg-Bodensee

Beim Wegweiser »Mittlere Ravenna« biegt der Höllsteig rechts auf den Querweg Freiburg-Bodensee ein. Dieser führt auf der Zufahrtsstraße am Schanzbirkleshäusle vorbei. Am Ende der Zufahrt biegen wir links ab, um beim Wegweiser »Birklehof« rechts auf den Fußweg zu wechseln.

mittel | 7,5 km | 260 Hm | 3.00 h

## Auf einen Blick

**Tourencharakter**
Die Wege in der Ravennaschlucht werden bei Nässe leicht glitschig. Bei längeren Regenperioden kann es zu kleineren Hangrutschen in der Schlucht kommen. Ansonsten aber werden die Wege gut gepflegt.

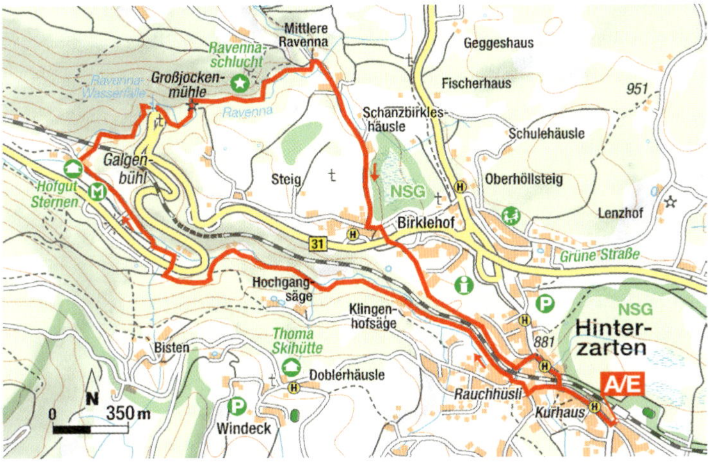


**Ausgangs-/Endpunkt**
Bahnhof Hinterzarten
GPS 47.9061, 8.1062

**Anfahrt**
ÖPNV: Ab Freiburg Hbf. mit der S 1 oder S 10 nach Hinterzarten
Auto: Von der B 31 Freiburg–Donaueschingen bei Hinterzarten abfahren, weiter über die Freiburger Straße bis zum Kurhaus. Parkmöglichkeiten befinden sich entlang der Bahnlinie.

**Einkehr**
Restaurants im Hofgut Sternen, hofgut-sternen.de; Gastronomie in Hinterzarten

Damit bleiben wir auf dem Querweg, der erst am Rand einer Wiese verläuft, dann Kurs auf die Bahntrasse nimmt, um schließlich in den Löffeltalweg zu münden. Rechts geht es durch die Unterführung zurück zum Wegweiser »Eingang Löffeltal«. Ab dort nutzen wir den bereits bekannten Fußweg zum Rauchhüsli bzw. daran vorbei zurück zu den Läden und Wirtschaften in der Freiburger Straße von Hinterzarten.

Kuckucksuhr-Haus beim Hofgut Sternen

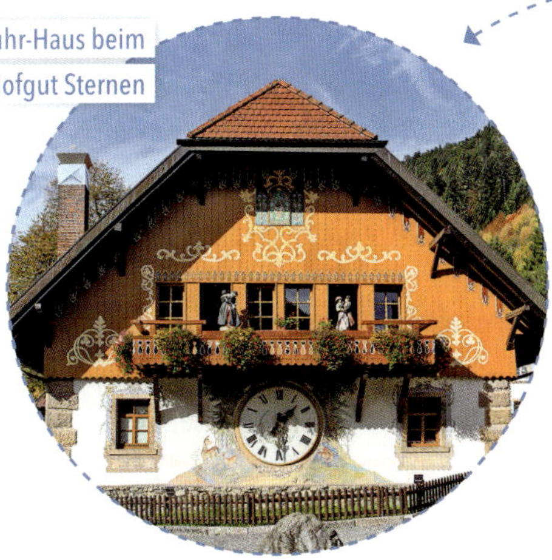

### Die Alte Steige im Falkensteiner Tal

Insbesondere im 18. Jahrhundert war die Alte Steige als Verbindungsweg zwischen dem Bodensee und dem Breisgau von Bedeutung. Neben den Händlern zogen mehrere Heeresführer durch das Tal. Den Glanzpunkt aber setzte Marie-Antoinette, Herzogin von Österreich-Lothringen, als sie 1770 bei ihrer Brautfahrt nach Paris mit 52 geschmückten Fahrzeugen durch das Falkensteiner Tal kam und Halt im Hofgut Sternen machte. Von den Menschen wurde dieser Festzug jubelnd empfangen. Denn sie sahen darin das Ende eines jahrhundertelangen Konflikts zwischen dem Königreich Frankreich und dem Haus Habsburg.

IDYLLE ZWISCHEN FELDBERG UND TITISEE

15

# Von Hinterzarten zum Mathisleweiher

Hinterzarten zählt zusammen mit seinen Nachbargemeinden zu den wichtigsten Ferienorten im Hochschwarzwald. Dadurch geht es auf den Hauptwanderwegen oft lebhaft zu. Daneben finden wir aber auch Ecken und Winkel, bei denen weniger Trubel herrscht. Hierzu zählen die Wege zum Mathisleweiher.

Ab dem Bahnhof Hinterzarten geht es am Hotel Schwarzwaldhof vorbei in die Freiburger Straße, wo wir rechts zum Kurhaus abbiegen. Wer sich – etwa nach einem Sturm – unsicher über die Wegverhältnisse ist, erhält dort beim Wanderservicepunkt Auskunft.

## Verlockungen in Hinterzarten

Ansonsten folgen wir sogleich dem Querweg Freiburg-Bodensee an einigen Läden und Boutiquen, Cafés und Restaurants sowie auch Banken und einer Apotheke vorbei bis zum Wegweiser nahe der Unterführung der Höllentalbahn. Dort biegen wir mit dem Querweg zum nahen Rauchhüsli ab. Das schmucke Gebäude wurde bereits 1974 eröffnet, um den Gästen die typischen Produkte des Schwarzwalds näher zu bringen – und schmackhaft zu machen. Neben den namensgebenden Räucherspezialitäten gehören dazu auch Imkerei- und Pflegeprodukte, Konfitüre und eine Auswahl Liköre und edler Brände.

## Vincenz-Zahn-Kreuz

Gegenüber dem Rauchhüsli spazieren wir durch den Zartenbachweg zum Herchenwäldle, kreuzen weiter geradeaus den Windeckweg und biegen beim Schwefelmättle rechts zum Wolfsgrund ab. Von dort wären es links nur drei Kilometer bis an den Mathisleweiher.

Für diese Wanderung wechseln wir indes in etwa geradeaus auf den ansteigenden Pfad in Richtung Herchenwald. Nachdem dieser eine Kehre genommen hat, lohnt sich ein Abstecher zum Vincenz-Zahn-Kreuz. Entsprechend dem Namen erinnert es an den Pfarrer Vincenz Zahn. Uns eröffnet der Platz eine schöne Sicht auf die Kirche Maria in der Zarten.

## Den Feldberg im Blick

Nach dem Abstecher wandern wir weiter bergan, bis der Pfad beim Wegweiser »Herchenwald« in eine Forststraße mündet. Ab dort folgen wir der Beschilderung sowie der gelben Raute über den

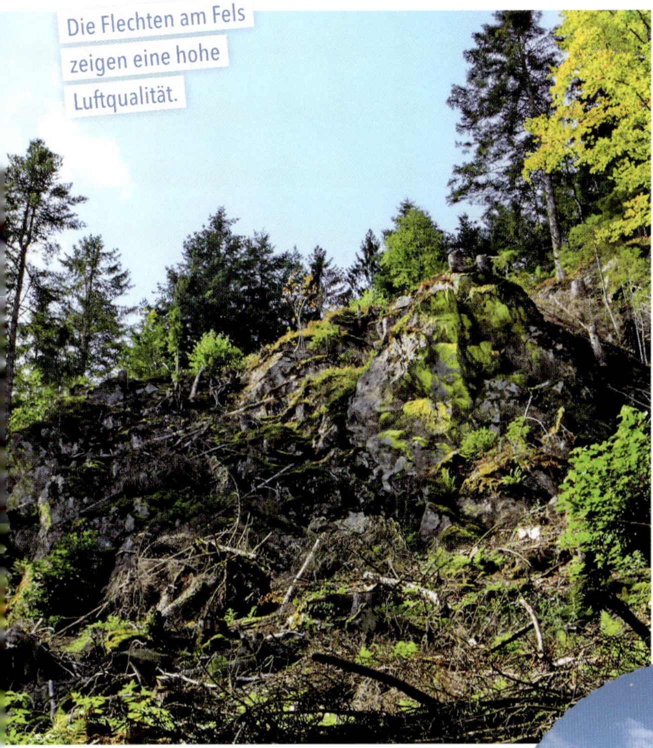

Die Flechten am Fels zeigen eine hohe Luftqualität.

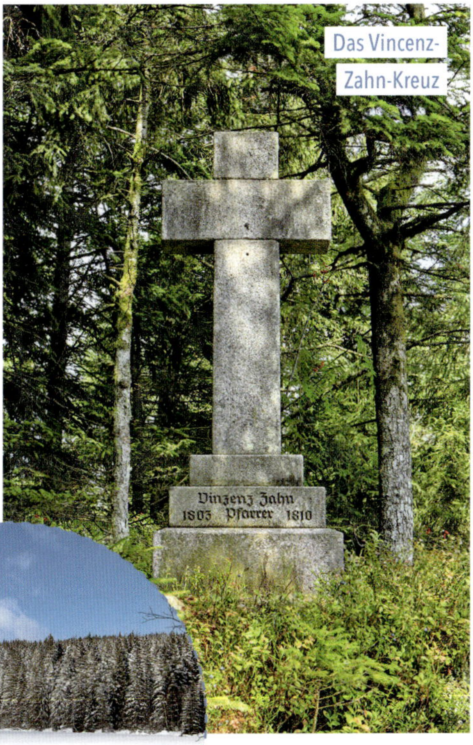


Das Vincenz-Zahn-Kreuz

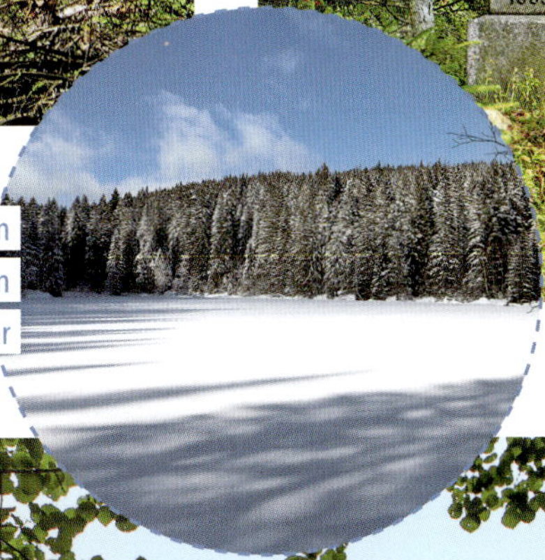

Winteridylle am zugefrorenen Mathisleweiher

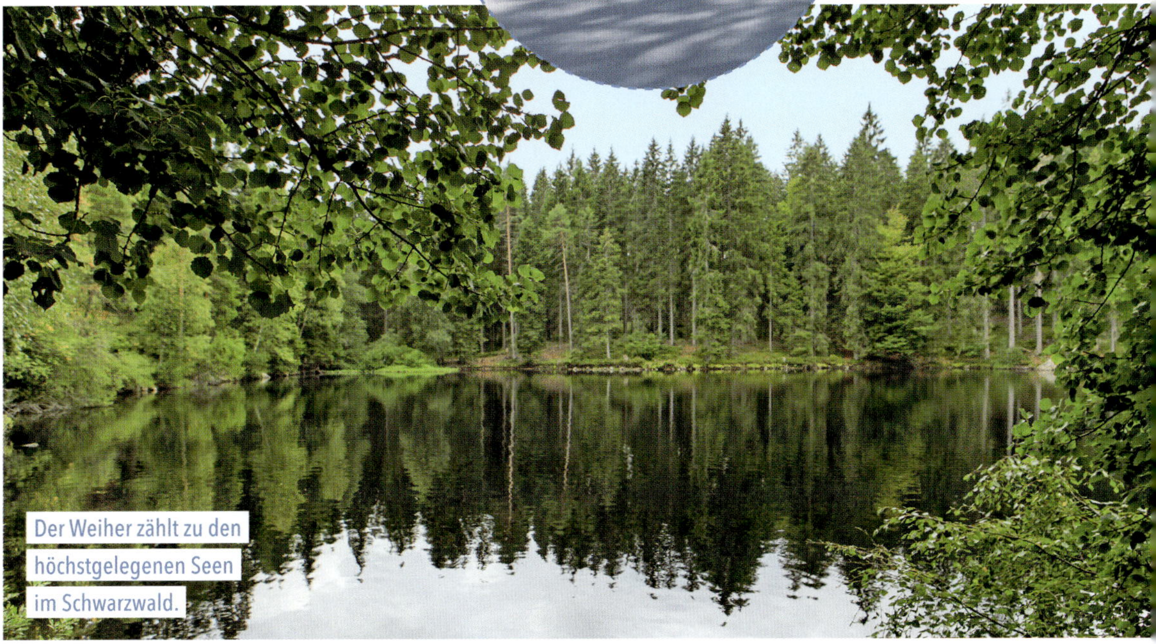

Der Weiher zählt zu den höchstgelegenen Seen im Schwarzwald.

Wegweiser »Hugenberg«, die Lichtung mit der Herchenhütte und Säbelthoma über den höchsten Punkt der Runde hinweg bis zum Wegweiser »Hummelberg«. Links besteht auf dem Ospelewaldweg eine Verbindung zum Westweg. Da dieser nicht Teil des Wegkonzeptes vom Schwarzwald ist, wandern wir auch hier geradeaus weiter bis zum Wegweiser »Häuslebauer«.

Vor uns öffnet sich die Sicht zum Feldberg. Von dieser Seite ist der Baldenweger Buck gut zu sehen. Er bildet den zweithöchsten Gipfel des Feldbergs. Wegen seines zu geringen Abstands zum Hauptgipfel wird er – anders als der wenige Meter niedrigere Seebuck – jedoch nicht als eigenständiger Berg geführt. Unterhalb des Bucks sind die Baldenweger Hütte und das Naturfreundehaus Feldberg zu sehen.

## An den Mathisleweiher

Nach diesem schönen Eindruck geht es links über den Westweg bis zum Wegweiser »Stuckwald« und ab dort rechts hinunter an den Mathisleweiher. Benannt ist er nach dem nahe gelegenen Mathislehof. Durch seine Lage auf 999 Metern über dem Meer ist der zwei Hektar große Moorsee nach dem Feldsee das am zweithöchsten gelegene Stillgewässer im Schwarzwald. Gespeist wird der Weiher vor allem durch den Zartenbach, einen der Quellflüsse der Dreisam. Am Nordostufer finden wir mehrere nach Süden ausgerichtete Rastbänke mit Blick über die dunkle Wasseroberfläche. Für uns ist dies der perfekte Platz, um die Ruhe und Natur am Weiher zu genießen.

Sowie wir uns wieder aufraffen können, verlassen wir den Weiher in südöstliche Richtung bzw. folgen der gelben Raute bis zum Wegweiser »Dreiwege«. Dort biegen wir links auf den Silberbergweg ein und folgen der Beschilderung über den Wegweiser »Am Eckle« sowie ab da rechts haltend über den Fahrweg zum Mathislehof. Der heute biologisch-dynamisch arbeitende Betrieb besteht bereits seit 1708. Die eigenen Produkte – vor allem Käse, Joghurt, Quark und Frischkäse, aber auch Wurst- und Fleischwaren – werden im eigenen Hofladen mit kleinem Café vermarktet.

## Varianten für den Rückweg

Wenige Schritte vom Mathislehof entfernt haben wir die Wahl. Wer einen kurzen Rückweg bevorzugt, dem empfehlen wir, bei der T-Kreuzung geradeaus weiterzulaufen. In dem Fall geht es zunächst auf dem Oberzartener Weg am Altevogtshof vorbei sowie im späteren Verlauf auf der Erlenbrucker Straße bis zum Wegweiser oberhalb vom Kesslerhof und dort rechts über die Kesslerhalde und den Sickinger Weg zum Bruderstieg.

Oder wir biegen nach dem Mathislehof rechts ab und folgen der Beschilderung über den Helmewald und Hirschleweiher (noch vor dem kleinen Moorsee links abbiegen) zum Wegweiser »Erlenbruck«. Ab dort geht es dann links an der Ferienanlage Erlenbruck vorbei zum Wegweiser »Hellblech« sowie weiter auf dem Querweg Freiburg–Bodensee ebenfalls über Bruderstieg und den Adlerplatz zurück ins Zentrum von Hinterzarten.

Die zweite, längere Variante führt um das Erlenbruckmoor herum, womit weitere landschaftliche Eindrücke einhergehen.

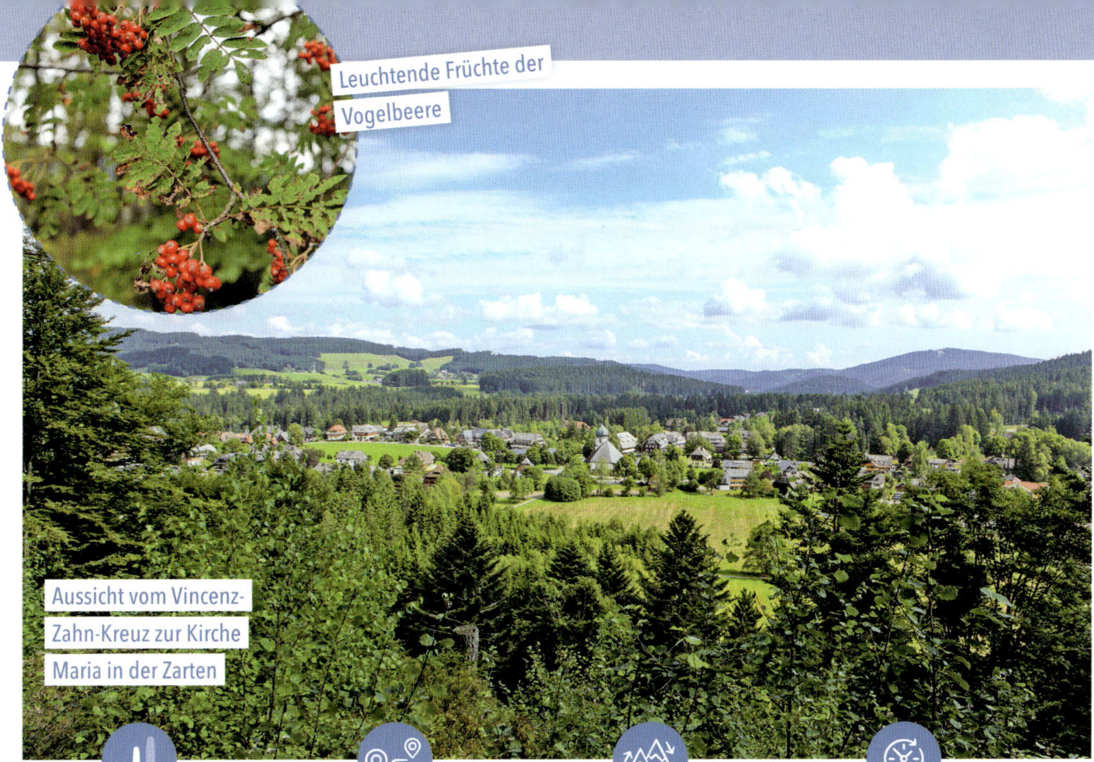

Leuchtende Früchte der Vogelbeere

Aussicht vom Vincenz-Zahn-Kreuz zur Kirche Maria in der Zarten

mittel | 12,5 km | 330 Hm | 3.45 h

## Auf einen Blick

### Tourencharakter
Technisch eher leichte Runde auf Waldwegen und Forststraßen. Wer die Abkürzung über den Altenvogtshof nimmt, spart rund 1300 m Wegstrecke ein.

### Ausgangs-/Endpunkt
Bahnhof Hinterzarten
GPS 47.9061, 8.1062

### Anfahrt
ÖPNV: Ab Freiburg Hauptbahnhof mit der S 1 oder S 10 nach Hinterzarten
Auto: Von der B 31 Freiburg–Donaueschingen bei Hinterzarten abfahren, weiter über die Freiburger Straße bis zum Kurhaus und Bahnhof. Parken entlang der Bahnlinie

### Einkehr
Hofladen Mathislehof mit Hofcafé, Do und Fr 13–18 Uhr, Sa und So 10–18 Uhr, Tel. 07652/98 25 82, waelder-gbr.de

### Museum für alte Landtechnik
Die Scheune des über 500 Jahre alten Bankenhofs beherbergt eine eindrucksvolle Sammlung historischer landwirtschaftlicher Geräte und Maschinen. Zu den bedeutendsten Ausstellungsstücken zählen ein 250 Jahre alter Schürfpflug aus Holz, eine Putzmühle mit liegendem Windrad und ein Traktor der Marke Allgaier Kälble von 1952. Geöffnet jeweils Do 14–17 Uhr, alte-landtechnik.de

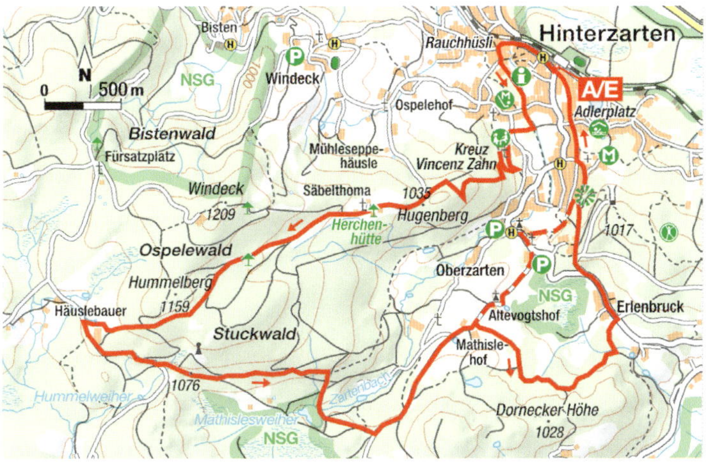

AUF DEM TITISEERUNDWEG

16

# Titisee mit Bankenhöhe

Der früher als Viertälerstadt bekannte Ort Titisee wurde durch »Die Schwarzwaldklinik« weltbekannt. Entsprechend international ist die Flaniermeile am Nordostufer geprägt. Sowie wir die Bankenhöhe in Angriff nehmen, wird es um uns herum zusehends ruhiger.

Wer mit dem Zug anreist, läuft vom Bahnhof Titisee durch die Parkstraße vor zur Seestraße. Autofahrer gelangen – vom Kreisel aus gesehen – durch die Neustädter Straße dorthin.

## Kuckucksuhren und Weihnachtsdorf

In beiden Fällen sind es links nur wenige Schritte bis zum Wegweiser in der Ortsmitte von Titisee. Ab dort ist der Titiseerundweg in beide Richtungen beschildert. Schöner finden wir es, diese im Uhrzeigersinn zu laufen. Damit geht es durch die verkehrsberuhigte Seestraße an einigen Boutiquen und Souvenirläden vorbei hinunter ans Seeufer. Binnen weniger Minuten ließe sich dieses locker erreichen.

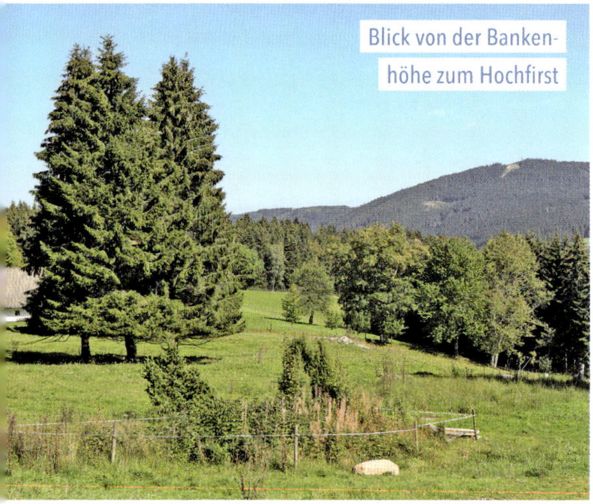

Blick von der Bankenhöhe zum Hochfirst

Allein die vielen Möglichkeiten bis dorthin können einiges an Zeit verschlingen. So finden wir zwischen den Cafés und Restaurants Läden mit Schwarzwälder Schinken, Kirschwasser und weiteren Spezialitäten auch einige Geschäfte mit Souvenirs und Kuckucksuhren. Sogar ein ganzjährig geöffnetes Weihnachtsdorf lädt zum Kitsch-Bestaunen und Vorfreuen auf die Adventszeit ein.

## Auf dem Seeuferweg

Am Seeufer angekommen, überqueren wir die Gutach und passieren das Maritim Hotel. Beim Seehof zweigt der Seerundweg zusammen mit dem Westweg rechts ab und führt in einer weiten Kurve erst bis nahe an die Bahnlinie und die B 500 heran, dann wieder zurück an den auf dieser Seite bewaldeten See. Wo immer die Bäume weiter auseinanderstehen, eröffnet sich uns ein malerischer Blick über das dunkle Wasser auf den Ort Titisee.

mittel | 8,8 km | 180 Hm | 3.00 h

## Auf einen Blick

**Tourencharakter**
Der Aufstieg vom Eisweiher zur Bankenhöhe erfordert griffiges Schuhwerk und Trittsicherheit, sonst technisch einfache Runde auf beliebten Wander- und Spazierwegen.

**Ausgangs-/Endpunkt**
Bahnhof Titisee
GPS 47.9042, 8.1564 (Parkplatz P1)

**Anfahrt**
ÖPNV: Ab Freiburg Hauptbahnhof mit der S 1 oder S 10 nach Titisee
Auto: Über die B 31 Freiburg-Donaueschingen bis Ausfahrt Titisee, weiter über die L 156 zum Besucherparkplatz P1. Der Zugang zur Wanderung erfolgt über die Seestraße.

**Einkehr**
Seewaldstube im Bankenhof; Gaststätte Sandbank; Gastronomie im Ort Titisee

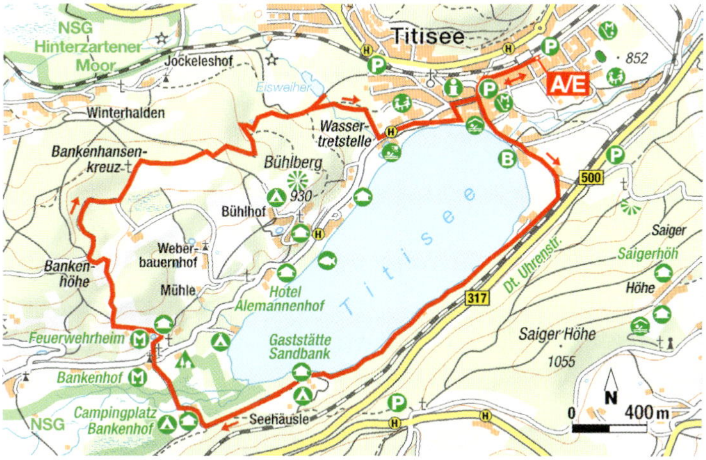


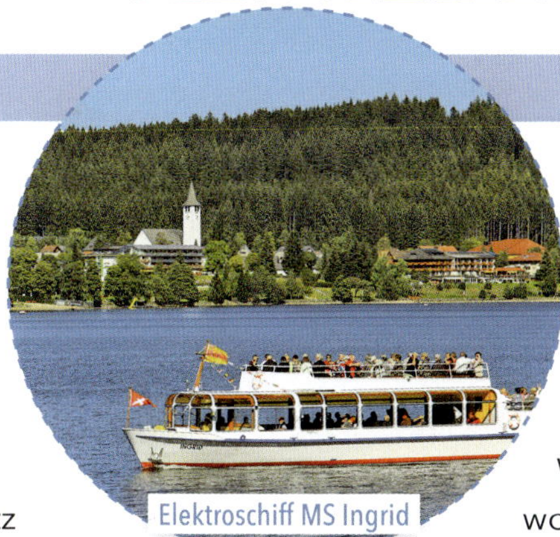

Elektroschiff MS Ingrid auf Titisee-Rundfahrt

Nachdem wir die Gaststätte Sandbank und den Terrassencampingplatz passiert haben, biegen wir mit dem Querweg Freiburg-Bodensee rechts ab. Am Campingplatz Bankenhof vorbei queren wir den Seebach und nutzen die Zufahrt hoch zum Bankenhof.

### Über die Bankenhöhe

Beim Bankenhof haben wir die Wahl: Bei nasser Witterung – oder im Winter – ist es besser, rechts auf dem Fußweg entlang der Straße zurück in den Ort zu spazieren. In diesem Fall finden wir mit dem Alemannenhof eine weitere schön gelegene Einkehrmöglichkeit. Ansonsten nehmen wir die Zufahrt hoch zum Feuerwehrheim, wo wir rechts auf den Pfad wechseln. Dieser führt steil bergan teils durch den Wald zur Bankenhöhe, wo wir rechts zum Bankenhansenkreuz abbiegen. Ab dort folgen wir der gelben Raute über den Bühlberg zum Wegweiser oberhalb vom Campingplatz Bühlhof, dann links über die Langmatte zum Wegweiser beim Eisweiher. Ein Abstecher zu dem von Bibern besiedelten Weiher lohnt sich. Danach führt der Seerundweg an einer Wassertretstelle vorbei hinab zum Strandbad, wo wir links teils durch den Kurpark, teils entlang des Seeufers und schließlich zwischen zwei Hotels hindurch zurück zur Ortsmitte finden.

AUSSICHTSTURM VERSUS ADLERSCHWINGEN

17

# Über den Hochfirst zur Skischanze

Der Hochfirst ist durch seine Skisprungschanze bekannt. Mit einer Anlauflänge von 98,1 Metern ist die Hochfirstschanze die größte Naturschanze Deutschlands. Über den Anlauf eröffnet sie einem eine atemberaubende Sicht hinunter nach Neustadt. Dort beginnen wir diese Wanderung.

Ab dem Bahnhof von Neustadt können wir für den ersten Abschnitt der Runde einfach dem Mittelweg (rote Raute mit weißem Strich) immer Richtung Hochfirst folgen.

## Auf dem Mittelweg zur Langenbach-Quelle

Damit kreuzen wir die Bahntrasse, unterqueren die B 31 und halten uns beim Wegweiser »Färbe« links. Nach der Färbe wechseln wir am besten auf den Pfad oberhalb vom Langenbach. Ist dieser durchnässt, kann man genauso gut auf dem Färbeweg bleiben und erst am Ende der Straße links in den Wald abbiegen. Nach etwa 600 Metern ab dem Bahnhof erreichen wir den Rastplatz am Langenbach. Am oberen Ende des Platzes befindet sich eine reich schüttende Quelle. Diese rinnt über eine mit Moos und Farn bestandene Wand, bevor sie über mehrere Stufen talwärts plätschert und den Alltag bald vergessen lässt. Der Wanderweg führt an der rechten Seite in einem Bogen um die Quelle herum. Oberhalb davon halten wir uns rechts und folgen dem Mittelweg über einen ebenfalls von Farnen gesäumten Waldpfad bis zum Wegweiser »Saiger Kreuz Turmweg«.

## Aufstieg auf den Hochfirst

Die Forststraße, die wir beim Wegweiser kreuzen, dient als Zufahrt auf den Hochfirst. Wir indes bleiben auf dem Mittelweg und steigen weiter durch den Wald bis hinauf zum Hochfirst. Nach 3,3 Kilometern und 400 Höhenmetern ab Neustadt haben wir den Hochfirst erreicht. Als weithin sichtbare Landmarke thront der Hochfirstturm auf dem abgeflachten Gipfel.

Genau genommen ist es der zweite Turm, der hier steht. Der erste Turm wurde im Dreikaiserjahr 1888 aus Holz errichtet, der allerdings schon zwei Jahre später einem Orkan zum Opfer fiel. Noch im selben Jahr errichteten die Mitglieder des Schwarzwaldvereins Neustadt einen zweiten Turm – eine 25 Meter hohe Eisengitterkonstruktion

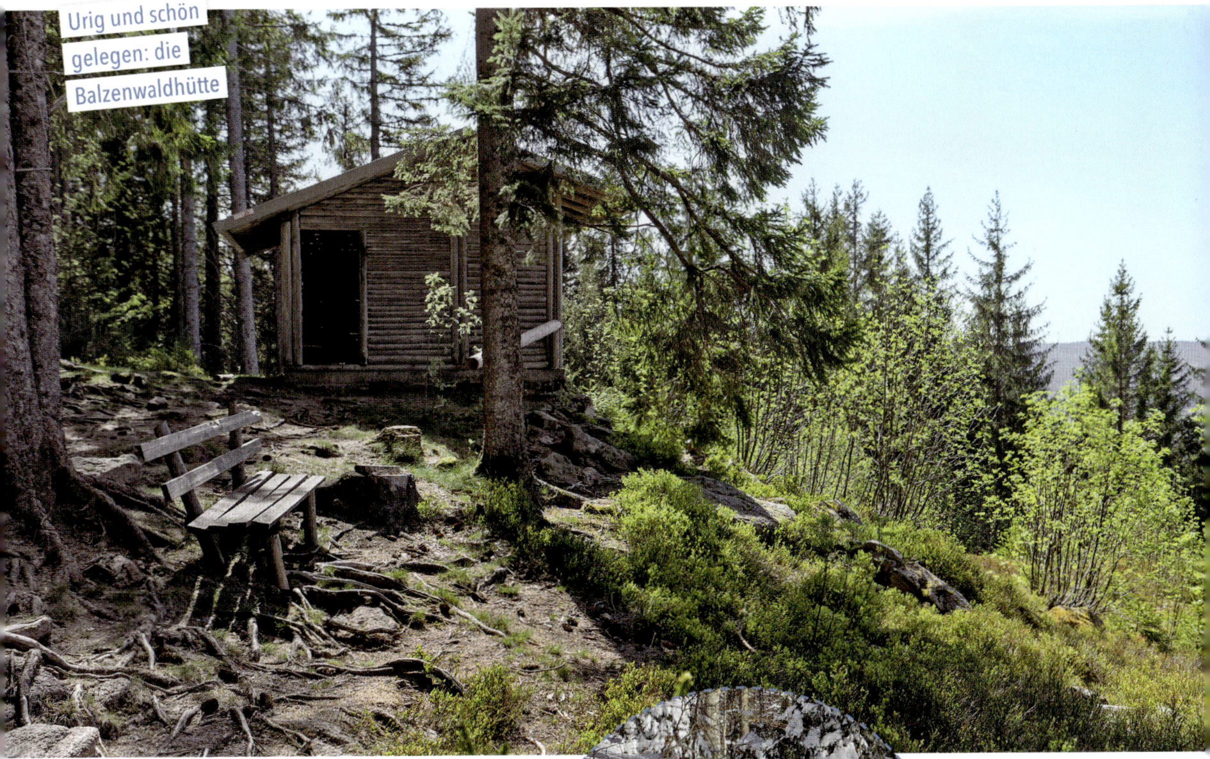

Urig und schön gelegen: die Balzenwaldhütte

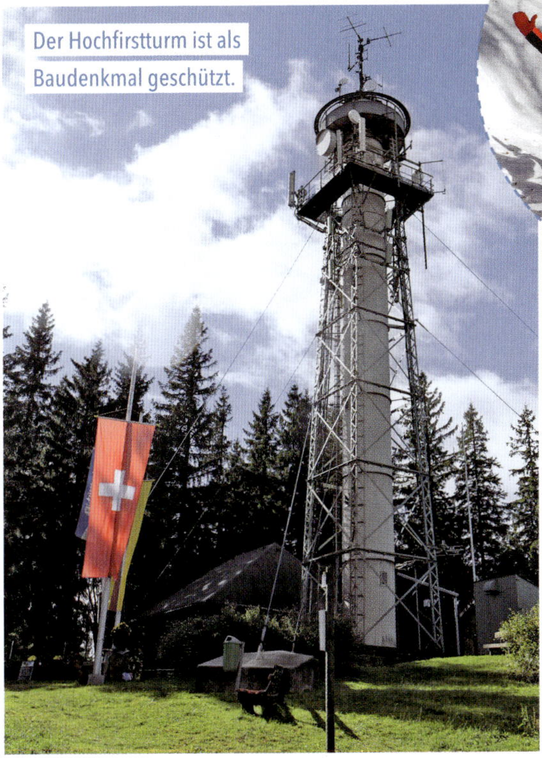

Der Hochfirstturm ist als Baudenkmal geschützt.

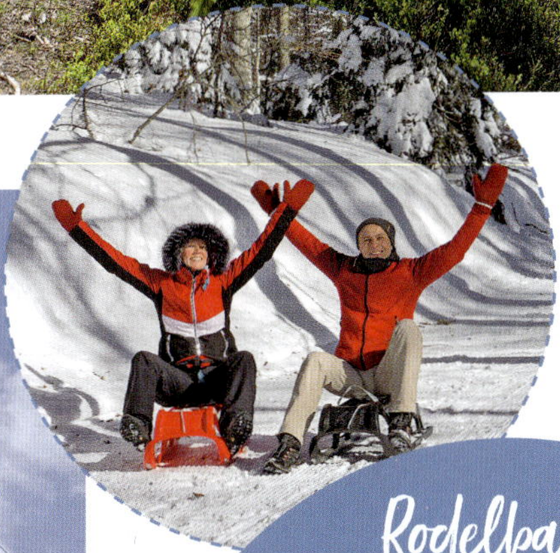

## Rodelbahn Saig-Titisee

Wenn es die Schneelage zulässt, führt eine 1200 m lange Rodelbahn von Saig am Hochfirst hinunter bis zum Seehof am Titisee. Vom Wanderparkplatz an der B 500 geht es im 40-Minuten-Takt mit dem Rodelbus zurück nach Saig. Alternativ ist der Aufstieg parallel zur Rodelbahn möglich. Die Höhendifferenz zwischen Start und Ziel beträgt 161 m.

mit gegenläufiger Wendeltreppe. Der Aufstieg über die 123 Stufen lohnt sich, denn im Gegensatz vom Gelände unterhalb des Turms bietet die Aussichtsplattform eine Rundumsicht auf weite Teile des Süd- und Hochschwarzwalds. Bei klarer Luft sind im Süden die Alpen und im Osten die Schwäbische Alb und der Hegau zu sehen. Eine Orientierungstafel hilft bei der Bestimmung der einzelnen Gipfel und Höhenzüge. Die Eintrittskarten und der Schlüssel zum Turm sind im benachbarten Berggasthaus zu bekommen.

## Treffen der Fernwanderwege

Wie bedeutend der Hochfirst für Wanderer ist, zeigt die Beschilderung: Neben dem Mittelweg und einem Nebenwanderweg steuern auch der Main-Neckar-Rhein-Weg, der Querweg Freiburg-Bodensee und der Europäische Fernwanderweg Nordsee-Bodensee-Gotthard-Mittelmeer den Hochfirst an. Wir bleiben auf dem Mittelweg und wandern bei nur geringen Höhenunterschieden über den Höhenkammweg bis zum Wegweiser »Hierabbrunnen«. Auf der Strecke passieren wir den Vögelefelsen und die Balzenwaldhütte. Während die Felsengruppe im Wald verborgen liegt, öffnet sich bei der Hütte der Blick über Leutkirch-Berg zum Feldberg.

Beim Wegweiser nahe dem Hierabbrunnen – der Rastplatz mit Hütte und Grillstelle befindet sich rechts vom Wegweiser – wechseln wir vom Mittelweg links auf einen Nebenwanderweg und steigen über einen schmalen Pfad über »Grätleweg« und »Bockhalde« zur Hochfirstschanze ab. Nachdem die Bäume einen ersten Blick auf die Anlage erlauben, zweigt der Weg bei der Bockhalde nach rechts zu der Naturschanze ab.

## Olympisches Dorf

Der Zugang zur Hochfirstschanze erfolgt durch das »Olympische Dorf«. Gemeint ist das 15 Blockhäuser umfassende Springerdorf. Es wurde 2002 errichtet, wobei die einzelnen Hütten nach den Austragungsorten der Olympischen Winterspiele benannt sind. Von Salt Lake City über Nagano, Calgary und Lake Placid sind es hier jeweils nur ein paar Schritte bis Innsbruck, Grenoble, Chamonix oder Oslo.

Der Höhepunkt der Wanderung aber ist natürlich die beeindruckende Aussicht von der Skisprunganlage hinab auf Neustadt. Man kann den Mut der Athleten nur bewundern, die sich mit ihren langen Skiern einem Adler gleich über den Schanzentisch in die Tiefe stürzen.

## Wieder runterkommen

Um das starke Gefälle abzufangen, beschreibt der Weg zwischen dem Anlauf- und dem Sprungrichterturm eine weit ausholende Serpentine. Kurz darauf erreichen wir das Schmiedsbachtal. Wer will, kann dem Bach über »Auf der Riesen« nach Neustadt folgen.

Schöner – weil weniger an der Straße – ist es, auf der anderen Seite des Schmiedsbachs zunächst zur Schmiedsbachhalde hinaufzulaufen und erst bei Scheibenstutz der gelben Raute wieder hinunter zum Ausgangspunkt am Bahnhof zu folgen.

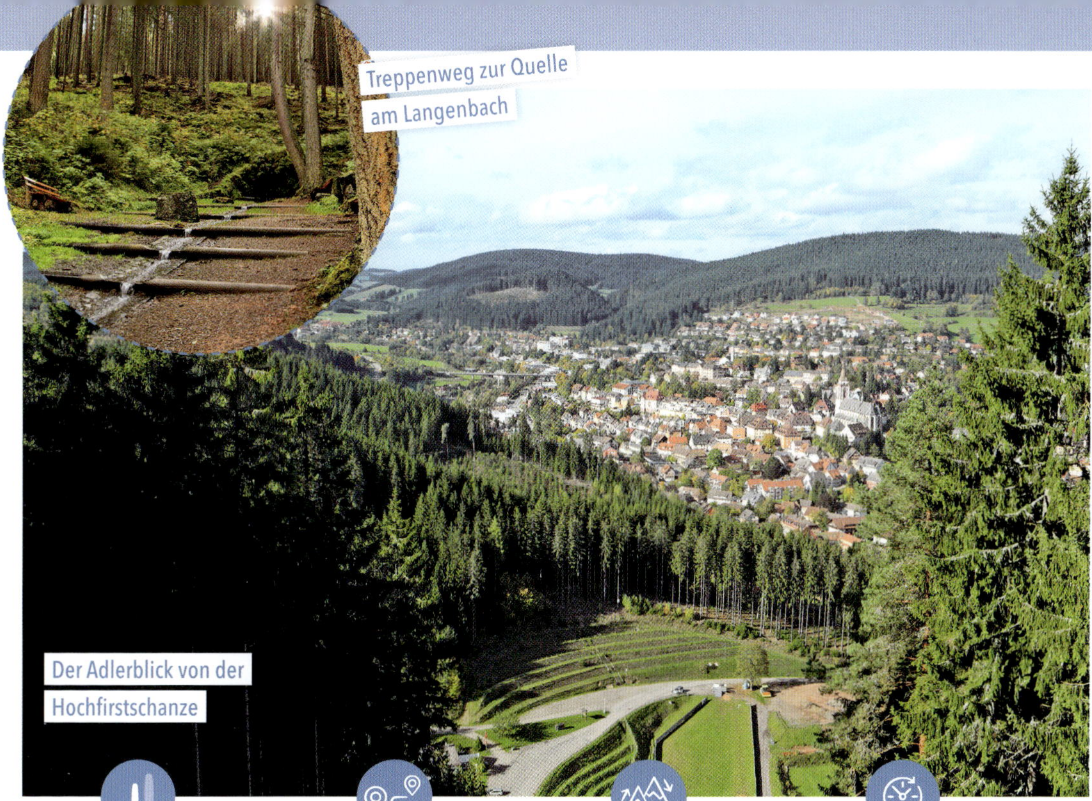

Treppenweg zur Quelle am Langenbach

Der Adlerblick von der Hochfirstschanze

mittel | 11,7 km | 450 Hm | 3.45 h

# Alles auf einen Blick

### Tourencharakter
Beim Anstieg auf den Hochfirst ist eine gute Kondition am Berg von Vorteil. Danach eher leichte Wanderung über Pfade und Wege

### Ausgangs-/Endpunkt
Bahnhof Neustadt (Schwarzwald)
GPS 47.9098, 8.2112

### Anfahrt
ÖPNV: Ab Freiburg Hauptbahnhof mit der S 1 oder S 11 nach Neustadt (Schwarzwald)
Auto: Über die B 31 Freiburg–Donaueschingen bis Ausfahrt Neustadt, weiter über die L 156 bzw. Neustädter Straße zum Großparkplatz gegenüber dem Bahnhof

### Einkehr
Berggasthaus Hochfirst, Mi–So 12–17, Mo 12–15 Uhr, Di Ruhetag, berggasthaushochfirst.de

### Info-Tour Hochfirstschanze
Die Info-Tour führt in ca. 1,5 Stunden über eine Strecke von ca. 1,5 km an die wichtigsten Punkte der Naturschanze, an sieben weiteren Stationen erfährt man Wissenswertes über die Hochfirstschanze. Informationen unter weltcupskispringen.com/infotour

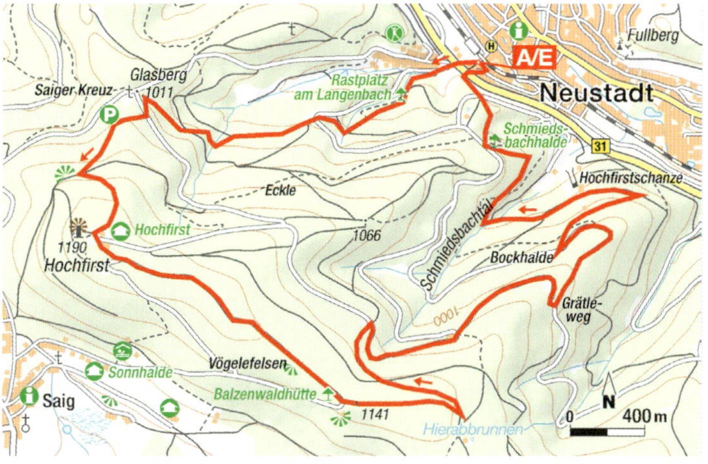

AUFSTIEG AB DER FELDBERG-PASSHÖHE

18

# Auf das Herzogenhorn

Zusammen mit dem Feldberg und Seebuck sowie dem Belchen zählt das Herzogenhorn zu den vier Schwarzwaldbergen mit Höhen über 1400 Meter. Anders als bei den Vorgenannten gibt es hier keinen Lift. Auch deswegen zählt das Herzogenhorn zu den schönsten Bergen im Schwarzwald.

Über die Feldberg-Passhöhe führt mit der B 317 die wichtigste Verkehrsverbindung vom Hochschwarzwald hinunter zum Wiesental und dem Großraum Basel. Herrscht dann noch schönes Wanderwetter, scheint eine nicht enden wollende Blechlawine über die Passhöhe zu rollen. Sind obendrein – wie in den letzten Jahren wiederholt zu sehen – Teile der Parkflächen großräumig abgesperrt, bilden sich rasch nervenzehrende Staus. Um dem damit einhergehenden Stress zu entgehen, sollten wir möglichst früh anreisen. Oder, besser, wir nehmen spätestens ab dem Bahnhof Titisee den Bus und sparen uns die Parkplatzsuche.

## Von der Passhöhe zum Leistungszentrum

Ab der Haltestelle Hebelhof laufen wir wenige Schritte auf die Passhöhe zu, um zwischen der Schneesportschule und der Himalaya-Lodge rechts auf den Westweg und den Albsteig einzubiegen. Bei der Talstation vom Grafenmattlift gabelt sich der Fahrweg. Wir orientieren uns kurz rechts, wechseln dann aber in etwa geradeaus auf den Pfad. Nachdem wir das Berggasthaus Auerhahn und die Emmendinger Hütte passiert haben, treffen wir beim Hexenhüsli wieder auf den Fahrweg.

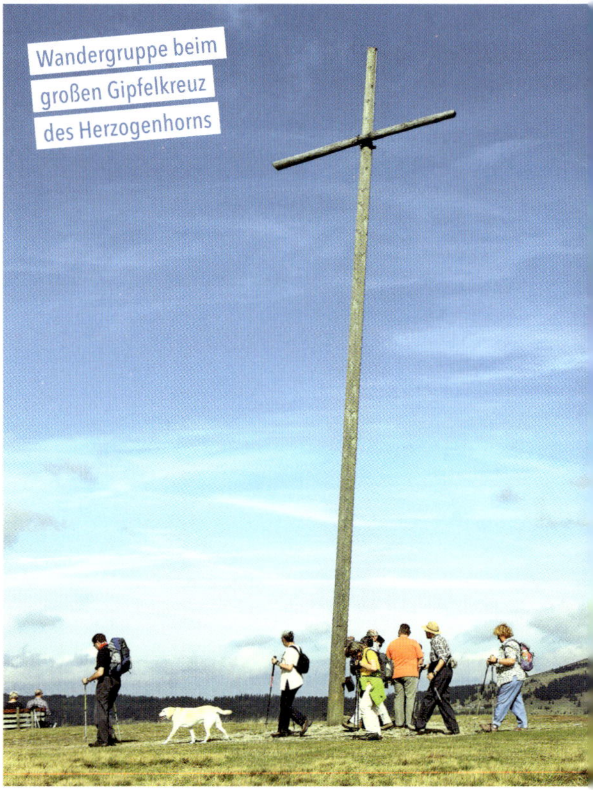

Wandergruppe beim großen Gipfelkreuz des Herzogenhorns

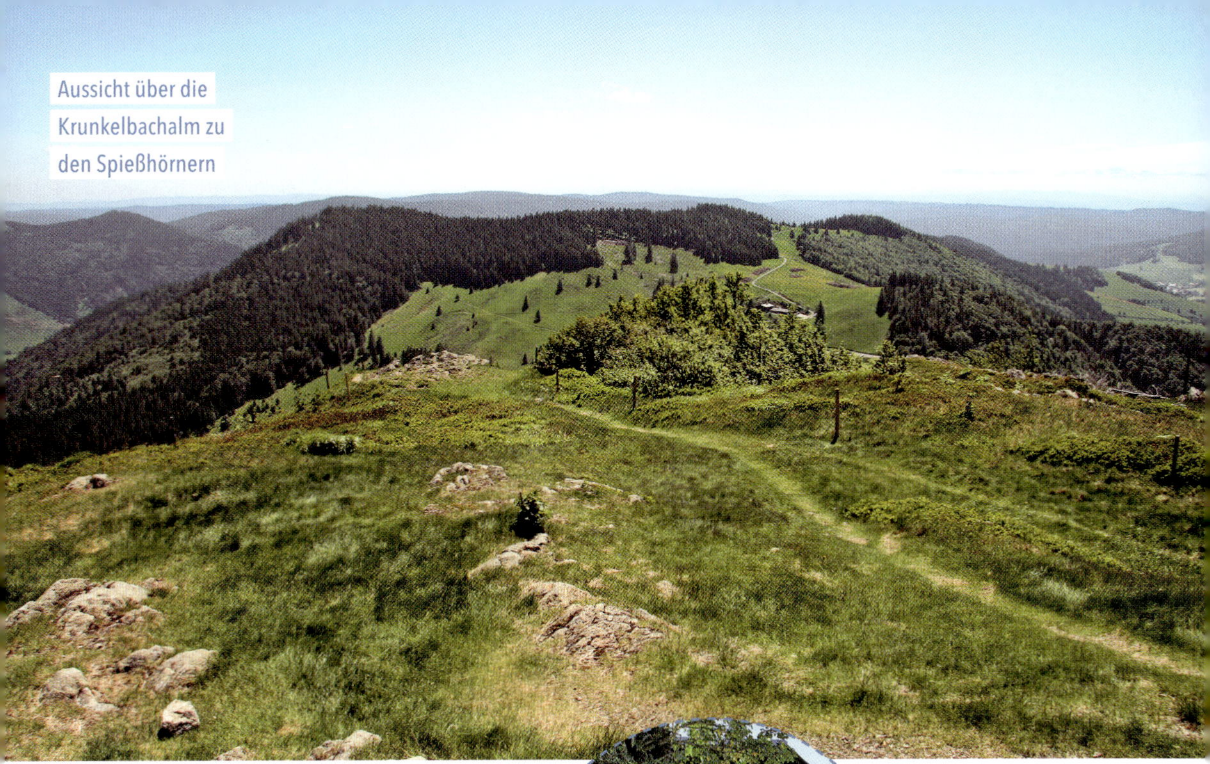

Aussicht über die Krunkelbachalm zu den Spießhörnern

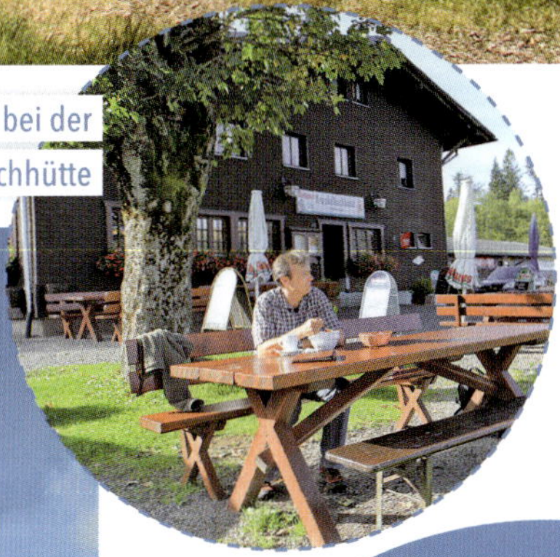

Pause bei der Krunkelbachhütte

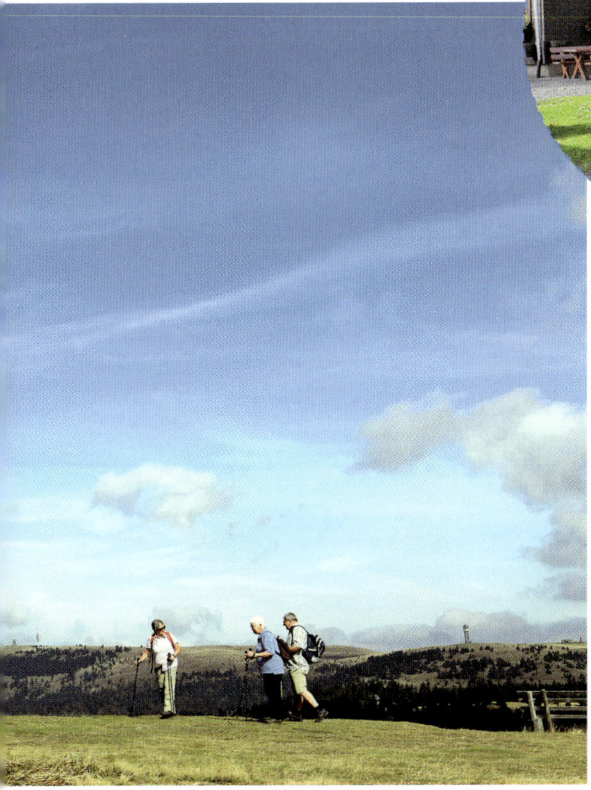

## Verlängerung zur Krunkelbachhütte

Ab dem Wegweiser Zinken führt der Albsteig in südlicher Richtung über den Krunkelbachsattel und durch eine Feuchtwiese zur Krunkelbachhütte. Das traumhaft gelegene Berggasthaus besticht mit tollem Blick aufs Herzogenhorn und reicher Vesperkarte (auch Übernachtungen möglich, krunkelbach.de). Mit dem Abstecher verlängert sich die Tour um 1,7 km und knapp 100 Hm.

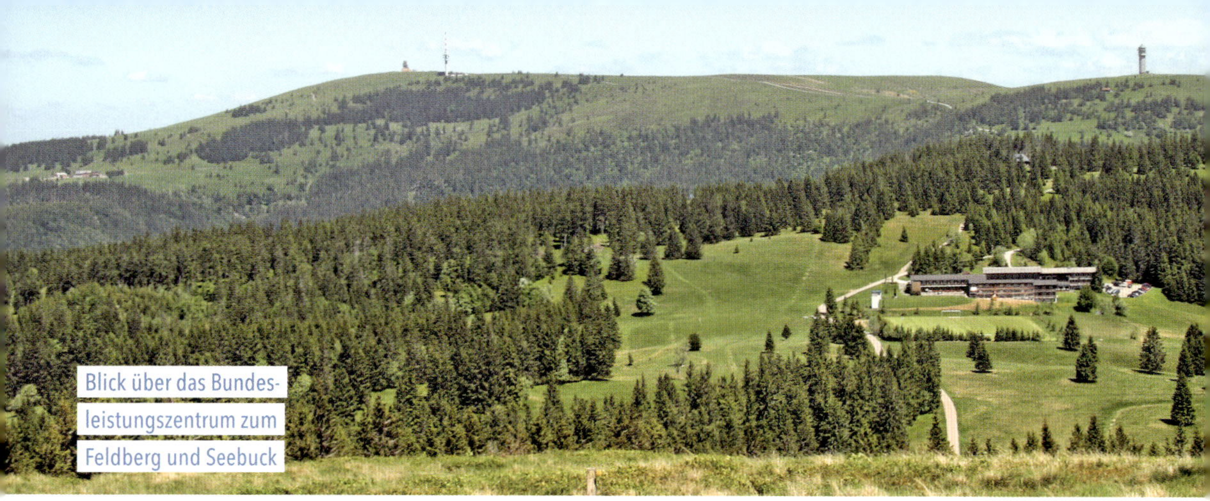

Blick über das Bundesleistungszentrum zum Feldberg und Seebuck

Ab dort folgen wir der roten Raute des Westwegs an der Skiclubhütte vorbei sowie durch den Wald bzw. über mehrere Skipisten hinweg zum Leistungszentrum am Herzogenhorn. Durch die Lage in den Bergen vermutet man hier vor allem Wintersportler. Tatsächlich werden die Halle samt Kraftraum und der Sportplatz genauso gerne von Gewichthebern, Leichtathleten, Mountainbikern und Ruderern oder Athleten verschiedener Kampfsportarten genutzt. Im Restaurant und auf der Sonnenterrasse sind auch Wanderer willkommen.

## Über die Glockenführe zur Schwedenschanze

Weiter geht es am Sportplatz vorbei zur Glockenführe. Da wir ab dort eine Runde um das Herzogenhorn wandern, könnten wir auch links abbiegen. Allerdings stellt der untere Bereich des alpinen Pfads höhere Anforderungen, weshalb dieser besser bergauf angegangen werden sollten. Wir bleiben deshalb bis zum Wegweiser bei der Schwedenschanze auf dem Westweg. Die bis dato gut zu erkennende Wehranlage befindet sich 70 Meter südwestlich vom Wegweiser.

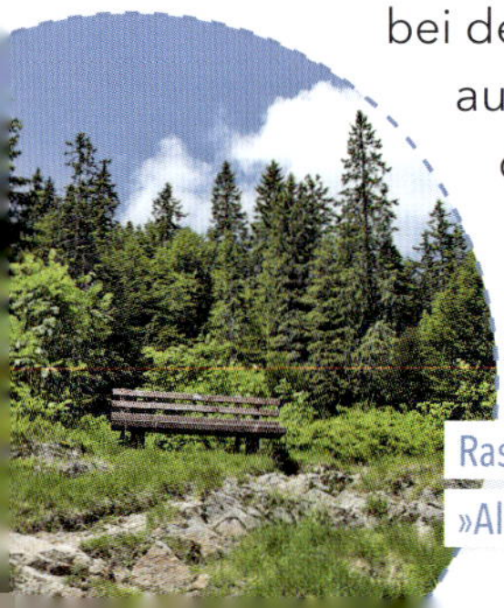

Rastbank am »Alpinen Pfad«

## Auf das Herzogenhorn

Beim Wegweiser zweigen wir mit dem Albsteig links ab, um 250 Meter weiter den Abstecher hoch zum Herzogenhorn zu nehmen. Durch das überdimensionale Gipfelkreuz ist der höchste Berg vom Landkreis Waldshut auch aus der Ferne gut zu erkennen. Umgekehrt ist die Umgebung – mit Ausnahme der Gebäude vom Leistungszentrum – weitgehend frei von technischen Belastungen. Das ist sicherlich ein Grund, warum das Herzogenhorn zu den Kraftorten im Schwarzwald gezählt wird. Tatsächlich fällt es hier leichter, die Natur zu genießen, während wir unseren Blick über die umliegenden Berge und Täler schweifen lassen. Allein der hier oben oft eisige Wind steht einem längeren Aufenthalt entgegen.

## Herzogenhornweg und Alpiner Pfad

So kehren wir wahrscheinlich bald zurück zum Albsteig, dem wir ab dem Wegweiser »Oberes Hofmättle« auf dem Herzogenhornweg bzw. um die bewaldete Südseite des Bergs folgen. Wo der breite Forstweg eine markante Rechtskurve beschreibt, biegen wir bei den beiden Wegweisern Zinken jeweils links ab und wechseln vom Albsteig auf den Naturlehrpfad. Der auch als »Alpiner Pfad« bekannte Weg führt steil

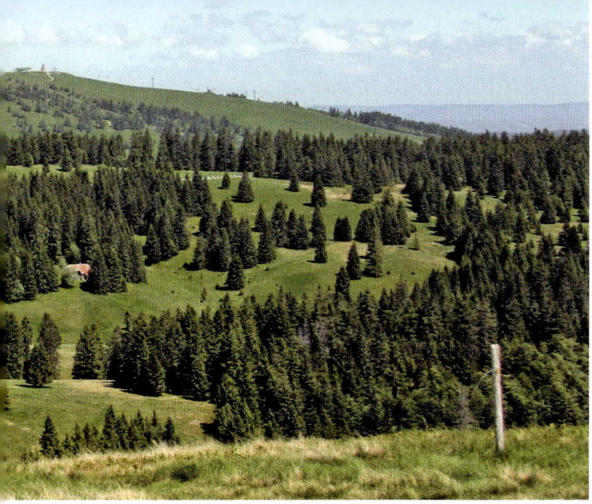

bergan über einen von Blaubeeren und Borstgräsern geprägten Hang. Weiter oben lädt eine Rastbank dazu ein, den Blick über die Krunkelbachalm schweifen zu lassen.

Dann führt uns der Lehrpfad durch den Wald zum Wechtenkessel. In diesem Bereich poltern im Winter häufig Schneelawinen talwärts und verhindern den Bewuchs mit Bäumen. Stattdessen wird die Nordostseite des Herzogenhorns von Bergfarn, dem Waldstorchenschnabel und dem weiß blühenden Flutenden Hahnenfuß geprägt. Nach dem Wechtenkessel führt der nun deutlich flachere Pfad nochmals durch den Wald, dann über offenes Terrain zurück zum Wegweiser »Glockenführe«. Ab dort erfolgt der Rückweg auf dem bereits bekannten Abschnitt des Westwegs.

### Die Schwedenschanze am Herzogenhorn

Der Begriff Schwedenschanze geht noch auf den Dreißigjährigen Krieg (1618–1648) zurück, als vor den anrückenden Schweden vielerorts solche aus Erdwällen und Holz errichteten Anlagen aufgeschüttet wurden. Die Schwedenschanze beim Herzogenhorn wird jedoch auf das Jahr 1672 datiert. Demnach wäre sie zu Beginn des Holländischen Kriegs errichtet worden. Im Hochschwarzwald trafen zwar nicht große Heere aufeinander, wohl aber versuchte man, umherstreifende plündernde Soldatengruppen damit abzuschrecken.

mittel | 7,5 km

350 Hm | 2.45 h

## Auf einen Blick

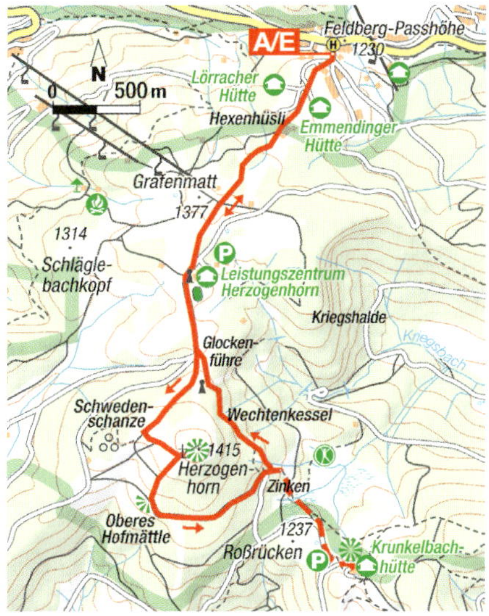


### Tourencharakter

Der untere Abschnitt des Alpinen Pfads erfordert ein griffiges Profil und Trittsicherheit. Ansonsten eher bequem zu wandernde Wege und Pfade

### Ausgangs-/Endpunkt

Feldberg-Passhöhe
GPS: 47.8562, 8.0297

### Anfahrt

ÖPNV: Ab Freiburg Hauptbahnhof mit der Straßenbahn 2 bis Dorfstraße Günterstal, weiter mit Bus 21 bis Rathaus Horben
Auto: Von der B 31 Freiburg–Titisee zwischen Kronen- und Schwanentorbrücke nach Todtnau abbiegen. Bei Bohrer rechts zur Talstation der Schauinslandbahn abbiegen, der Straße weiter bis zur Gemeindeverwaltung in Horben folgen

### Einkehr

Gaststätte des Leistungszentrums Herzogenhorn, herzogenhorn.info; Gastronomie auf der Feldberg-Passhöhe

Felsenweg, Hütten und Panorama

19

# Auf den Feldberg

Beim Feldberg treffen gleich mehrere Superlative aufeinander. Das höchste Massiv im Schwarzwald besitzt das größte und älteste Naturschutzgebiet in Baden-Württemberg. Durch die gute Erreichbarkeit zählt der Feldberg obendrein zu den Besuchermagneten für die landschaftsbezogene Erholung.

Zwischen dem hochpreisigen Parkhaus, dem Haus der Natur sowie dem Feldberger Hof und dem Gebäude der Fundorena herrscht selbst bei suboptimalem Wetter oft Hochbetrieb. Hier einen ruhigen Wanderweg zu finden, scheint auf den ersten Blick hoffnungslos. Tatsächlich aber bleiben viele Besucher bei der Gastronomie hängen oder nutzen den Westweg hoch zum Seebuck oder – in nördlicher Richtung – hinunter zum Feldsee.

## Raus aus dem Trubel

Wie die Letztgenannten folgen auch wir der roten Raute an der Talstation der Feldbergbahn vorbei zur nahen Seebuck-Hütte. Wo der Westweg in den Wald eintaucht, biegen wir jedoch links ab, sodass wir zum Wasserspeicher für die Beschneiungsanlagen kommen.

Oberhalb davon führt ein steiler Treppenweg bis hoch zum Wegweiser »Felsenweg«, um das Gros der Wanderer abzuschrecken. Spätestens, sobald wir auf den Felsenweg abgebogen sind und die ersten mächtigen Bäume passiert haben, wird es um uns herum spürbar ruhiger.

## Auf dem Felsenweg

Zugleich ändert sich damit der Charakter der Wanderung. Hatten wir zuvor eine freie Sicht über den Skihang vom Seebuck hinunter zu den Gebäuden rund um den Feldberger Hof, bestimmen nun dicht beieinander stehende Fichten das Bild. Die flach wurzelnden Bäume halten Wanderern manch eine Stolperfalle bereit. Weil sich auf dieser Seite des Bergs Eis- und Schneereste bis ins Frühjahr hinein halten und Lawinengefahr herrscht, ist der Felsenweg erst ab dem späten Frühjahr bis zum Herbst begehbar. Kurzum: Hier erleben wir den Feldberg noch von seiner ungezähmten Seite.

Dazu gehört auch eine Gruppe abgestorbener Fichten oberhalb des Feldseekars. Als Totholzinsel bieten sie Flechten und Pilzen, Käfern und anderen Insekten einen wichtigen Lebensraum. Auch der seltene Dreizehenspecht ist auf die toten Bäume und ihr Nahrungsangebot angewiesen. Wo der Seebach, aber auch andere Rinnsale den Pfad kreuzen, vernässt der Boden leicht. Mit etwas Glück ermöglichen ausgelegte Baumscheiben, diese Passagen trockenen Fußes zu meistern.

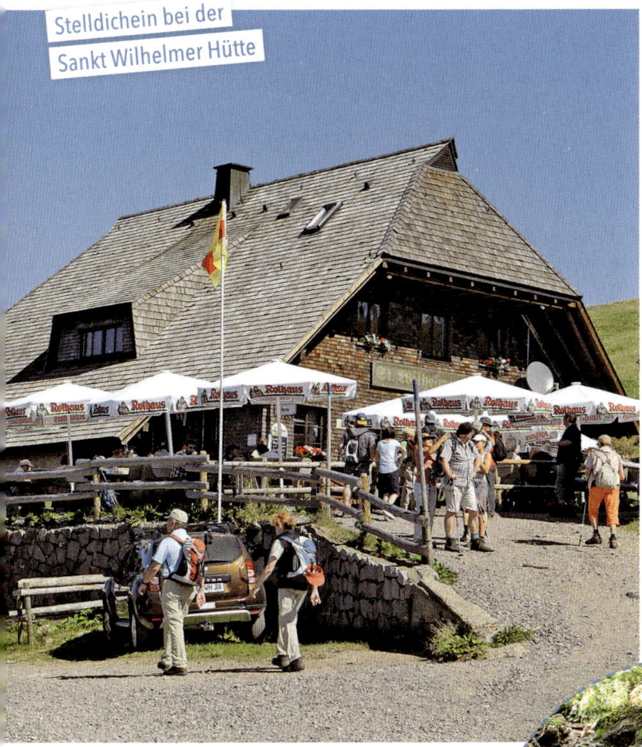


Stelldichein bei der Sankt Wilhelmer Hütte

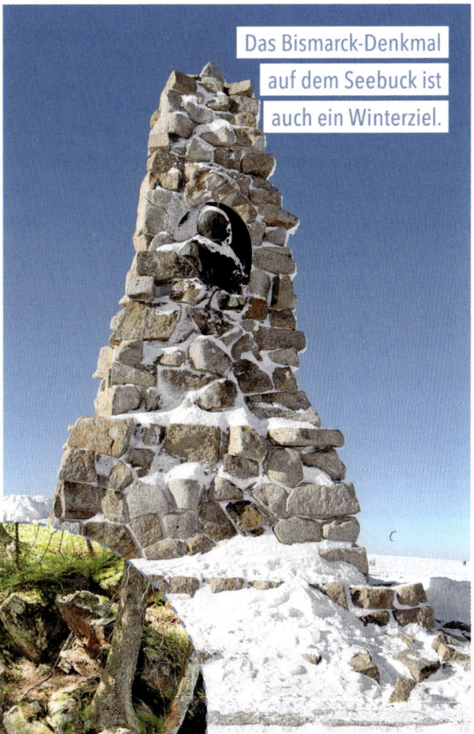

Das Bismarck-Denkmal auf dem Seebuck ist auch ein Winterziel.

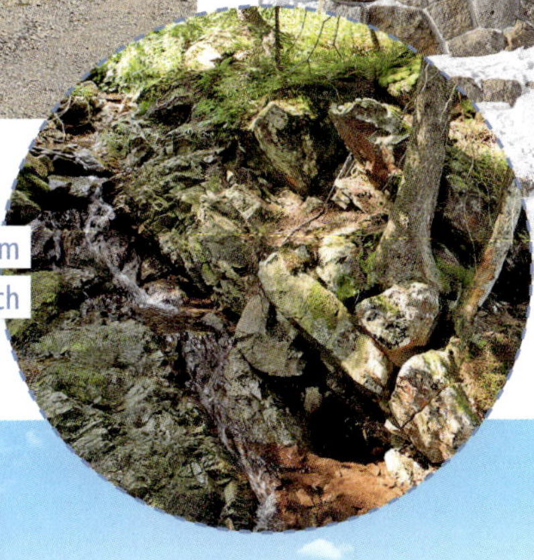

Felslandschaft am Sägebach

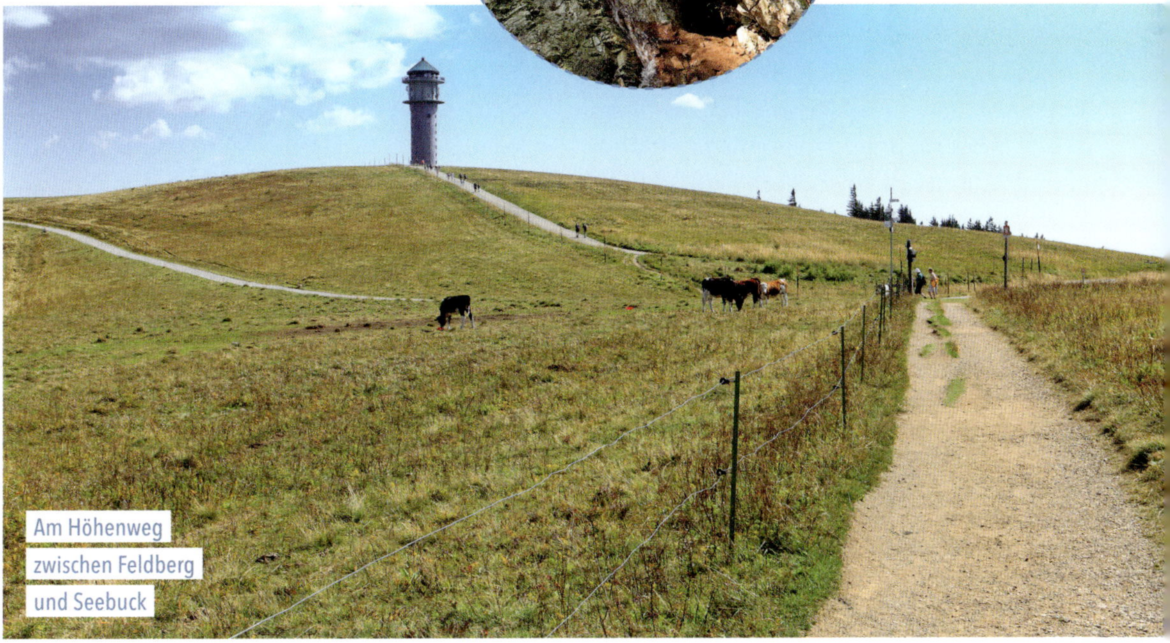

Am Höhenweg zwischen Feldberg und Seebuck

## Sägebachschlag-Steig und Baldenweger Hütte

Wo der Felsenweg beim Wegweiser »Unterm Grüble« endet, haben wir die Wahl: Wer nur eine kurze Runde wandern möchte, gelangt links auf dem Emil-Thoma-Weg zum Grüblesattel zwischen dem Feldberg und dem Seebuck. Alle anderen folgen dem Emil-Thoma-Weg in entgegengesetzter Richtung am Feldseeblick vorbei hinab zum Wegweiser »Seewald«. Dort biegen wir links auf den Raimartihofweg ein. Der auch im Winter begehbare Weg führt am Grillplatz Rinken vorbei zum Rinkensattel. Auf dem Weg dorthin biegen wir beim Wegweiser »Sägebachdobel« erneut links ab.

Alles, was wir ab dem Ende des Felsenwegs bergab gelaufen sind, geht es auf dem Sägebachschlag-Steig wieder bergauf. Kleinere Kaskaden, Gumpen und der weiter oben gelegene Sägenbach-Wasserfall lohnen die Mühe. Vom oberen Ende des Steigs trennen uns nur noch wenige Schritte von der Baldenweger Hütte. Über den alten Wirt kursieren einige Räuberpistolen im Netz, über die man bestenfalls den Kopf schütteln kann. Einem solchen Haudegen zu folgen, ist ein Wagnis. Im August 2022 gingen Andrea Brunner und Martin Sutterle dieses ein und machten die Baldenweger Hütte wieder zu einem Ort der Gastlichkeit. Als Wanderer können wir uns auf einfache Vespergerichte und Suppen sowie auch (Wurst-)Salat und Holzofenbrot freuen.

## Aufstieg auf den Feldberg

Eine zweite, einfachere Einkehrmöglichkeit bietet am Ende der Zufahrt das Naturfreundehaus Feldberg. Für den Aufstieg nutzen wir indes ab der Baldenweger Hütte den mit blauer Raute gekennzeichneten Pfad hoch auf den Baldenweger Buck. Der Weg führt seitlich am zweithöchsten Gipfel vom Schwarzwald vorbei um das Zastler Loch herum sowie entlang einer Wechtenkante zum Rondell auf dem Feldberggipfel.

## Abstiegsvarianten

Nach der tollen Rundumsicht haben wir für den Rückweg erneut die Wahl. Der bequemste Rückweg führt vom Gipfel über den Grüblesattel zur Bergstation der Feldbergbahn auf dem Seebuck. Mehr Feldberg erleben wir, wenn wir dem Westweg zwischen dem Friedrich-Luise-Turm und dem Sendemast zur Sankt Wilhelmer Hütte folgen. Im Abstieg ermöglicht ein Nebenweg, zur Todtnauer Hütte abzukürzen. Andernfalls nehmen wir ab der Sankt Wilhelmer Hütte den Hüttenweg über den Wegweiser »Feldbergstraße« sowie an der Laurentiuskapelle vorbei zur Todtnauer Hütte. Ab dem Berggasthof sind es dann noch 3,5 km am Wiesentalblick und dem Herzogenhornblick vorbei bis zurück zum Feldberger Hof und dem Haus der Natur.

### Naturschutz im Wandergebiet Feldberg

Der höchste Berg im Schwarzwald steht seit jeher im Fokus der landschaftsbezogenen Erholung. Bis Ende der 1980er Jahre waren die Besucherströme weitgehend unkontrolliert. Als Folge entstanden auf den baumfreien Hängen des Feldbergs etliche Trampelpfade, womit schwerwiegende Erosionsschäden einhergingen. Mithilfe eines Wegkonzepts ist es gelungen, die Besucherströme so zu lenken, dass sich die Natur wieder erholen konnte. Gesperrte Wege tragen heute dazu bei, dass Wildtiere auch bei optimalem Wanderwetter Räume finden, um sich zurückzuziehen.

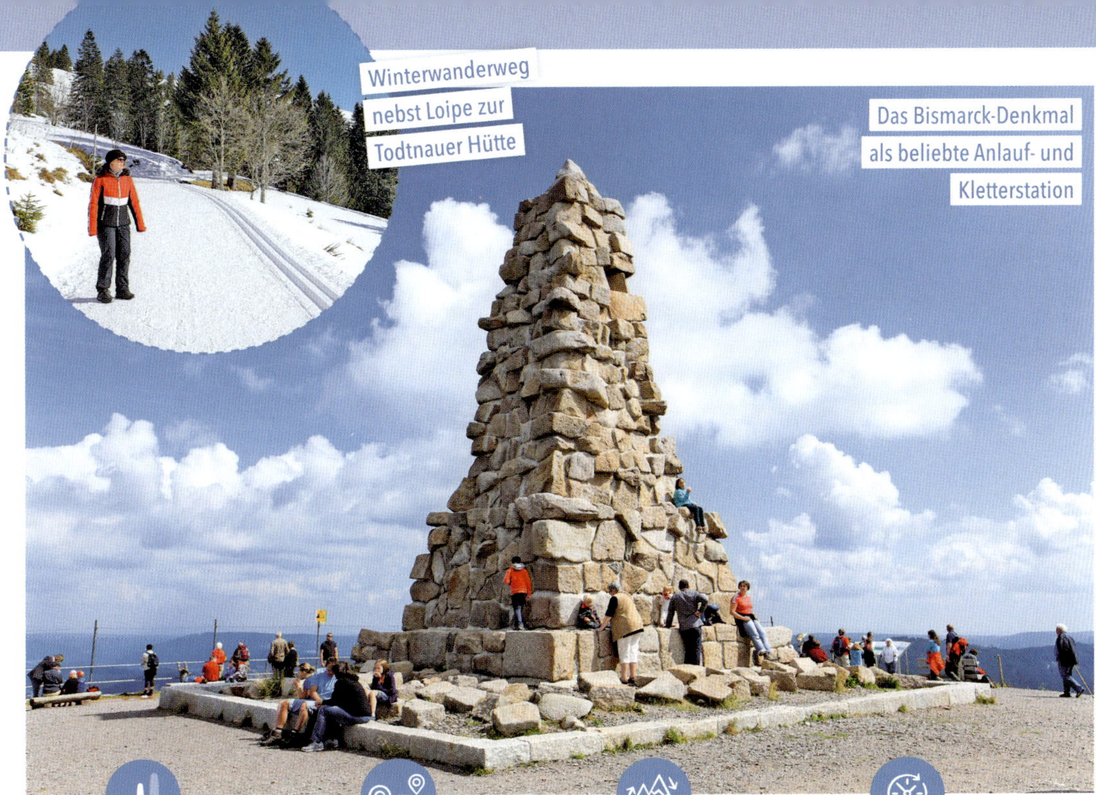

Winterwanderweg nebst Loipe zur Todtnauer Hütte

Das Bismarck-Denkmal als beliebte Anlauf- und Kletterstation

mittel | 13,0 km | 500 Hm | 4.15 h

## Auf einen Blick

**Tourencharakter**
Der Felsenweg und der Sägebachschlag-Steig erfordern Trittsicherheit, für den steilen Anstieg gleich zu Beginn und auf den Feldberg ist eine gute Kondition am Berg von Vorteil. Teleskopstöcke sind zu empfehlen.

**Ausgangs-/Endpunkt**
Haus der Natur, Feldberg
GPS: 47.8600, 8.0354

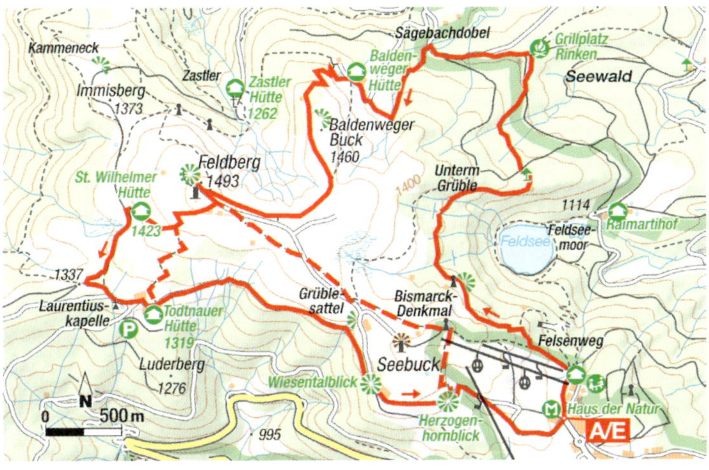


**Anfahrt**
ÖPNV: Ab Freiburg Hbf mit der S 1 bis Titisee, weiter mit der Buslinie 7300 zur Haltestelle Feldberger Hof, Feldberg
Auto: Von der B 317 Lörrach–Titisee nahe der Passhöhe zum Haus der Natur und dem Feldberger Hof abbiegen, parken im Parkhaus

**Einkehr**
Baldenweger Hütte; Todtnauer Hütte; St. Wilhelmer Hütte; Gastronomie beim Feldberger Hof

**Haus der Natur am Feldberg**
In der interaktiven Ausstellung im Haus der Natur und im Feldberggarten erfährt man Wissenswertes rund um das Ökosystem sowie zur Natur- und Kulturlandschaft am Feldberg. Geöffnet täglich 10–17 Uhr, haus-der-natur-feldberg.de

DAS AUGE DES FELDBERGS

20

# Vom Bärental an den Feldsee

Der Feldsee ist mit 9,75 Hektar Fläche der größte und mit 34,5 Metern zugleich der tiefste Karsee im Schwarzwald. Trotz seiner Lage auf der von Felswänden geprägten Nordostseite des Feldbergmassivs ist der Zugang zu dem See selbst für ungeübte Wanderer leicht möglich.

Ab dem Bahnhof Bärental folgen wir der Ostvariante des Westwegs in den Tannenweg. Wo der Fernwanderweg zum Adlerweiher abzweigt, laufen wir jedoch geradeaus weiter bis zum Haus Tannegg.

## Zum Wanderparkplatz Kunzenmoos

Dort kreuzen wir die Talstraße, um anschließend in der Haarnadelkurve rechts in den Feldseeweg abzubiegen. Auf der wenig befahrenen Zufahrtsstraße passieren wir die wenigen Häuser des Wegs. Dann tauchen wir in den Wald ein und wandern bei geringen Höhenunterschieden zum Wanderparkplatz Kunzenmoos. Wer mit dem Pkw anreist, findet hier einen alternativen Startpunkt.

## Auf dem Raimartihofweg …

Der Feldsee ist ab dem Parkplatz in zwei Seiten angeschrieben. Von rechts – dem Kunzenweg – werden wir später zurückkommen. Für den Hinweg laufen wir geradeaus. Wir bewegen uns damit auf dem bequem zu wandernden Raimartihofweg. Gut 100 Meter nach dem Wegweiser »Feldseeweg« kreuzt der Weg einen untergeordneten Wirtschaftsweg.

Dann lichtet sich der Wald und wir erreichen ein Übergangsmoor. Wer ein Adlerauge und außerdem Glück hat, kann vom Weg aus drei Sonnentau-Arten sowie einige Knabenkräuter sehen. Im Norden schließt sich eine ebenfalls artenreiche Bärwurz-Wiese an. Auch Ährige Teufelskrallen, Acker-Witwenblumen, der Große Wiesenknopf und der auch als Hühnerbiss bekannte Taubenkropf kommen auf der geschützten Bergmähwiese in großer Anzahl vor.

## … zum Feldsee

Beim Wegweiser »Seesträßle« wechseln wir auf den deutlich schmaleren Pfad und erreichen 400 Meter weiter den Feldsee. Der nahezu kreisrunde Karsee ist der höchstgelegene See Deutschlands außerhalb der Alpen. Dabei zählt er zu den oligotrophen, also nährstoffarmen Gewässern, die nur wenigen Spezialisten einen Lebensraum bieten. Hierzu zählen der Blattfuß- und Ruderfußkrebs, die Posthornschnecke, das Stachelsporige Brachsenkraut und die wenige Millimeter große Erbsenmuschel.

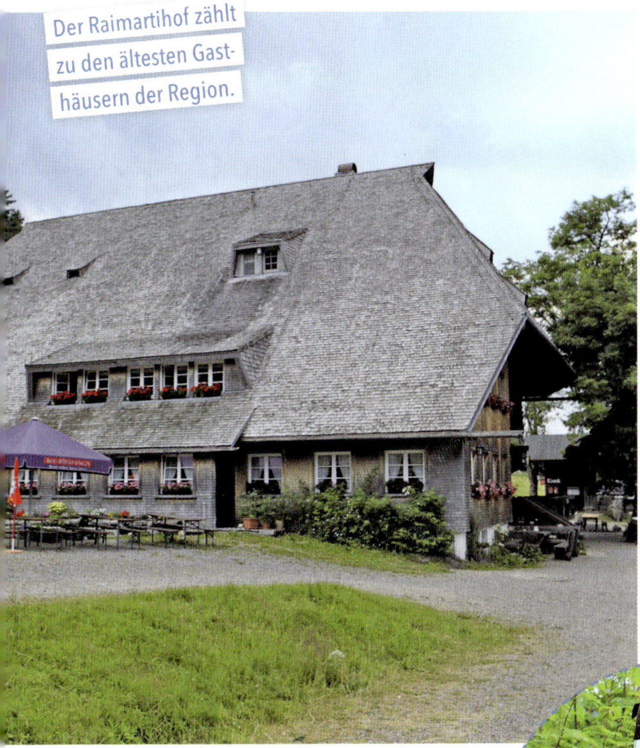
Der Raimartihof zählt zu den ältesten Gasthäusern der Region.

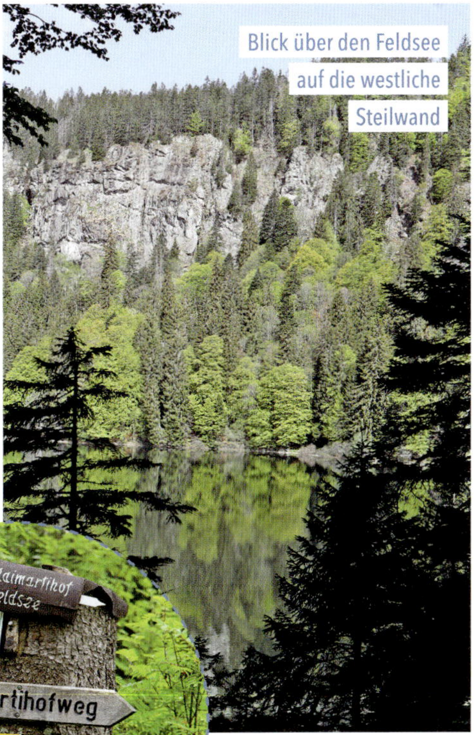
Blick über den Feldsee auf die westliche Steilwand

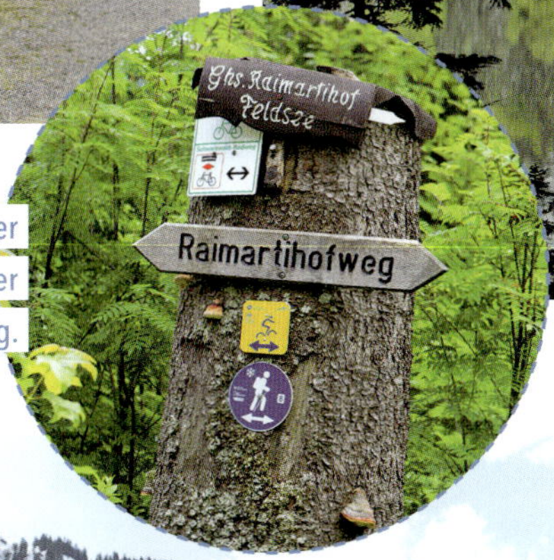

Alte und neue Schilder helfen bei der Orientierung.

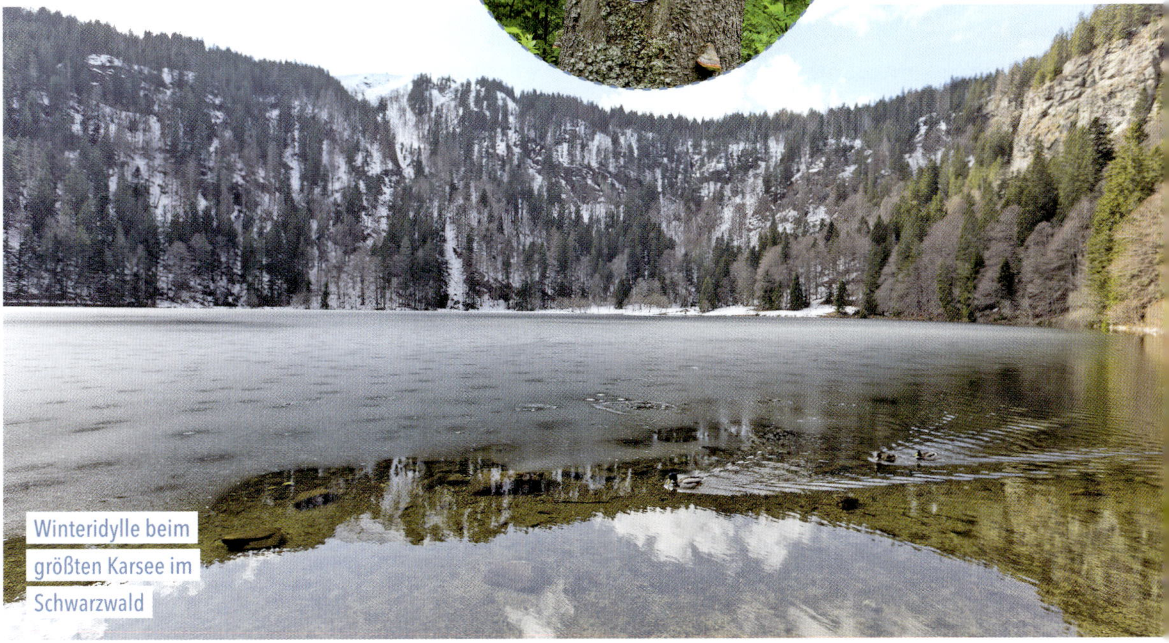
Winteridylle beim größten Karsee im Schwarzwald

Als einzige Fischart kommt die Elritze mit der Nährstoffarmut zurecht.

Rechts trennen uns nur wenige Schritte vom Auslauf des Sees. Schöner jedoch ist es, links auf den Seerundweg abzubiegen. Er eröffnet uns weitere schöne Aussichten über das dunkle Gewässer zu den umliegenden Felswänden. Am Westufer lädt außerdem ein kleiner Rastplatz zum Verweilen ein. Über die Nordseite gelangen wir schließlich ebenfalls zum Auslauf des Sees in den Seebach.

## Ausflugslokal Raimartihof

Ab dort nutzen wir den Westweg entlang des Bachs und des Feldseemoors sowie über das Oskar-Endris-Eck zum Raimartihof. Die Geschichte des Hofs reicht bis ins frühe 18. Jahrhundert zurück: Die Untersuchung alter Originalbalken hat ergeben, dass das Bauholz in den drei Wintern vor 1710 geschlagen wurde. Damit zählt der typische Schwarzwälder Eindachhof zu den ältesten Gasthäusern im Schwarzwald. Seit 1825 befindet sich der Raimartihof im Besitz der Familie Andris. Bei sonnigem Wetter lässt es sich auf der windgeschützten Terrasse bestens aushalten. Ansonsten bieten die gemütlichen Stuben des Selbstbedienungsrestaurants und mehrere Kachelöfen Gelegenheit zum Sich-Wohlfühlen und Aufwärmen.

## Rückweg durchs Seebachtal

Beim Wegweiser auf der Ostseite des Hofs biegen wir rechts zum Steiertenschlag ab (gelbe Raute). Der Rückweg folgt damit dem Verlauf des Seebachs in östliche Richtung bis zum Wegweiser »Bei der Zipfelsäge«. Geradeaus besteht eine Verbindung zum Mathisleweiher (Tour 15) sowie nach Hinterzarten. Wir jedoch biegen rechts ab und nehmen die Verbindung zum Parkplatz Kunzenmoos.

Ab dort geht es auf dem bereits bekannten Weg zurück zum Bahnhof von Feldberg-Bärental, wo wir weitere Möglichkeiten finden, den Ausflug mit einer gemütlichen Einkehr zu verbinden.

Große Gaststube im Raimartihof

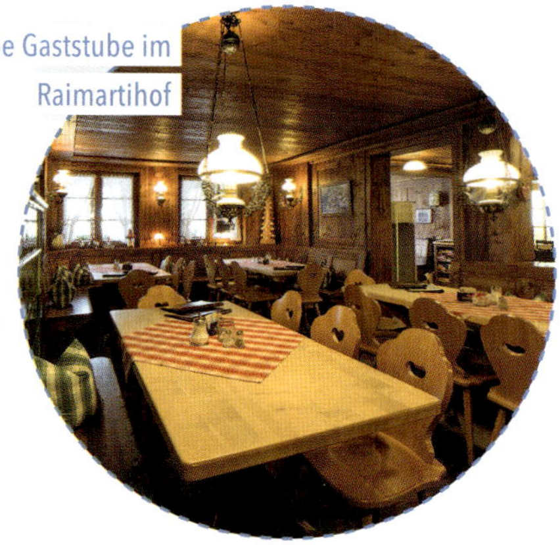

### Winterwanderweg zum Raimartihof

Der Raimartihof ist auch in der kalten Jahreszeit geöffnet. Bei entsprechender Schneelage wird ab dem Parkplatz Kunzenmoos der von uns beschriebene Hinweg auf dem Raimartihofweg als Winterwanderweg unterhalten. Ein zweiter Winterwanderweg führt vom Rinkensattel am unteren Ende vom Sägenbachdobel vorbei in den Seewald. Ab dort geht es dann über den Goldersbach hinweg sowie über die Hintere Halde auf die Raimartihöhe hinunter zum Raimartihof. Die Anfahrt zu der zweiten, schöneren Variante erfolgt über Hinterzarten zum Wanderparkplatz Rinken. Wer ohne Auto anreist, findet nahe der Bahnunterführung bei Hinterzarten beim Abzweig nach Alpersbach das sogenannte Nimm-mich-mit-Häusle. In dem Wartehäusle wird dann einfach das Schild »Rinken« herausgeschoben. Erfahrungsgemäß hält eines der nächsten Autos an. Auch wer mit dem eigenen Fahrzeug unterwegs ist, erhält so die Möglichkeit, das Auto in Hinterzarten stehenzulassen, um später ab Bärental mit dem Zug zurückzufahren.

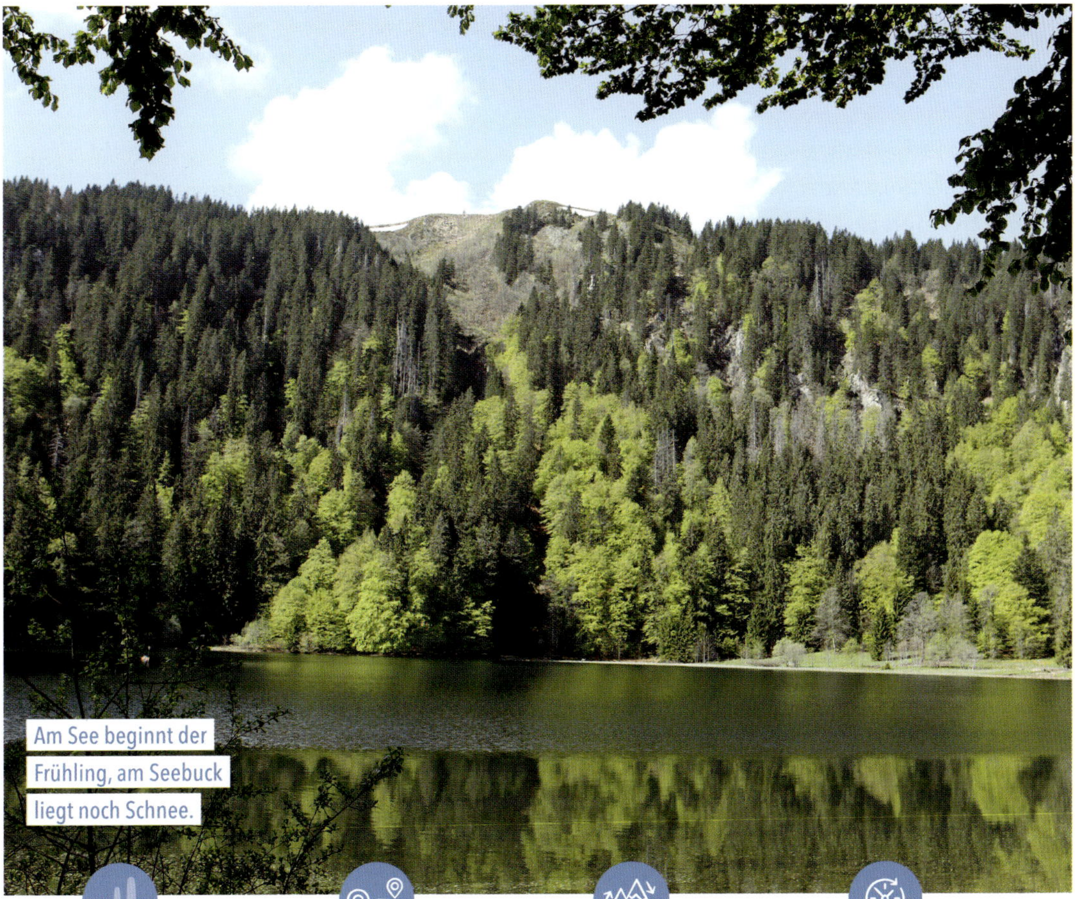

Am See beginnt der Frühling, am Seebuck liegt noch Schnee.

leicht | 11,7 km | 280 Hm | 3.45 h

## Auf einen Blick

### Tourencharakter

Die Wanderung verläuft auf Schotterwegen. An den Feldsee führt ein schmaler Fußweg. Bei Start am Kunzenmoos verkürzt sich die dann barrierefreie Runde auf 7,7 km.

### Ausgangs-/Endpunkt

Bahnhof Feldberg-Bärental oder Wanderparkplatz Kunzenmoos
GPS 47.8718, 8.0986 (Bärental)
GPS 47.8677, 8.0755 (Parkplatz Kunzenmoos)

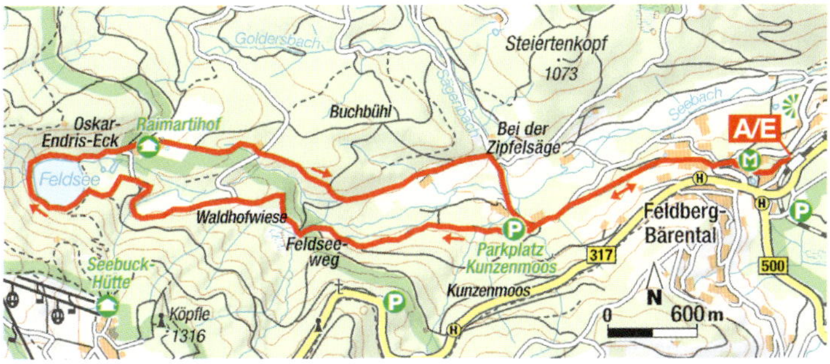


### Anfahrt

ÖPNV: Es bestehen Bus- und Zugverbindungen ab Todtnau und Titisee nach Feldberg Bärental
Auto: Auf der B 317 Titisee–Lörrach oder über die B 500 Titisee–Waldshut bis Bärental fahren. Für Kunzenmoos in die Talstraße abbiegen und in der Rechtskurve auf den Feldseeweg abzweigen

### Einkehr

Raimartihof, täglich ab 9 Uhr, raimartihof.de; Gastronomie in Bärental

KURZE RUNDE AB ALTGLASHÜTTEN

21

# Haslach versus Windgfällweiher

Die Dreiseenbahn verbindet den Titisee mit dem Schluchsee. Zwischen den beiden bekannten Seen passiert die Bahnlinie den idyllischen Windgfällweiher. Er füllt eine eiszeitliche Gletschermulde aus und lädt zum Spazieren und im Sommer zum Baden ein.

Vom Bahnhof Altglashütten-Falkau aus laufen wir zunächst auf den Wohnmobilstellplatz zu, nehmen dann aber die Bahnunterführung. Entlang des Schwarzenbachs geht es zum Mühlenweg, wo wir links zur Durchgangsstraße von Altglashütten gelangen.

## Über Altglashütten zum Windgfällweiher

Dort sowie gut 100 Meter weiter biegen wir jeweils links ab (blaue Raute). Auf dem Gottwinaweg verlassen wir den Ferienort schon wieder. In einem Bogen führt der Weg durch artenreiche Wiesen bis nahe an die Dreiseenbahn heran, taucht dann aber in den Wald ein.

Nach einem Zwischenanstieg verlassen wir diesen wieder, überqueren die Straße nach Raitenbuch und Lenzkirch und haben den Windgfällweiher auch schon erreicht. Auf dieser Seite des Sees stehen einige Rastbänke mit malerischer Sicht über das dunkle Gewässer.

## Auf dem Seerundweg

Für die Runde um den Weiher halten wir uns rechts, sodass wir auf die Bundesstraße zugehen, dann aber auf den mit gelber Raute beschilderten Dieter-Knöbel-

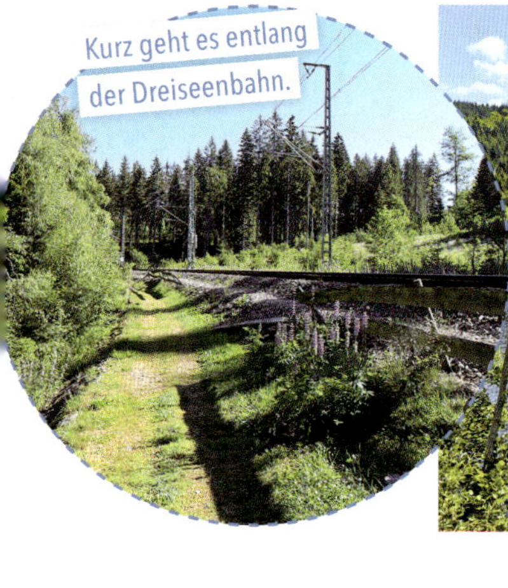
Kurz geht es entlang der Dreiseenbahn.

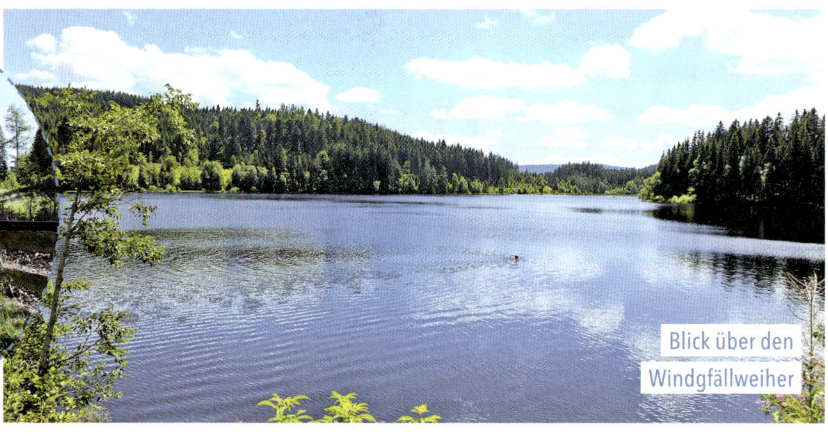
Blick über den Windgfällweiher

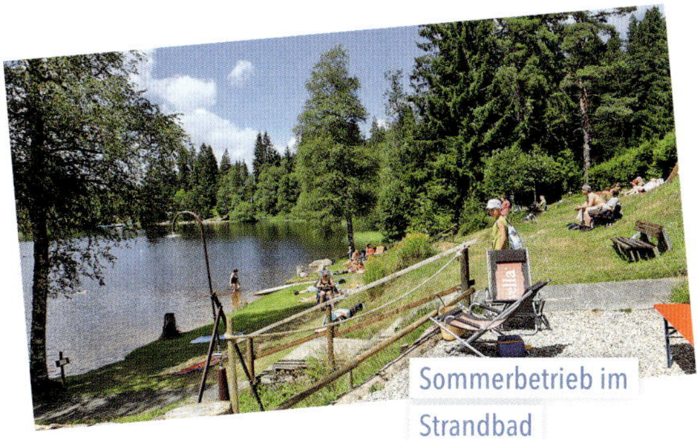

Sommerbetrieb im Strandbad

Seerundweg treffen. Der mit Holzhäcksel angelegte Pfad ist für Fahrräder gesperrt. Uns eröffnet er weitere malerische Ausblicke über den Weiher zum gegenüberliegenden Strandbad.

Wo nahe dem nördlichen Seeende eine Verbindung hoch zur B 500 besteht, geht es links zum Stauwehr. Der daran anschließende, schnurgerade kanalisierte Windgfällbach – ein Teilabschnitt der Schwarza zum Schluchsee – bildet den erstaunlichen Kontrast zum natürlich wirkenden See. Wir nehmen dann die Fußgängerbrücke zur nahen Bahntrasse.

## Strandbad und Haslach

Erneut links folgen wir der Dreiseenbahn über die Ostseite des Weihers zum Strandbad – die Terrasse ist für freundliche Wanderer frei zugänglich – zurück zur Straße und erreichen das Ausflugslokal Schlehdorns Seehof. Ab dort erfolgt der Rückweg über die Brücke, der Bahnhof ist als Symbol wieder angeschrieben. Somit folgen wir der gelben Raute durch den Wald sowie über den Lochert bis zum Wegweiser »Gschwand«. Links ginge es direkt zurück zum Bahnhof.

Schöner wird die Runde, wenn wir zunächst rechts zum Feser-Steg abbiegen. In dem Fall kommen wir an die Haslach und ihre begleitenden Nasswiesen. Links geht es dann am Zusammenfluss von Haslachbach und Schwarzenbach zurück zum Ausgangspunkt in Altglashütten.

leicht

5,0 km

40 Hm

1.45 h

## Auf einen Blick

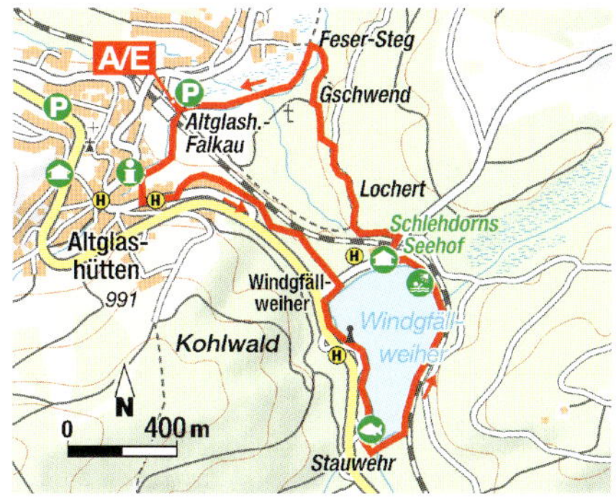


**Tourencharakter**
Nach dem Abstieg von Altglashütten an den See sehr einfache Runde auf dem sehr bequem zu gehenden Seeuferweg sowie über Forstwege

**Ausgangs-/Endpunkt**
Bahnhof Altglashütten-Falkau
GPS 47.8594, 8.1143

**Anfahrt**
ÖPNV: Es bestehen S-Bahn-Verbindungen ab Freiburg Hauptbahnhof und Seebrugg zur Haltestelle in Altglashütten.
Auto: Über die B 500 Titisee–Waldshut bis Altglashütten, zur Ortsmitte abbiegen und der Falkauer- bzw. Ortsstraße zum Parkplatz beim Bahnhof folgen

**Einkehr**
Schlehdorns Seehof, schlehdorn.de; Kiosk im Strandbad am Windgfällweiher

**Strandbad**
Von Mai bis September lädt das Strandbad Windgfällweiher zum Baden ein, samt großen Liegewiesen und Strandbad-Terrasse mit der Baywatch-Bar. In der SUP-Station Aloha Center kann man sich Boards ausleihen, auch mit einer Kurzeinweisung in das SUP. Das Strandbad ist in der Saison täglich von 10 bis 19 Uhr geöffnet, strandbad-windgfaellweiher.de.

AUF UMWEGEN ZUM WÄCHTER ÜBER DEN SCHLUCHSEE

22

# Runde über den Riesenbühlturm

Nördlich vom Ort Schluchsee bildet der Riesenbühl eine natürliche Landmarke. Ein erster Turm wurde 1931 auf dem Berg errichtet, hielt aber nur 14 Jahre. Seit 2001 bildet der neue Riesenbühlturm ein beliebtes Ausflugsziel. Warum ihn zwei Fernwanderwege sowie auch der Riesenbühlsteig auslassen, ist uns ein Rätsel.

Vom Bahnhof Schluchsee gehen wir ein paar Schritte auf das Freibad Aqua Fun zu, nutzen dann aber die Unterführung der B 500 zum Wegweiser am »Süßen Winkel«. Wenn wir nach Norden schauen, sehen wir dort den Riesenbühlturm.

## Erstmal Anlauf nehmen

Dem zum Trotz weist das Schild des Riesenbühlsteigs in die andere Richtung. Die rote Raute mit weißem Strich bedeutet, dass der erste Abschnitt des Höhenklimawegs auf dem Mittelweg verläuft. Zudem befinden wir uns zu Beginn der Tour auf dem Seerundweg. So eingestellt folgen wir dem Fernwanderweg über den Wegweiser »Alte Schmiede« sowie zwischen dem Parkplatz und Wohnmobilstellplatz bzw. der Schluchseehalle hindurch in den nahen Wald. Wo der Pfad in den Kohlgrubenweg mündet, halten wir uns rechts. Nach einem kurzen Anstieg fällt dieser sachte bis zur Kohlgrube ab. Dort führen der Mittelweg und der Seerundweg über einen Parkplatz und die Bundesstraße hinunter zum Bahnhof Seebrugg mit dem Startpunkt der Tour 23.

Um auf dem Riesenbühlsteig zu bleiben, wechseln wir mit der gelben Raute auf den relativ steil ansteigenden und bei Nässe rutschigen Waldpfad in Richtung Fohrenbühl. Nach einem erhöhten Ausguck auf die Staumauer erreichen wir eine Bunkeranlage aus dem Zweiten Weltkrieg. Wo sich der Weg anschließend zur B 500 senkt, nutzen wir links den nächsten Pfad. Auf Höhe des Museumsbahnhofs gabelt sich dieser. Wir halten uns zweimal kurz nacheinander links, sodass wir nun in nördlicher Richtung wandern.

## Über Fohrenbühl und Faulenfürster Eck

Rund einen halben Kilometer weiter treffen wir auf die K 4968. Der Wanderweg setzt sich ein paar Schritte nach rechts versetzt fort und nutzt den Hotzenweg auf den Fohrenbühl. Geradeaus ginge es dort auf dem Hotzenweg direkt zum Faulenfürster

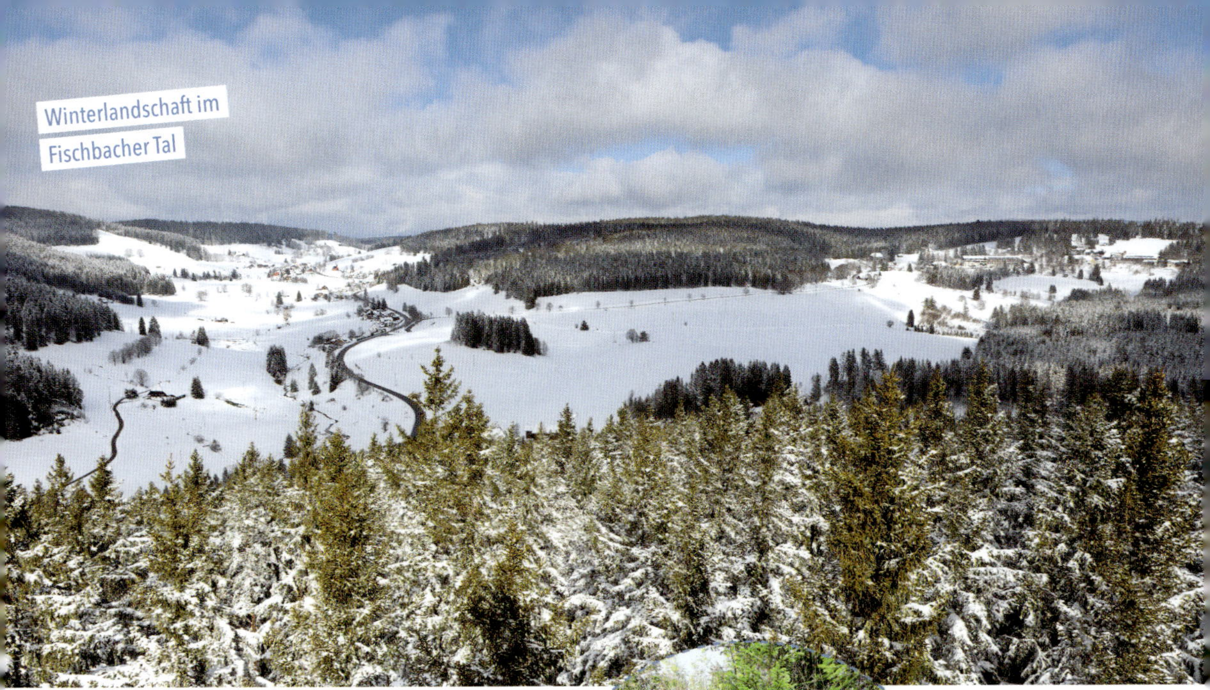

Winterlandschaft im Fischbacher Tal

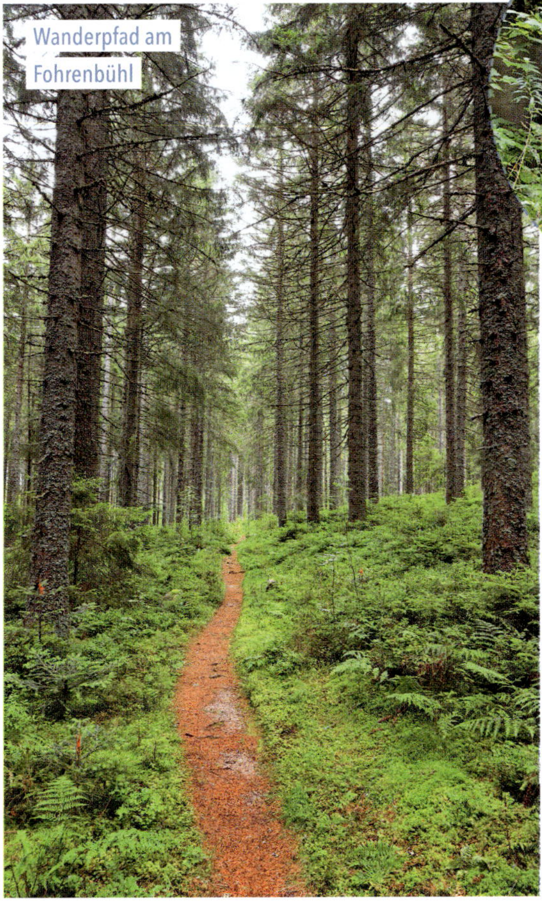

Wanderpfad am Fohrenbühl

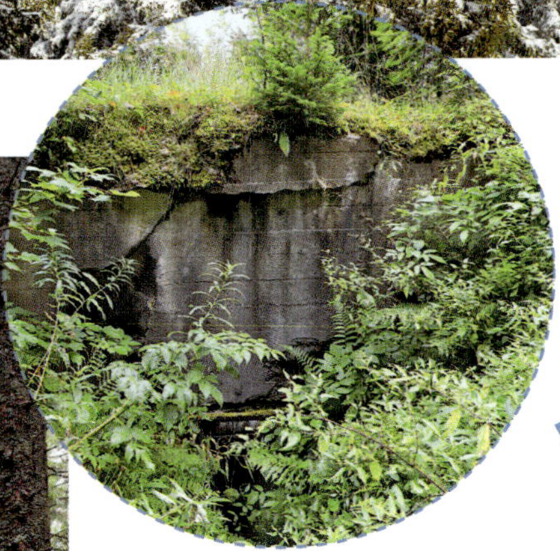

## Bunker im Wandel der Zeit

Zusammen mit drei weiteren Bunkern sollte die Anlage oberhalb von Seebrugg Angriffe der Alliierten auf die Staumauer abwehren. Nach 1945 wurde der Bunker ausgeräumt und blieb danach ein halbes Jahrhundert sich selbst überlassen. Seit 2005 dient er verschiedenen Fledermausarten als ideales Winterquartier.

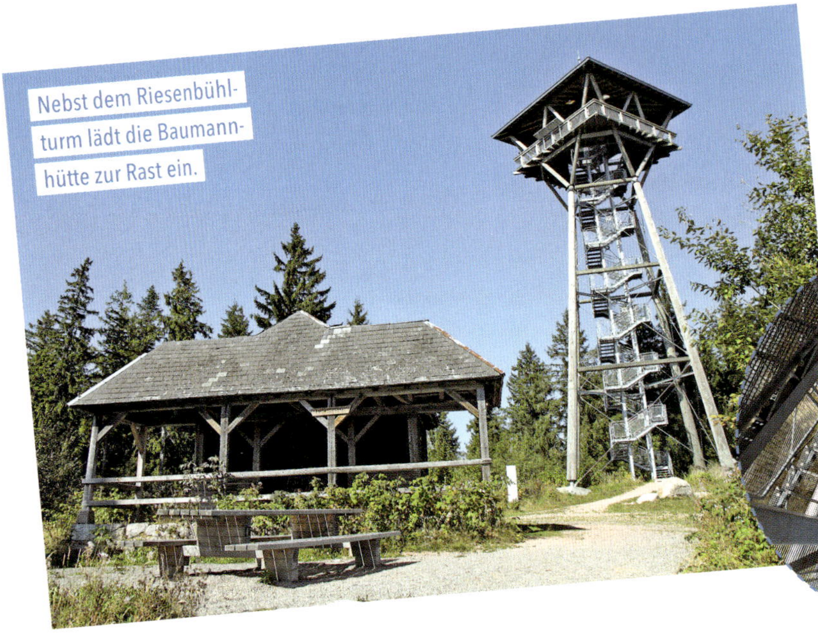

Nebst dem Riesenbühlturm lädt die Baumannhütte zur Rast ein.

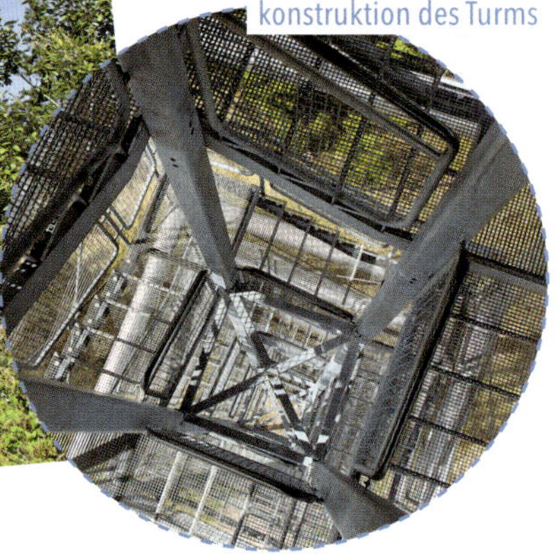

Für Schwindelfreie: Blick durch die Gitterkonstruktion des Turms

Eck. Um auch hier auf dem Riesenbühlsteig zu bleiben, biegen wir indes links auf den Glasweg ab, sodass wir wieder auf Schluchsee-Ort zulaufen. Circa drei bis vier Minuten weiter nutzt der Riesenbühlsteig rechts eine Verbindung zum Grenzweg, auf dem es in nordnordöstlicher Richtung ebenfalls zum Faulenfürster Eck geht. Bei der Freifläche kreuzen wir die nächste Kreisstraße und nutzen den Steinatalweg bis zum Wegweiser »Steinatal«.

## Auf dem Mittelweg-Ost

Dort treffen wir wieder auf den Mittelweg. Es handelt sich dabei um die Ostvariante, auf der wir links beim Ferienhaus Lindenhof eine weitere Kreisstraße kreuzen. Der Mittelweg führt zwischen dem Ferienhaus und einem Wanderparkplatz hindurch und zweigt bei der folgenden Gabelung links ab. Danach fällt es schwer, über die Landschaft zu urteilen. Auf der einen Seite öffnet sich die Sicht über die von artenreichen Wiesen geprägte Hochfläche. Auf der anderen Seite trübt eine Stromtrasse das Idyll. Konzentrieren wir uns auf die schöne Seite!

Wo der Weg wieder in den Wald eintaucht, haben wir erneut die Wahl. Wer die Tour abkürzen möchte, kann beim Wegweiser »Vogelhausweg« links abbiegen und der örtlichen Beschilderung direkt zum Vogelhaus folgen. Alle anderen bleiben auf der Ostvariante des Mittelwegs bis zum Wegweiser »Waldhöfe«. Von dort geht es links auf der Westvariante des Mittelwegs ebenfalls zum Vogelhaus.

## Besser aus der Reihe tanzen

Als der Mittelweg eingerichtet wurde, gab es auf dem Riesenbühl keinen Turm. Dass der Fernwanderweg den abgeflachten Gipfel auslässt, ist daher entschuldigt. Auch der hier verlaufende Europäische Fernwanderweg entstand, als der Berg frei jedweder Aussichtsmöglichkeit war. Warum der Riesenbühlsteig den beiden Fernwanderwegen ebenfalls über den Riesenbühlrundweg um den Berg herum folgt, ist indes unverständlich. Um das Highlight der Wanderung mitzunehmen, lassen wir also alle drei Wege rechts liegen. Stattdessen nutzen wir den Riesenbühlrundweg in zunächst südlicher Richtung. Gut 200 Meter weiter biegen wir dann rechts ab und halten uns bei der folgenden Gabelung ebenfalls rechts, womit wir über den Baumannweg hoch zum Riesenbühlturm kommen.

Der Aufstieg erfolgt über Gittertreppen, die Schwindelfreiheit erfordern. Die Aussichtsplattform belohnt den Aufstieg mit einer schönen Sicht über den Schluchsee und zu den Alpen. Wer sich anhand der Panoramatafel zu orientieren versucht, sollte beachten, dass diese auf den See ausgerichtet ist. Die Alpen befinden sich weiter südöstlich, sodass man über das Eck links der Tafel schauen muss.

## Abstieg nach Schluchsee-Ort

Für den späteren Rückweg nutzen wir den von Hochstauden gesäumten Pfad von der Baumannhütte zum Riesenbühlrundweg, wo wir rechts wieder auf den Mittelweg und Riesenbühlsteig treffen. Der Abstieg erfolgt durch den Wald bis zur Straße Am Riesenbühl. Links passieren wir die beiden großen Hotelkomplexe und nutzen den Fußweg nahe dem Hetzelweiher zur Sonnhalde. Der letzte Abschnitt der Runde verläuft bis zum Rathausplatz entlang der Dresselbacher Straße, dann entlang der Fischbacher Straße und über den Kirchplatz zurück zum Süßen Winkel.

mittel

13,4 km

300 Hm

3.45 h

## Auf einen Blick

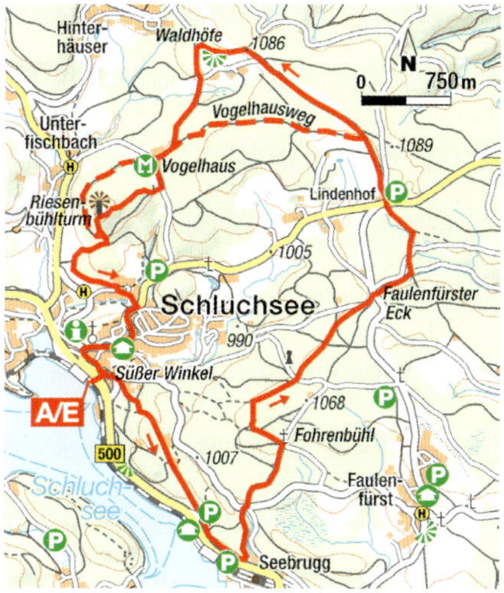


### Tourencharakter

Weite Teile der Runde verlaufen auf angenehm schattigen Waldwegen sowie auch schmalen Pfaden. Der Aufstieg auf den Riesenbühlturm verlangt Schwindelfreiheit und bietet eine tolle Rundumsicht.

### Ausgangs-/Endpunkt

Bahnhof Schluchsee
GPS 47.8171, 8.1771

### Anfahrt

ÖPNV: Ab Freiburg mit der S1 über Titisee nach Schluchsee
Auto: Von der B 31 Freiburg–Donaueschingen bei Titisee auf die B 500/B 317 abfahren. Der B 500 über Bärental (dort links) bis Schluchsee-Ort folgen. Parkmöglichkeiten bestehen am Bahnhof und beim Strandbad (P1 und P2).

### Einkehr

Auf der Strecke keine, Gastronomie in Schluchsee-Ort

DIE STILLE SEITE DES SCHLUCHSEES

23

# Von Seebrugg bis nach Aha

Auf dem Seerundweg vom Schluchsee herrscht oft Hochbetrieb. Das gilt auch für den nördlichen Abschnitt entlang der Bahnlinie und der B 500. Wir konzentrieren uns auf die Südseite des Sees. Zwischen der Staumauer und Oberaha teilen wir uns die Ruhe mit Gleichgesinnten.

Bei Seebrugg endet die Dreiseenbahn, die Gleise verlaufen jedoch ein gutes Stück weiter und enden am Museumsbahnhof. Dass es diesen gibt, ist der Interessengemeinschaft 3-Seenbahn zu verdanken. Denn eigentlich war der Komplettabriss der Gleisanlagen im Jahr 2008 bereits beschlossen. Stattdessen blieb der Endbahnhof mitsamt seinen Nebenanlagen weitgehend im Zustand der 1950er Jahre erhalten. So ist es bis heute möglich, mit einem der alten Dampfzüge von Seebrugg bis nach Titisee-Ort zu fahren.

## Über die Staumauer in die Ruhe

So eingestimmt folgen wir der roten Raute mit weißem Strich des Mittelwegs am Wohnmobilstellplatz vorbei zur Jugendherberge sowie rechts durch den Waldstreifen an die nahe B 500. Erneut rechts kommen wir bald ans südöstliche Ende des Schluchsees. Bis zur Staumauer verläuft der Weg zwischen See und der Bundesstraße. Er bietet aber auch eine erste schöne Aussicht über den größten Speichersee des Schwarzwalds. Schließlich führt uns der Weg über die gewaltige Staumauer und die tief unter der Seeoberfläche liegende Schwarza hinweg auf die ruhige Seite.

Am Ende der Wehranlage trennen sich die Wege. Während der Mittelweg nach Häusern abzweigt, trennen uns rechts wenige Schritte vom Fahrrad- und Bootsverleih. Ab Ostern bis Ende September lädt dort Floris Biergarten bei schönem Wetter zu einer frühen Pause ein. Danach beschreibt der Seerundweg eine weite Linkskurve in den Wald hinein. Hier wird es mit jedem

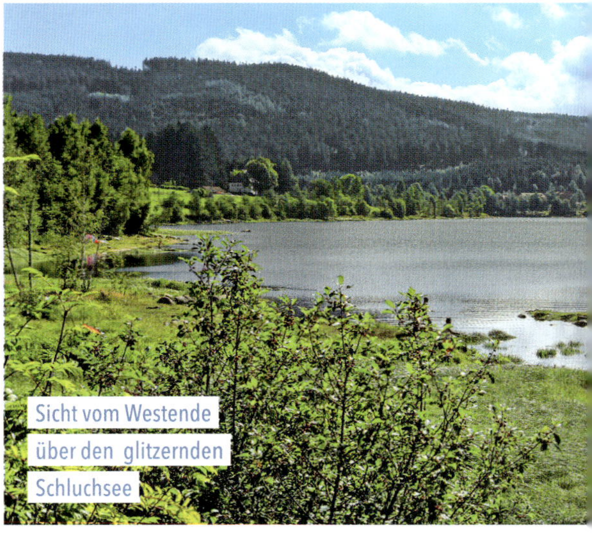

Sicht vom Westende über den glitzernden Schluchsee

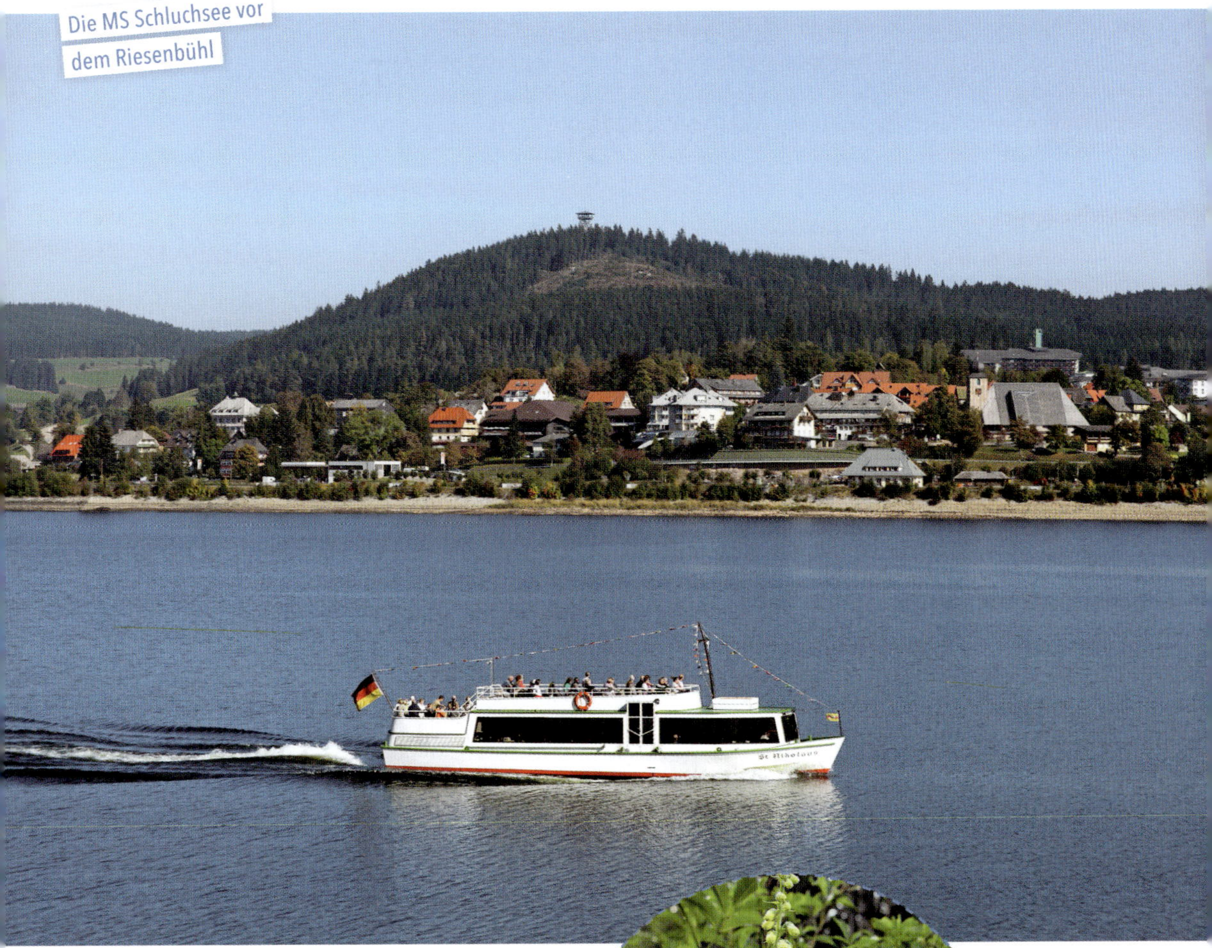

Die MS Schluchsee vor dem Riesenbühl

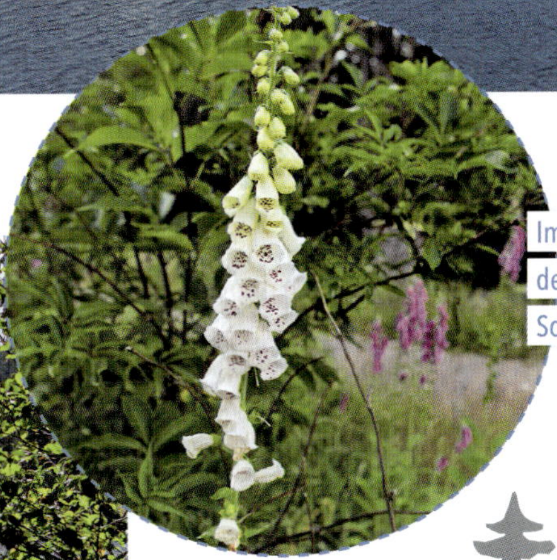

Im Hochsommer blüht der Fingerhut im Schwarzwald.

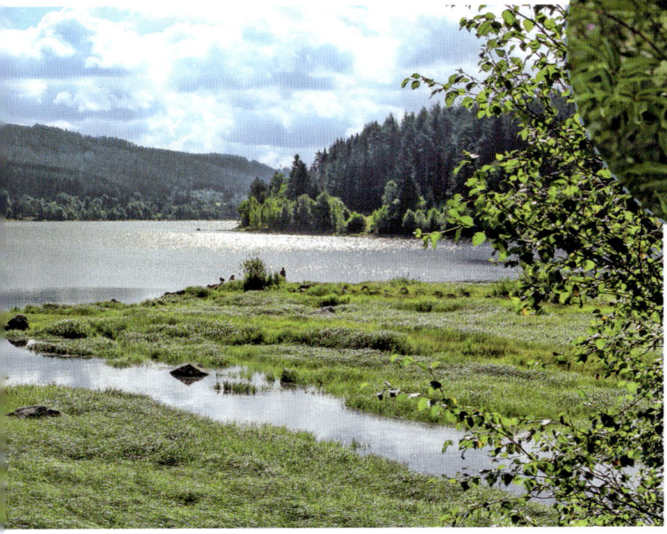

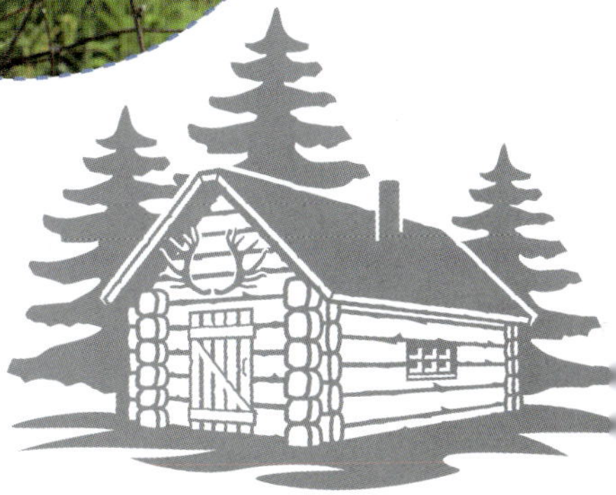

Schritt ruhiger. Hie und da geben die Bäume den Blick über den Schluchsee zunächst zum Bahnhof, dann zunehmend nach Schluchsee-Ort frei. Darüber wacht der Aussichtsturm auf dem Riesenbühl.

## Kaiserbucht und Unterkrummenhof

Nachdem wir im Bereich des Entnahmewerks mehrere Kiesbänke passiert haben, halten wir uns beim Wegweiser »Unterkrummenweg« rechts. Als Nächstes kommen wir damit zur Kaiserbucht. Zusammen mit der gegenüberliegenden Amalienbucht zählt sie zu den beliebtesten Badestränden am Schluchsee. Weiter geht es um die Bucht herum zur Anglerhütte.

Beim folgenden Abzweig haben wir die Wahl: Links ginge es auf dem Brandtannenweg hoch auf den Unterkrummenweg zu den Blasiwälder Wasserfällen. Über eine schroffe, vier Meter hohe Felswand rauscht dort der Krummenbach in die Tiefe. Wer diesen Umweg in die Tour einbaut, muss etwa 30 Höhenmeter extra leisten. Ansonsten bleiben wir einfach auf dem Seerundweg und queren den Krummenbach nahe seiner Mündung in den Schluchsee.

## Vesperstube Unterkrummenhof

Nachdem wir den Wald verlassen haben, führen beide Varianten über ein historisches Weidfeld zum Unterkrummenhof. Vor Ort können wir uns über eine reichhaltige Vesperkarte freuen. Neben dem Hausmachervesper, einem Speckvesper oder auch dem Krummenhofbrett mit Wälderwurst und Bergkäse bietet diese auch Elsässischen Wurstsalat. Daneben sind einfache Salate und Suppen sowie warme Gerichte von der Bockwurst bis hin zum Flammkuchen zu bekommen.

Das erstmals im 14. Jahrhundert erwähnte Tagelöhnerhaus selbst hat eine bewegte Geschichte. Nach dem Tod von Blasius Rogg hatte seine Witwe ihre Hälfte des Gebäudes an die Großherzogliche Forstverwaltung verkauft. Diese hatte den Abriss und die Wiederaufforstung des Weidfelds vorgesehen. Der Besitzer der anderen Hälfte, ein Jakob Banholzer, hielt indes an seinem Anteil fest. Die Haushälfte der Witwe wurde 1859 dennoch abgerissen, in der Folge aber hatten beide Parteien ein Einsehen. Banholzer verkaufte seinen Teil – und der Forst erkannte die Eignung des Hofs als Wohnsitz für den »Aufseher der Wiesen«.

## Dem Schluchtensteig entgegen

Auf der Nordseite des Hofs treffen wir auf den Schluchtensteig. Der letzte Abschnitt der Wanderung läuft dem beliebten Fernwanderweg entgegen. Über den Wegweiser »Waldmatt« gelangen wir an das nordwestliche Ende des Sees. Dort lassen wir den Abzweig nach Äule links liegen und nehmen die Brücke zwischen dem Verlandungsbereich des Schluchsees und dem oberhalb gelegenen Weiher.

Nach dieser schönen Aussicht geht es über das Nordufer und den Wegweiser »Aha-Seeufer« bis zum Hotel Auerhahn. Der Zugang zur Haltestelle der Dreiseenbahn erfolgt direkt vor dem Hotel durch die Unterführung der B 500. Alternativ können wir auf der Seeseite bleiben und beim Kiosk hinunter zum Bootsanleger von Aha laufen und mit der MS Schluchsee zurück zur Staumauer oder nach Schluchsee-Ort fahren.

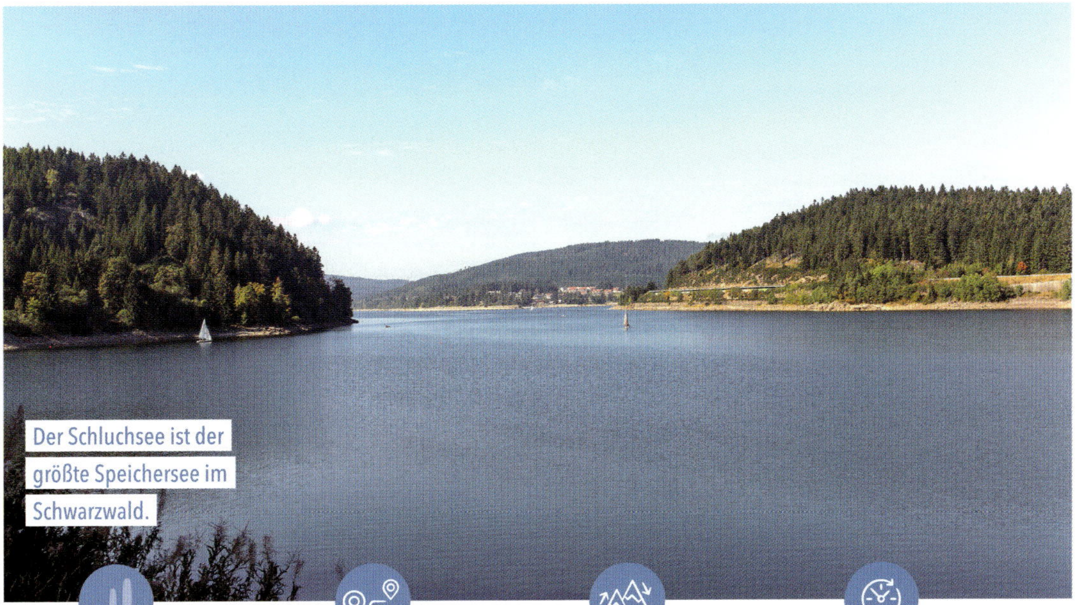

Der Schluchsee ist der größte Speichersee im Schwarzwald.

leicht | 11,1 km | 50 Hm | 3.00 h

## Auf einen Blick

**Tourencharakter**
Nahezu barrierefreie Runde, die ab der Staumauer auf der ruhigen Seite des Schluchsees verläuft

**Ausgangspunkt**
Bahnhof Seebrugg
GPS 47.8038, 8.1905

**Endpunkt**
Dreiseenbahn-Haltestelle Schluchsee-Aha
GPS 47.8332, 8.1344

**Anfahrt**
ÖPNV: Ab Freiburg fährt die S1 über Titisee und Aha nach Seebrugg. Auto: Von der B 31 Freiburg-Donaueschingen bei Titisee auf die B 500/ B 317 abfahren. Der B 500 über Bärental (links) und den Ort Schluchsee bis Seebrugg folgen. Alternative Parkmöglichkeiten bestehen bei der Staumauer.

**Einkehr**
FLORIS an der Staumauer, Anfang April bis Oktober bei schönem Wetter ab 10 Uhr, Tel. 01590-254 21 27, staumauer-schluchsee.de; Vesperstube Unterkrummenhof, täglich ab 10 Uhr, im Sommer Di Ruhetag, unterkrummenhof.info

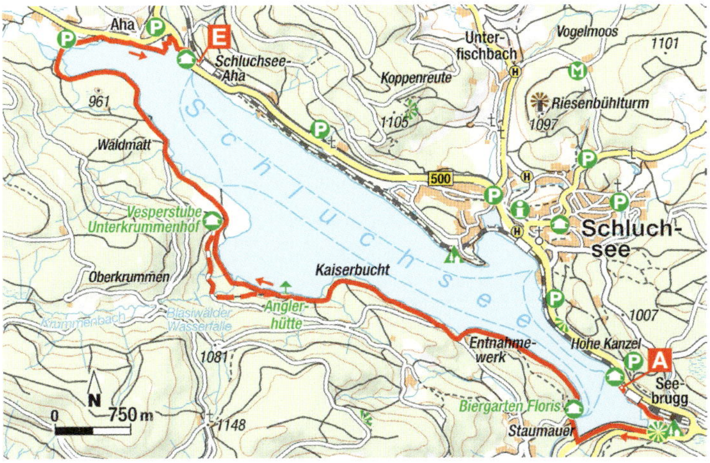


**Spass-Park**
Nahe dem Ortszentrum von Schluchsee lädt der Spass-Park Hochschwarzwald zu Spiel und Gaudi ein. Das ganze Jahr über geöffnet sind die Zipfelbob-Piste und die 104 m lange Tubingbahn. Im Sommer kann man u. a. E-Bikes mieten oder sich im Segway-Parcours versuchen. Zum Winterprogramm zählen eine Rodelpiste für grüne Winter, das Snow-Bike, der Kuhfladen-Rodler und einiges mehr. Geöffnet Do–Di und in den Ferien täglich 10–16 Uhr, außer bei Regen, spass-park-hochschwarzwald.de

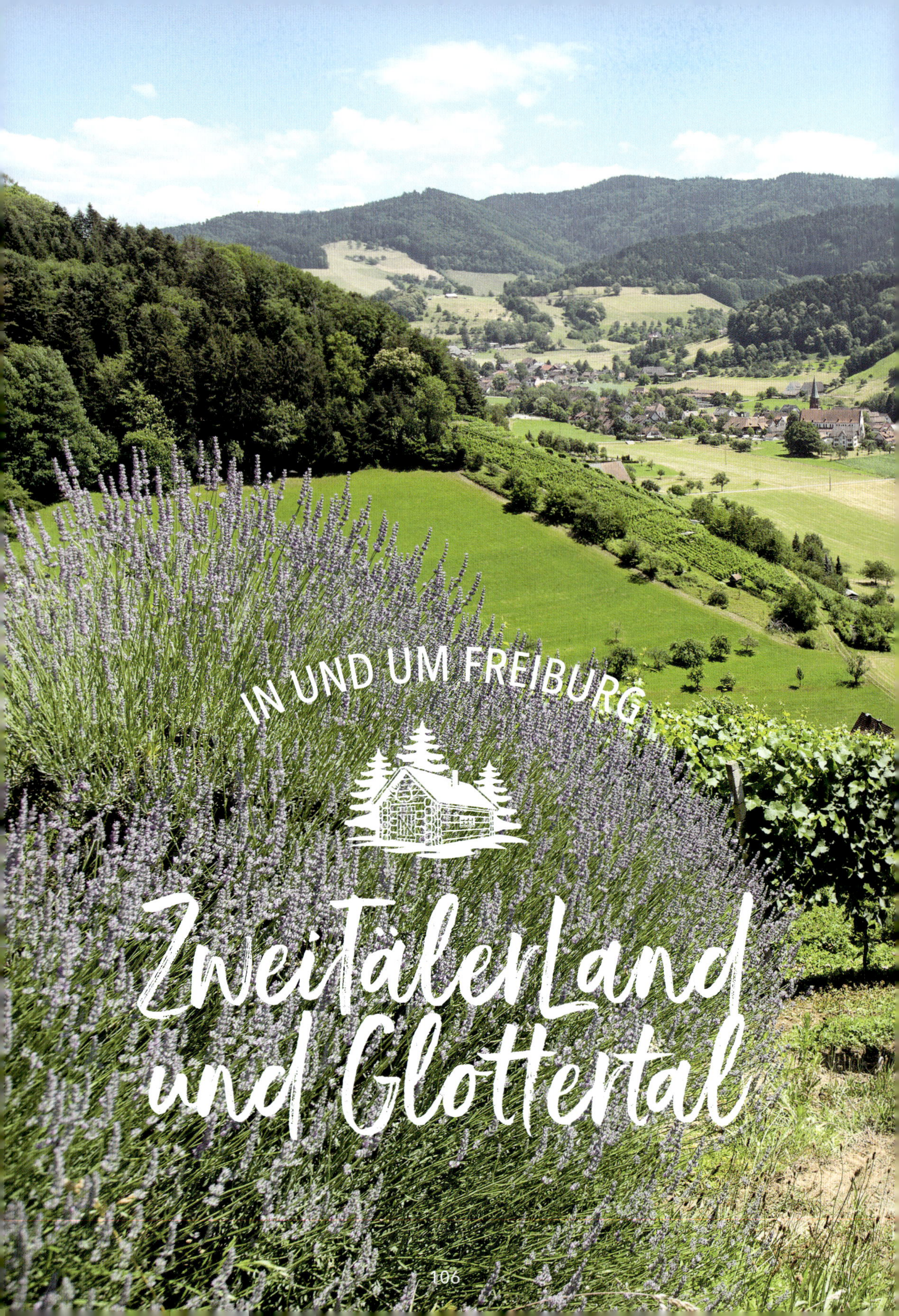

IN UND UM FREIBURG

# ZweitälerLand und Glottertal

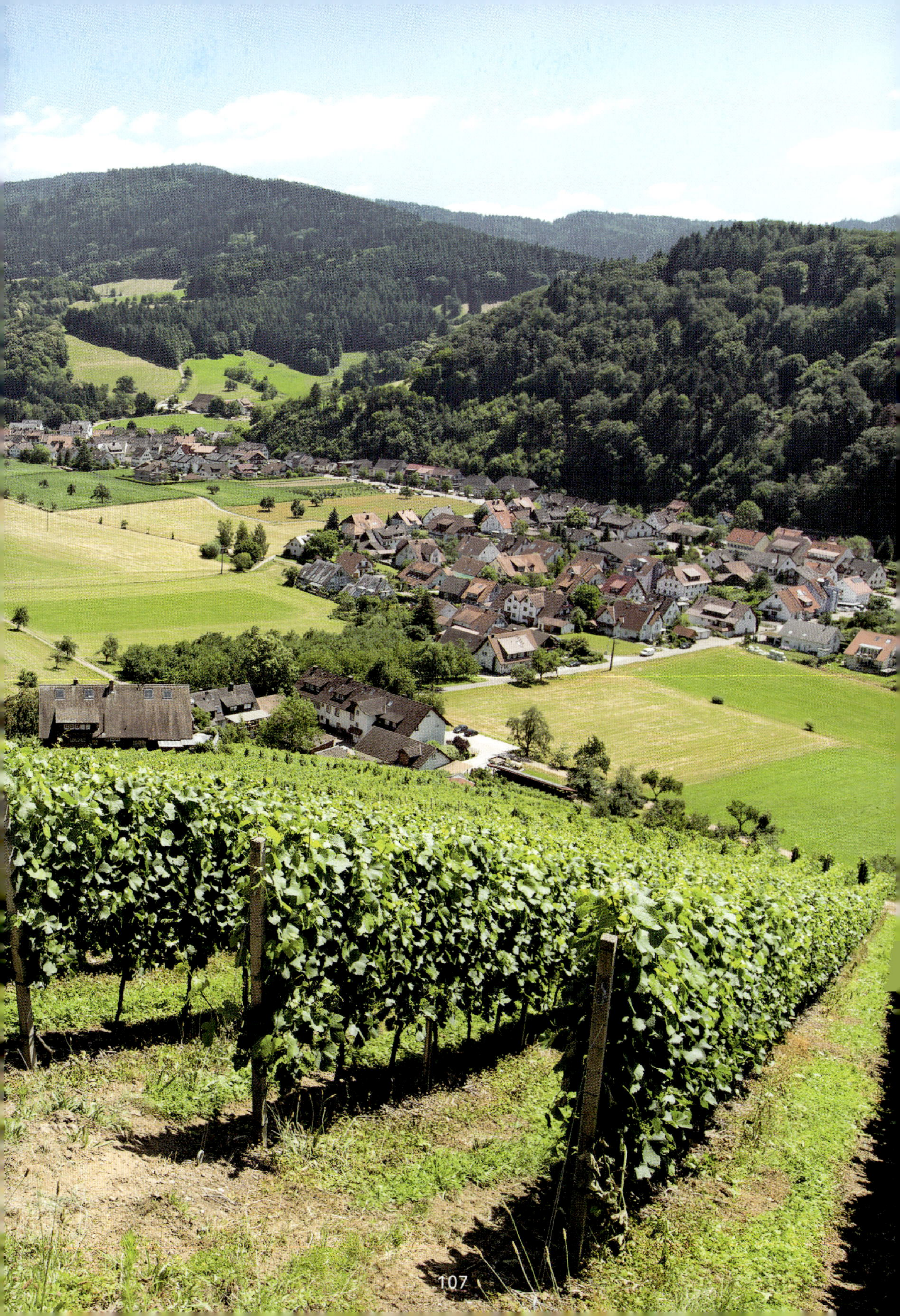

GENUSS AM FOHREN- UND WACHTBÜHL

24

# Buchholzer Weinlehrpfad

Auf bequemen Wegen vermittelt der Weinlehrpfad von Buchholz Wissenswertes über die hier angebauten Reben und deren Verarbeitung. Bekannt ist der Weg für seine Aussichten über das Elztal zum Schwarzwald sowie über die Rheinebene zum Kaiserstuhl.

Vom Bahnhof ist es nur ein Katzensprung bis zum Rathaus mit dem Schilderbaum von Buchholz. Links queren wir die Bahnlinie und nutzen die Unterführung der L 186 zum unteren Wegweiser »Am Schiibefelse«.

## Aufstieg zum Fohrenbühl

Wir laufen geradeaus weiter und folgen dem Breisgauer Weinweg an mehreren Trockenmauern und Treppen vorbei. Am zweiten, oberen Wegweiser »Am Schiibefelse« treffen wir auf die Kastelburg-Tour, auf die der Weinlehrpfad rechts zum Aussichtspunkt Fohrenbühl einbiegt. Mit Sicht auf Buchholz sowie nach Osten über das Elztal zum Höhenzug zwischen der Elz und der Wilden Gutach lädt der Ort zum Innehalten und Landschaft-Genießen ein.

Anschließend trennen sich die Wege wieder: Während die Kastelburg-Tour geradeaus nach Waldkirch führt, biegen wir mit dem Breisgauer Weinweg links zum Scheibenbühl ab.

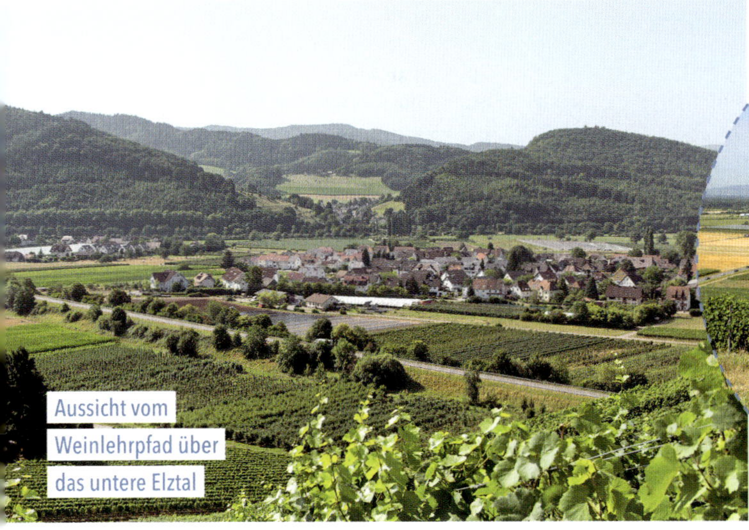

Aussicht vom Weinlehrpfad über das untere Elztal

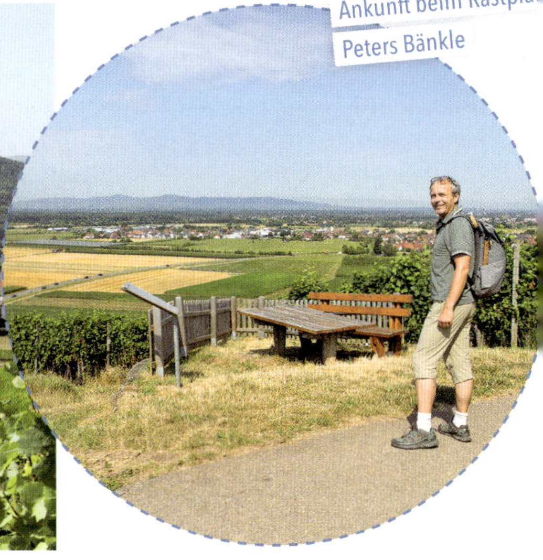

Ankunft beim Rastplatz Peters Bänkle

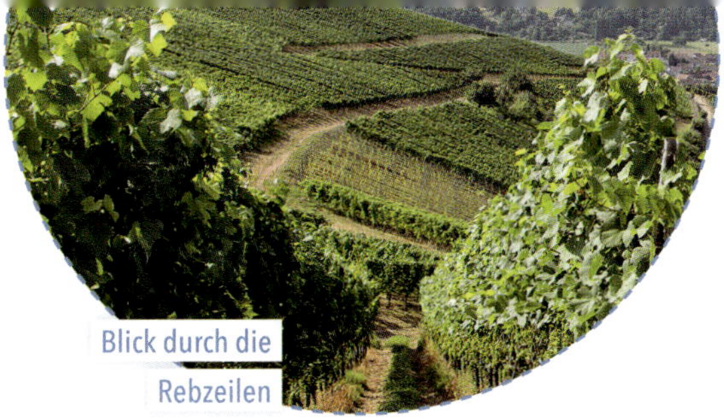

Blick durch die Rebzeilen

## Aussichtsreich zum Wachtbühl

Nachdem wir bei der nächsten Station einiges über den Wandel im Weinbau erfahren, kommen wir bei der Infotafel zur Bodenpflege zu einer Gabelung. Um auf dem Lehrpfad zu bleiben, zweigen wir links vom Breisgauer Weinweg ab. Der Weg steigt bis zur Tafel Grauer Burgunder an, schwenkt dann nach Süden und führt bergab bis zu einem Aussichtspunkt mit Rastbank und Infos zum Klima und der Bodenentstehung.

Wir bleiben auf dem breiten Weg. Mehrere Kurven gehen mit wechselnden, stets malerischen Blickwinkeln einher, bis wir schließlich den Rastplatz Wachtbühl erreichen. Nach der hier ersten freien Aussicht auf den Kaiserstuhl nehmen wir die Passage an den Waldrand und treffen ein zweites Mal auf die Kastelburg-Tour.

## Peters Bänkle und Jägerhäusle

Wo der deutlich anspruchsvollere Themenweg links abbiegt, laufen wir ein kurzes Stück geradeaus weiter, eh auch unser Weg bei Peters Bänkle eine Linkskurve beschreibt. Auch dort lohnt es sich, kurz zu verweilen und den Blick nach Norden über Sexau und das Brettenbachtal zur Hochburg schweifen zu lassen. Direkt im Westen erhebt sich die Caldera des Kaiserstuhls.

Mit diesen schönen Eindrücken wandern wir anschließend wieder hinunter zum Jägerhäusle Kilkus am Schiibefelse. Der weitere Rückweg zum Bahnhof erfolgt auf bereits bekanntem Weg.

leicht | 4,5 km

130 Hm | 1.45 h

## Auf einen Blick

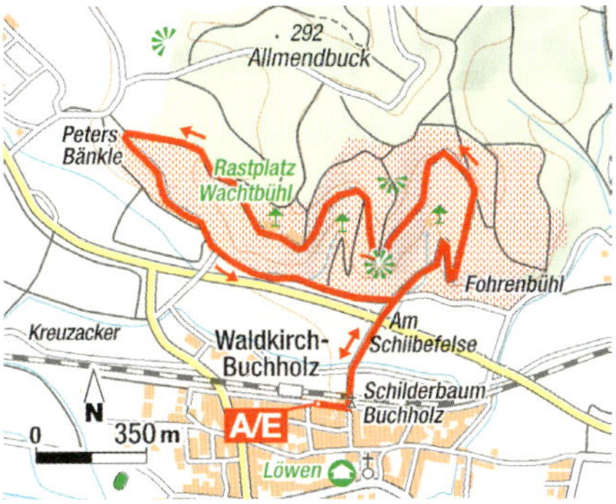


### Tourencharakter

Barrierefreie Runde mit kurzen Anstiegen und schönen Ausblicken über die Weinberge ins Elztal sowie zur Oberrheinebene

### Ausgangs-/Endpunkt

Bahnhof Buchholz (Baden)
GPS 48.0835, 7.9152

### Anfahrt

ÖPNV: Ab Waldkirch, Emmendingen und Elzach bestehen Zug- und Busverbindungen zu den Haltestellen Buchholz und Buchholz Kirche, Waldkirch.

Auto: Von der B 294 Freiburg-Haslach im Kinzigtal westlich Waldkirch auf die L 186 nach Buchholz abfahren. Im Ort rechts in die Eisenbahnstraße abbiegen und der Bahntrasse bis zum Parkstreifen In der Bannweid folgen

### Einkehr

Auf der Strecke keine, aber schöner Rastplatz; Gastronomie in Buchholz

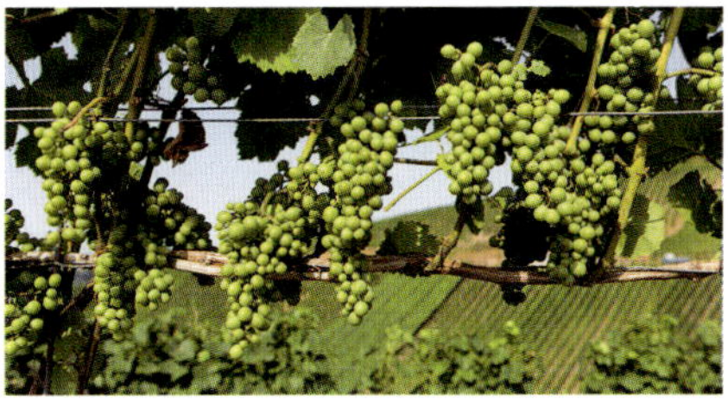

Auf dem Silbersteig 1

25

# Bergbauwanderung im Suggental

Das Suggental erlebte durch den Abbau von Silber einen rasanten Aufschwung. Der Blütezeit folgte 1288 das abrupte Ende. Heute sind zwei Rundwege dem Bergbau gewidmet. Der Silbersteig 1 besticht mit herrlichen Aussichten über das Suggental zum Kaiserstuhl und zu den Vogesen.

Die Silbersteige im Suggental besitzen eine eigene Beschilderung, ergänzt durch die farbigen Rauten vom Schwarzwaldverein. Unsere Wanderung entspricht dem Rundweg 1. Außerdem begehen wir die Runde ab Suggental-Suggenbad im Uhrzeigersinn.

## Aufstieg in den Engewald

Also wählen wir beim Wegweiser »Herrenwegle« den Pfad in Richtung Engewald. Nach wenigen Schritten zweigen wir rechts auf den ansteigenden Weg ab und halten uns bei der Gabelung links. Wo der Pfad beim Wegweiser »Am Engewald« endet, biegen wir rechts zum Luser ab, um wiederum nur wenige Meter weiter links auf den nächsten Pfad zu wechseln.

Mittlerweile sollten wir uns an die Beschilderung gewöhnt haben, die uns über ein paar Serpentinen an den Waldrand führt. Dort öffnet sich erstmals die Sicht über den Ort Suggental und das benachbarte Elztal.

## Hornbühl und Aussichtspunkt Vogesenblick

Weiter bergan folgen wir der gelben Raute am bzw. nahe dem Waldrand um die Südwestseite des Hornbühls herum. Auf diesem Abschnitt lohnt es sich, ab und an innezuhalten und den Blick über das malerische Tal schweifen zu lassen. Auch die Vogesen zeichnen sich in der Ferne immer besser über dem Kaiserstuhl ab. Beim Wegweiser »Überm Grabenhof« vereint sich der Rundweg 2 mit unserem. Geradeaus tauchen wir erneut in den Wald ein und zweigen in der nächsten Kurve der gelben Raute folgend rechts ab.

Damit haben wir den höchsten Punkt des Silbersteigs 1 überwunden und können uns auf eine gemütliche, aussichtsreiche Rast beim Vogesenblick freuen. Der seit Generationen beliebte Aussichtspunkt wurde im Laufe der Jahrzehnte immer wieder an die ihn umgebende Bewaldung angepasst und im Winter 2015 mit einem Dach versehen.

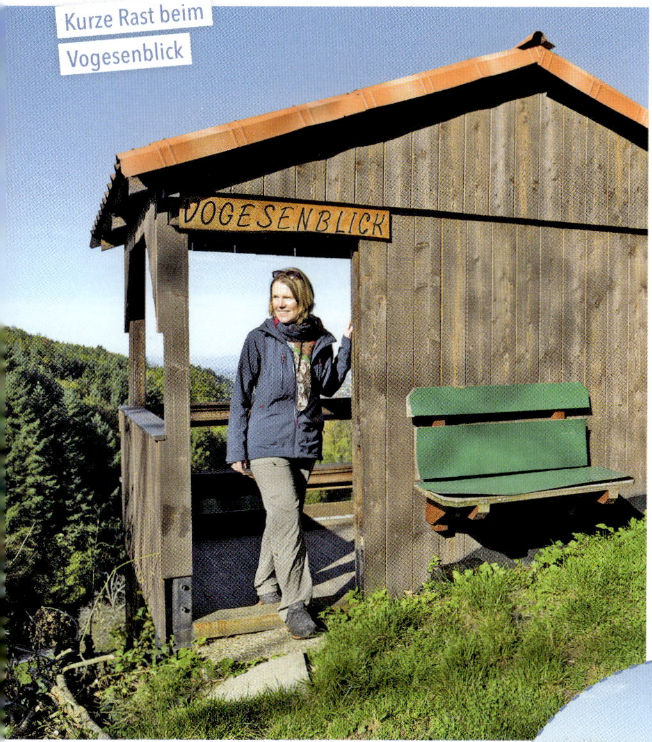


Kurze Rast beim Vogesenblick

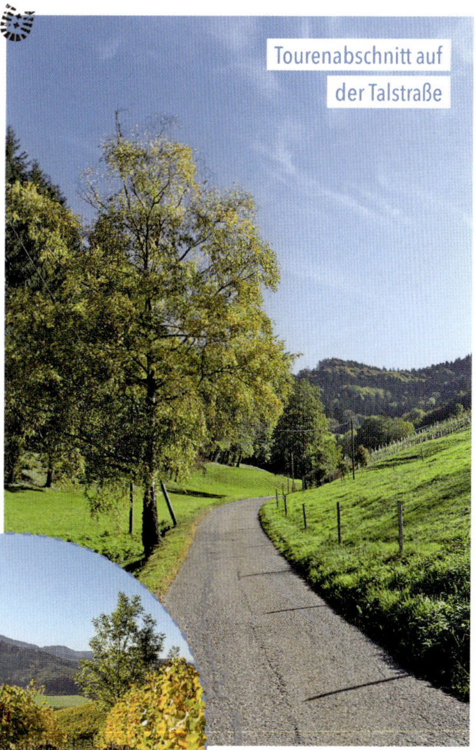

Tourenabschnitt auf der Talstraße

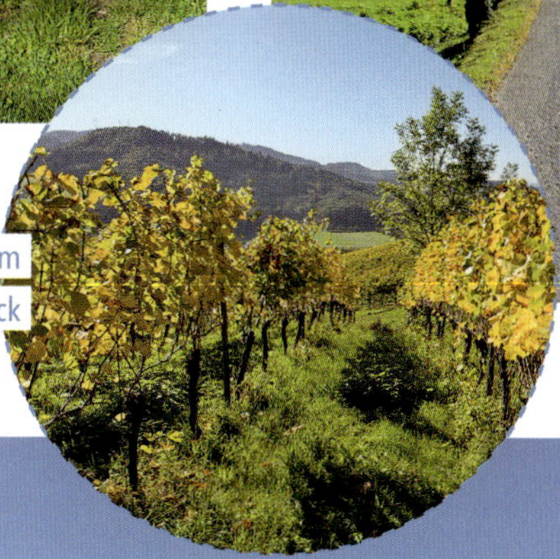

In den Weinbergen am Wissereck

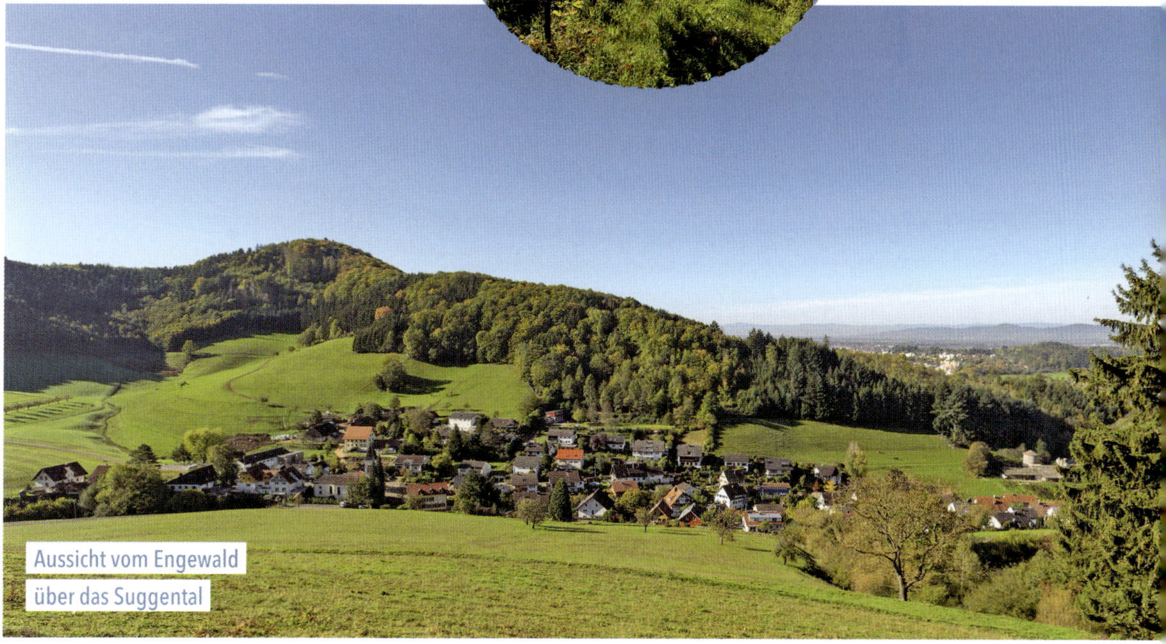

Aussicht vom Engewald über das Suggental

## Untergang des Suggentals

Am Ende des Wegs zweigen wir links zum Bürliadamshof und dem St.-Anna-Stollen ab. Vor Ort lernen wir die Geschichte des Bergbaus im Suggental kennen, deren Anfänge in der Römerzeit vermutet werden. Die Blütezeit des Bergbaus war im 12. und 13. Jahrhundert, als vor allem Silber und Blei gewonnen wurden. Um das Jahr 1288 fand der Bergbau jedoch ein abruptes Ende, als die für den Betrieb notwendigen Rückhaltebecken bei einem Unwetter brachen und die Gruben fluteten.

Die Ereignisse führten zur Sage vom Untergang des Suggentals. Diese handelt von einer Prinzessin, die demjenigen die Heirat versprach, der Wasser in ihr Schloss leite, um ein Wasserbecken für ihre Fische zu füllen. Als dies einem Jüngling gelang und die Hochzeit groß gefeiert wurde, ließen sowohl die Hofgesellschaft als auch die Dorfbewohner jedweden Anstand vermissen. Bis denn ein verheerendes Unwetter aufzog. Bei dem Unglück sollen bis auf fünf alle Bewohner des Tals ihr Leben gelassen haben. Jedenfalls galt das Suggental danach lange Zeit als unbewohnbar. Erst 1776 wurde mit dem St.-Anna-Stollen ein Wiederbelebungsversuch des Bergbaus gewagt.

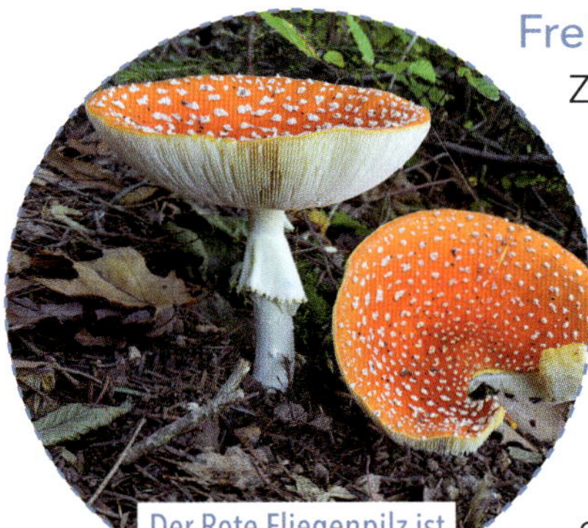

Der Rote Fliegenpilz ist ein Symbol der Freude.

## Über den Reschhof zum Wissereck

Nach dieser schaurigen Geschichte folgen wir zunächst noch dem Fahrweg geradeaus, um dann rechts abzubiegen und am Reschhof vorbei zurück in den Wald zu laufen. Der Rundweg verläuft hier in westlicher Richtung, bevor er sich zum Vogelsanghof senkt. Noch vor dem Hof biegen wir links zum Naturdenkmal Kastanie ab. Es wird vermutet, dass der inzwischen hohle Baum im Jahr 1670 zu wachsen begann.

Nach einer weiteren Passage im Wald öffnet sich auf dem Wissereck die Sicht über das Glottertal. Passend dazu lädt oberhalb der Weinberge eine Glottertäler Naturliege zum Landschaft-Genießen ein.

## Freizeitanlage Suggental

Zurück beim letzten Wegweiser, folgen wir der gelben Raute abermals durch den Wald und über den Wegweiser »Am Schätzlehof« zur Freizeitanlage Suggental. Der Rastplatz besteht aus mehreren Sitzgruppen, verfügt über eine Grill- und Feuerstelle, fließend Wasser und eine überdachte Schutzhütte. Für die Benutzung der Grillstelle ist eine Anmeldung bei der Ortsverwaltung erforderlich (Tel. 0162-288 42 08). Unterhalb lädt ein weitläufiger Spielplatz den Nachwuchs zum Toben ein. Zudem finden wir hier eine weitere Tafel mit Infos zur Arbeit unter Tage.

Für den weiteren Rückweg zweigen wir beim Festplatz links ab und nutzen den Weg oberhalb vom Dorf bis zum Wegweiser »Müllerhof«, von wo es rechts zurück zu unserem Ausgangspunkt geht.

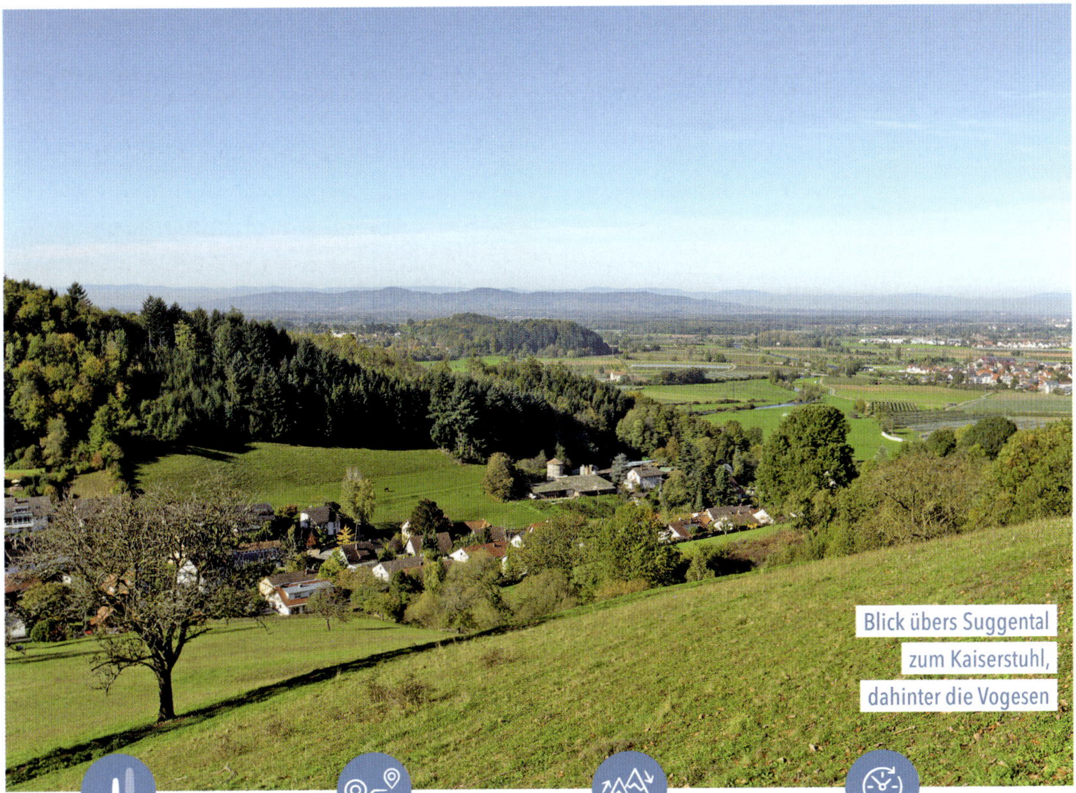

Blick übers Suggental zum Kaiserstuhl, dahinter die Vogesen

mittel | 5,7 km | 360 Hm | 2.00 h

## Auf einen Blick

### Tourencharakter

Waldreiche Runde vor allem auf Waldwegen und Pfaden, auf kurzen Abschnitten etwas Trittsicherheit erforderlich. Einige schöne Aussichten

### Ausgangs-/Endpunkt

Suggenbad Suggental
GPS 48.0757, 7.9249

### Anfahrt

ÖPNV: Ab Freiburg Hauptbahnhof mit Regionalzug nach Denzlingen, weiter ab ZOB Denzlingen mit Buslinie 7206 bis Haltestelle Suggental Suggenbad, Waldkirch
Auto: Von der B 294 Freiburg–Haslach die Ausfahrt nach Suggental nehmen. Parkplatz parallel zur Bundesstraße gegenüber dem Hotel Suggenbad

### Einkehr

Auf der Strecke keine; am Ausgangspunkt Hotel-Restaurant-Suggenbad, Mi–Fr erst ab 17 Uhr, Sa und So 11:45–14 Uhr und 17–22 Uhr, suggenbad.de

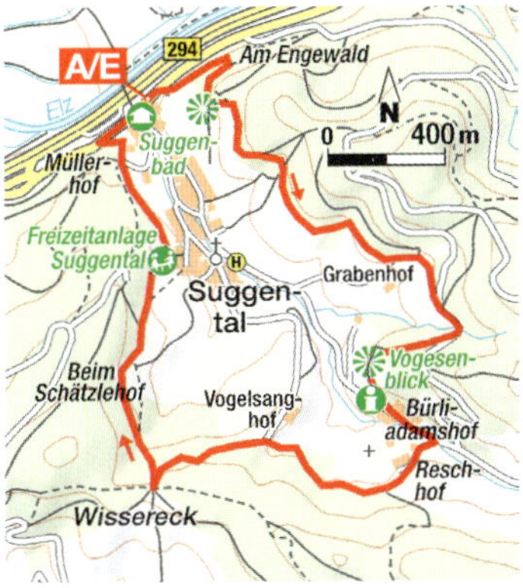


### Silberbergwerk Suggental

Seit Mitte der 1980er Jahre legt der Verein Silberbergwerk Suggental die alten Stollen frei und dokumentiert die Spuren des historischen Bergbaus sowie seine Auswirkung auf die Geschichte der Region. Führungen sind nach vorheriger Anmeldung sowie beim Stollenfest am jeweils zweiten Septemberwochenende möglich. Die kleine Führung führt 56 m weit ebenerdig in den St.-Anna-Stollen hinein, die große Führung in den mittelalterlichen St.-Josephi-Stollen. Dieser ist auf 340 m zugänglich und erfordert Trittsicherheit, etwas Kondition sowie Schwindelfreiheit für die Leiteraufstiege. Gutes Schuhwerk und Kleidung, die schmutzig und nass werden darf, ist anzuraten (silberbergwerk-suggental.com).

REBEN UNTER DEM KANDEL

26

# Weinwanderung im Glottertal

Durch die Fernsehserie »Die Schwarzwaldklinik« ist das Glottertal in aller Welt bekannt. Westlich der heute noch bestehenden Klinik verbindet diese Runde malerische Weinberge mit ruhigen Wäldern und herrlichen Aussichten über das Glottertal und die Oberrheinebene.

Nach dem Hohentwiel bei Singen und dem Klettgau im badischen Süden zählen die Weinberge im Glottertal zu den höchstgelegenen in Deutschland. Die ersten Weinreben wurden im 15. Jahrhundert im Glottertal kultiviert. Nach einem Einbruch im 16. und 17. Jahrhundert – unter anderem durch den Deutschen Bauernkrieg und die Wirren des Dreißigjährigen Kriegs – erlebt der Weinbau seit dem 18. Jahrhundert eine bis heute andauernde zweite Blütezeit.

## Weinwanderung für jede Jahreszeit

Besonders schön ist die Runde im Herbst, wenn sich das Laub verfärbt und der Blick über die dann oft nebelverhangene Rheinebene zum Kaiserstuhl und zu den Vogesen reicht.

Durch die Nähe zu den Ausläufern des Kandels und dem Höhenzug zwischen der Glotter und der Dreisam besitzt die Weinwanderung aber auch im Winter ihren Reiz. Das gilt insbesondere dann, wenn etwas Neuschnee die sonst schneefreien Hänge bedeckt und die Sonne vom bereits wieder blauen Firmament strahlt.

## Ein Fass der Gemütlichkeit

Von der Ortsmitte Glottertal geht es zwischen der St.-Blasius-Kirche und dem Gasthaus Zum Goldenen Engel hindurch zum Friedhof. Von rechts werden wir später zurückkehren. Damit biegen wir beim Wegweiser links auf den Winzerpfad ab und folgen der gelben Raute zum Schlosshof. Dort durchschreiten wir den tiefsten Punkt der Runde, biegen rechts auf die Schlossstraße ab und halten uns 170 Meter weiter bei der Gabelung links. Nach dem gemütlichen Auftakt im Tal geht es nun relativ steil bergan in die Reben sowie auf wieder flacherem Terrain zum Casa Vino. Das überdachte Weinfass bietet uns die erste schöne Möglichkeit für eine Rast.

## Scheibenschlagen auf dem Schlossberg

Wenige Schritte weiter beschreibt der Weg eine markante Rechtskurve zum »Schiibeschlage-Platz«. Zum Abschluss der alemannischen Fasnacht findet hier das traditionelle Scheibenschlagen statt. Mit dem Brauch sollen die Wintergeister ausgetrieben und der Frühling eingeläutet werden. Hierzu

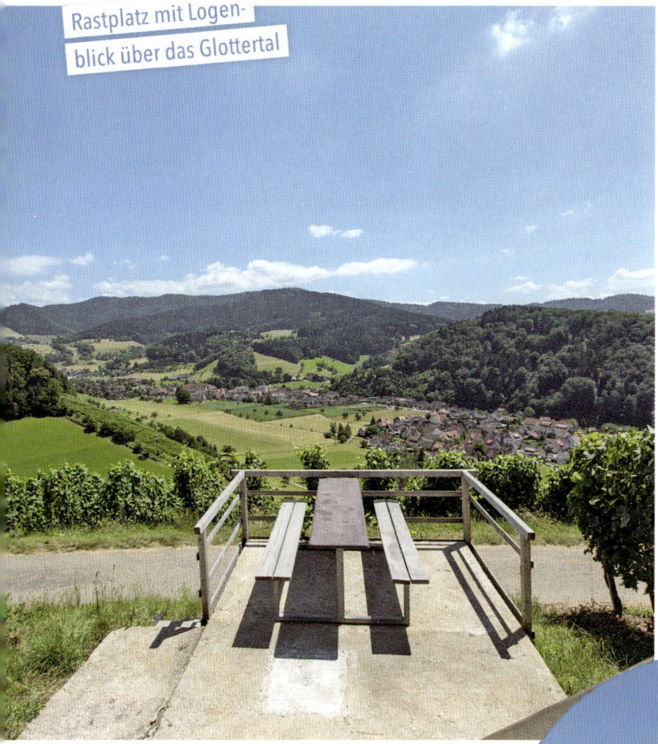

Rastplatz mit Logenblick über das Glottertal

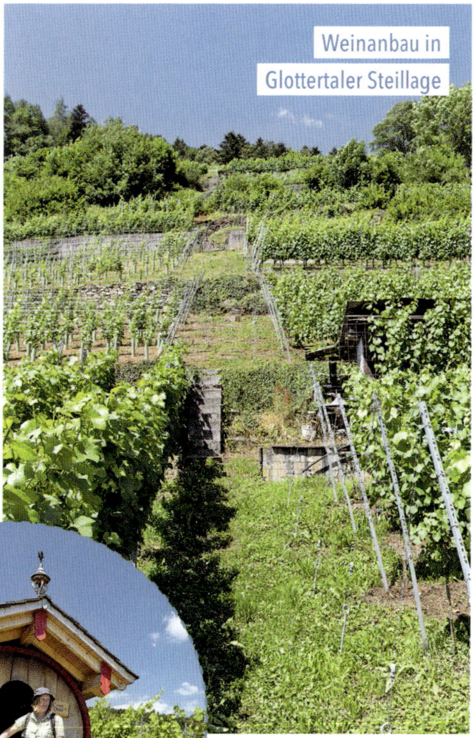

Weinanbau in Glottertaler Steillage

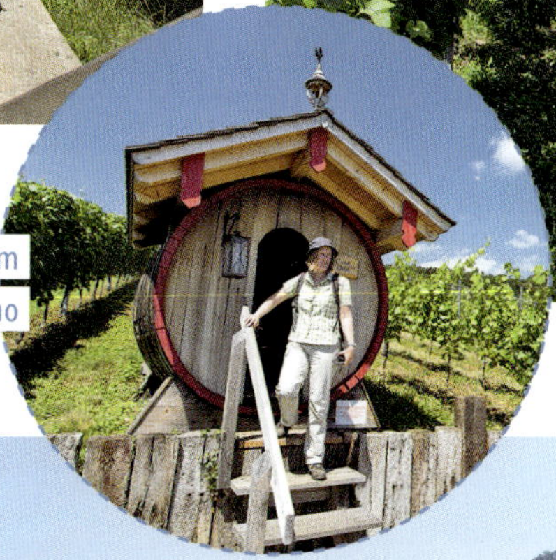

Die Autorin beim »Rastfass« Casa Vino

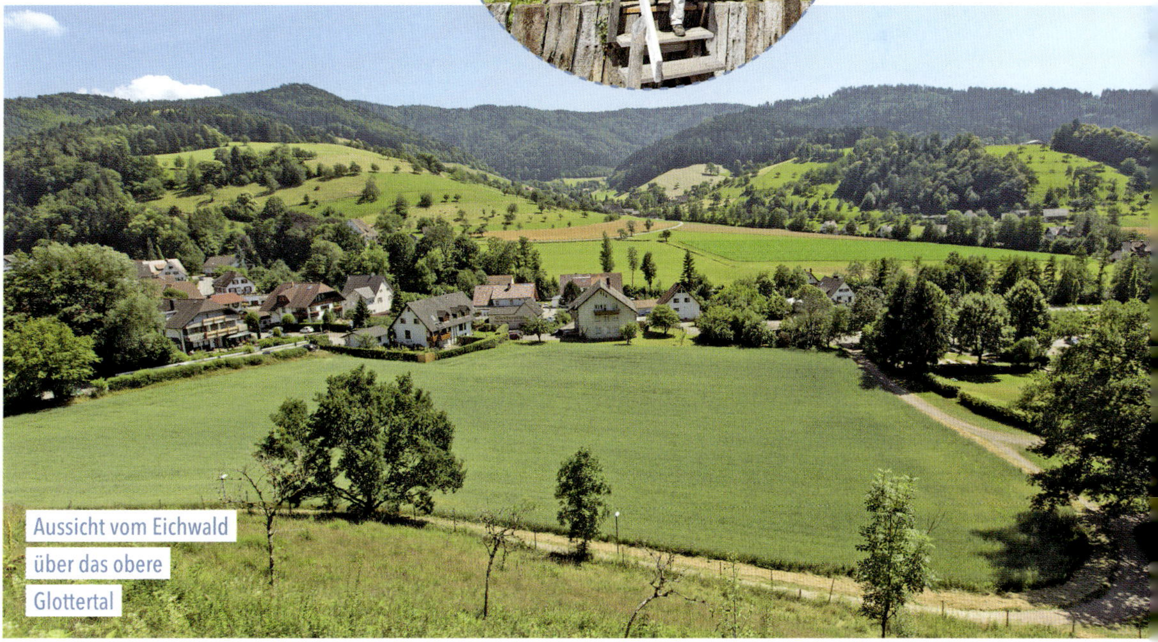

Aussicht vom Eichwald über das obere Glottertal

werden glühende Holzscheiben vom Schlossberg hinab ins Tal geschlagen.

Als Wanderer eröffnet sich uns hier eine malerische Sicht über das untere Glottertal und Denzlingen zum Kaiserstuhl. Dahinter erheben sich die Vogesen. Bei optimalen Bedingungen ist direkt im Westen das 1363 Meter hohe Hohneck gut zu erkennen. Nach diesem schönen Eindruck und einer Passage am Waldrand halten wir uns beim Wegweiser »Schlossberg« rechts. Nachdem der Weg nochmals beidseitig von Reben gesäumt wird, durchqueren wir einen Waldstreifen, bevor wir am oberen Rand einer Wiese den Schlossdobel erreichen.

## Unter dem Fuchsfelsen

Beim Schlossdobel tauchen wir erneut in den Wald ein und folgen der gelben Raute über den Wegweiser »Unterm Fuchsfelsen« zum Rinzberg. Der Fuchsfelsen befindet sich weiter oben am Hang und ist für Wanderer unzugänglich. Wer die Tour abkürzen oder in zwei kleine Runden aufteilen möchte, kann beim Wegweiser »Rinzberg« direkt nach Glottertal hinunterlaufen. In dem Fall erfolgt der Abstieg in mehreren Kehren zum Wegweiser nahe dem Sportplatz.

Ansonsten verlassen wir auf dem Weg zum Eichbergwald den Wald und können uns über weitere malerische Aussichten freuen. Diese reichen über das obere Glottertal hinweg zum Höhenzug zwischen der Glotter und der Dreisam. Wenden wir uns nach Osten, erheben sich dort die Ausläufer des Hochschwarzwalds.

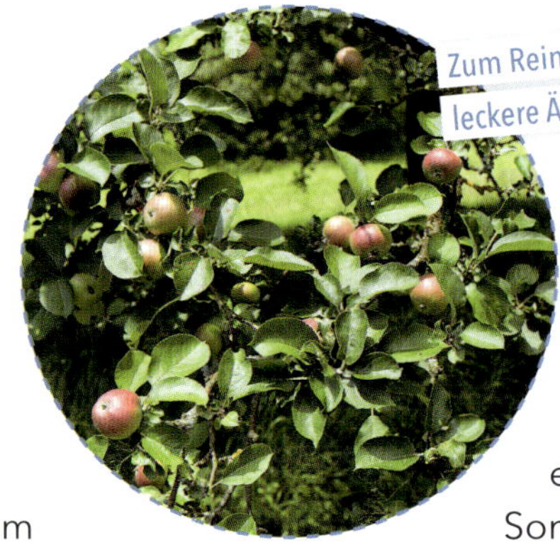

Zum Reinbeißen leckere Äpfel

## Zeit zum Einkehren

Nach einem Zwischenanstieg zurück in den Wald bis zum Wegweiser »Eichbergwald« (dort rechts) erfolgt der Abstieg zum Sonnenbühl nahe der Kur- und Rehaklinik Glotterbad, der einstigen »Schwarzwaldklinik« aus der gleichnamigen Fernsehserie (siehe unten).

Am östlichsten Punkt der Wanderung biegen wir rechts zum Schwimmbad bzw. dem Panoramafreibad Glottertal ab. Der weitere Rückweg erfolgt in vornehmlich westlicher Richtung an der Pension Eichberg und dem Landhotel Wissers Sonnenhof vorbei bis zum Friedhof. Ab dort geht es links auf bekanntem Weg zurück zur Ortsmitte von Glottertal, wo wir weitere Möglichkeiten finden, den Ausflug mit einer gemütlichen Einkehr zu verbinden.

### Fernseh-Kultserie »Die Schwarzwaldklinik«

Der 1913/14 erbaute Carlsbau des Sanatoriums Glotterbad diente der Fernsehserie »Die Schwarzwaldklinik« als Außenkulisse. Zwischen 1984 und 1988 wurden 70 Folgen in drei Staffeln gedreht. 1991 folgte ein Weihnachtsspecial und 2005 zwei Episoden in Spielfilmlänge. Nachdem das Gebäude zwischenzeitlich als Produktionsbüro für die SWR-Fernsehserie »Tiere bis unters Dach« genutzt wurde, befindet sich hier seit 2014 die auf psychosomatische Leiden spezialisierte Thure-von-Uexküll-Kur- und Reha-Klinik. Weitere bekannte Drehorte für »Die Schwarzwaldklinik« sind das Hüsli in Grafenhausen, der Titisee und Schluchsee-Ort sowie auch die Altstädte von Schiltach und Freiburg. Noch deutlich weiter entfernt als die Drehorte im Schwarzwald ist der Berg Kofel in den Ammergauer Alpen, der im Vor- und Abspann der Serie zu sehen war. »Die Schwarzwaldklinik« wurde in 38 Länder verkauft und wird noch immer regelmäßig im Fernsehen ausgestrahlt. Damit ist sie die erfolgreichste deutsche Fernsehserie.

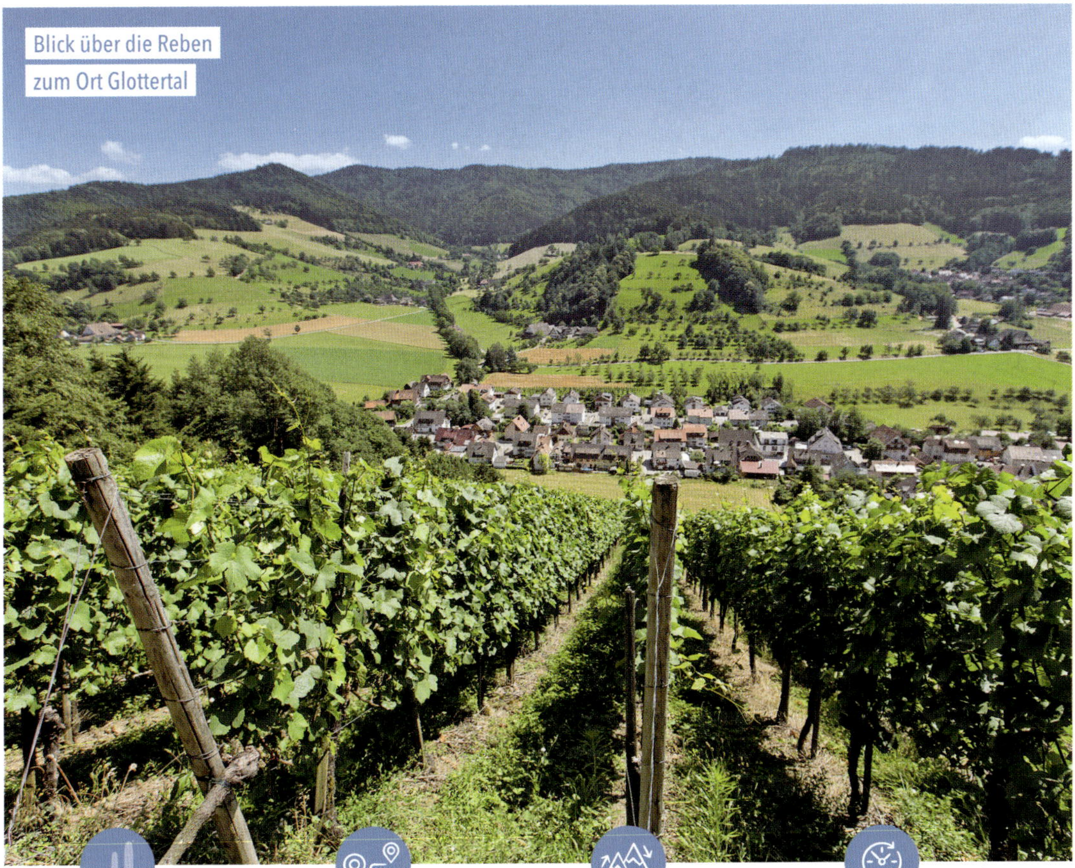

Blick über die Reben zum Ort Glottertal

leicht | 7,0 km | 300 Hm | 2.15 h

# Auf einen Blick

**Tourencharakter**
Bis auf einen steileren Anstieg auf dem Weg zum Schlossdobel gemütliche Runde auf landwirtschaftlichen Straßen und Wegen sowie bequemen Waldpfaden. Abkürzung ist beim Rinzberg möglich.

**Ausgangs-/Endpunkt**
Ortsmitte Glottertal
GPS 48.0495, 7.9403

**Anfahrt**
ÖPNV: Ab Freiburg Hauptbahnhof mit dem Regionalzug nach Denzlingen, weiter mit der Buslinie 7205 zur Haltestelle Engel, Glottertal.
Auto: Von der B 294 Freiburg–Haslach bei Denzlingen nach Glottertal abfahren. Von der Talstraße in der Ortsmitte links zum Parkplatz beim Friedhof abbiegen

**Einkehr**
Gasthaus Eichberg, Mi–So ab 17 Uhr, gasthaus-eichberg.de; Gastronomie an der Talstraße von Glottertal

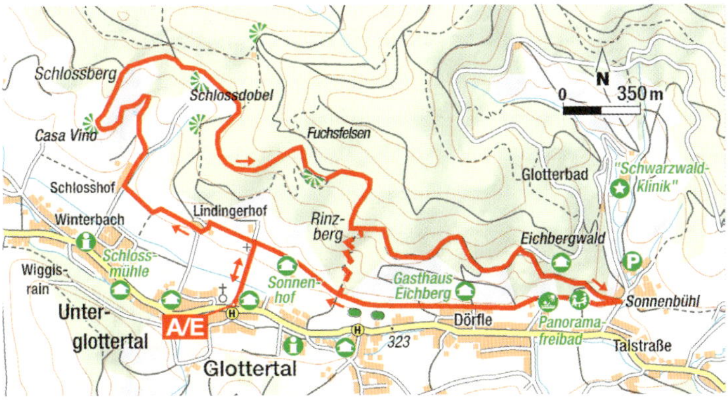

VON OBERWINDEN ZUM MARIENHEILIGTUM

27

# Hörnleberg-Tour

Der Hörnleberg erhebt sich am Mündungswinkel zwischen der Elz und der Wilden Gutach. Damit ist er Dreh- und Angelpunkt der Urlaubsregion ZweiTäler-Land. Die besondere Lage veranlasste schon die Kelten, hier einen Sonnentempel zu errichten. Heute thront ein Marienheiligtum auf dem Berg.

Von der Haltestelle der S-Bahn in Oberwinden geht es zunächst vor zum Kreuzungsbereich, wo wir links in die Erzenbachstraße abbiegen. Sowie zu unserer Linken die Häuser aufhören, gelangen wir an den Erzenbach. An ihm laufen wir entlang des Ortsrands bis zu einem Weiher der Sportfischer Oberwinden entgegen.

## Lange oder kurze Wanderung?

Anschließend haben wir beim Wegweiser »Steinmattensee« die Wahl: Geradeaus sind es auf dem Fahrweg, im weiteren Verlauf auf Forstwegen rund fünf Kilometer bis auf den Hörnleberg. Die Runde ließe sich damit auf rund 12 Kilometer und 650 Höhenmeter verkürzen. Landschaftlich sehr viel reizvoller ist der Umweg über den Tafelbühl.

## Engelsteinrank und Raucheneck

Hierfür biegen wir links ab und wandern mit der gelben Raute durch den Wald über Engelsteinrank zum Raucheneck. Auf diesem Abschnitt können wir es ruhig angehen lassen. Denn auf dem 3,5 Kilometer langen Abschnitt zwischen dem Weiher und dem Raucheneck sind gut 430 Höhenmeter zu leisten. Mit Laub bedeckte Pfade, Ausblicke zu alten Bauernhöfen und über die Elz zur gegenüberliegenden Hügelkette lenken von der Anstrengung ab, sodass sich der Aufstieg dann doch gut meistern lässt.

## Auf dem ZweiTälerSteig ...

Beim Wegweiser »Am Raucheneck« treffen wir auf den Wanderweg von Elzach auf den Tafelbühl. Hier wechseln wir rechts auf die

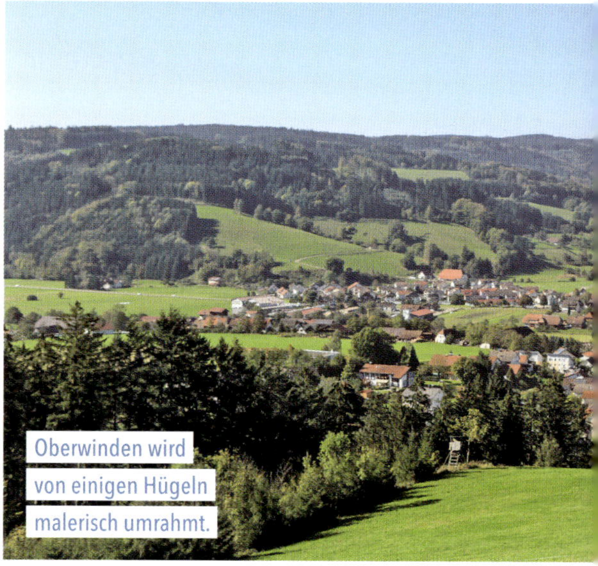

Oberwinden wird von einigen Hügeln malerisch umrahmt.

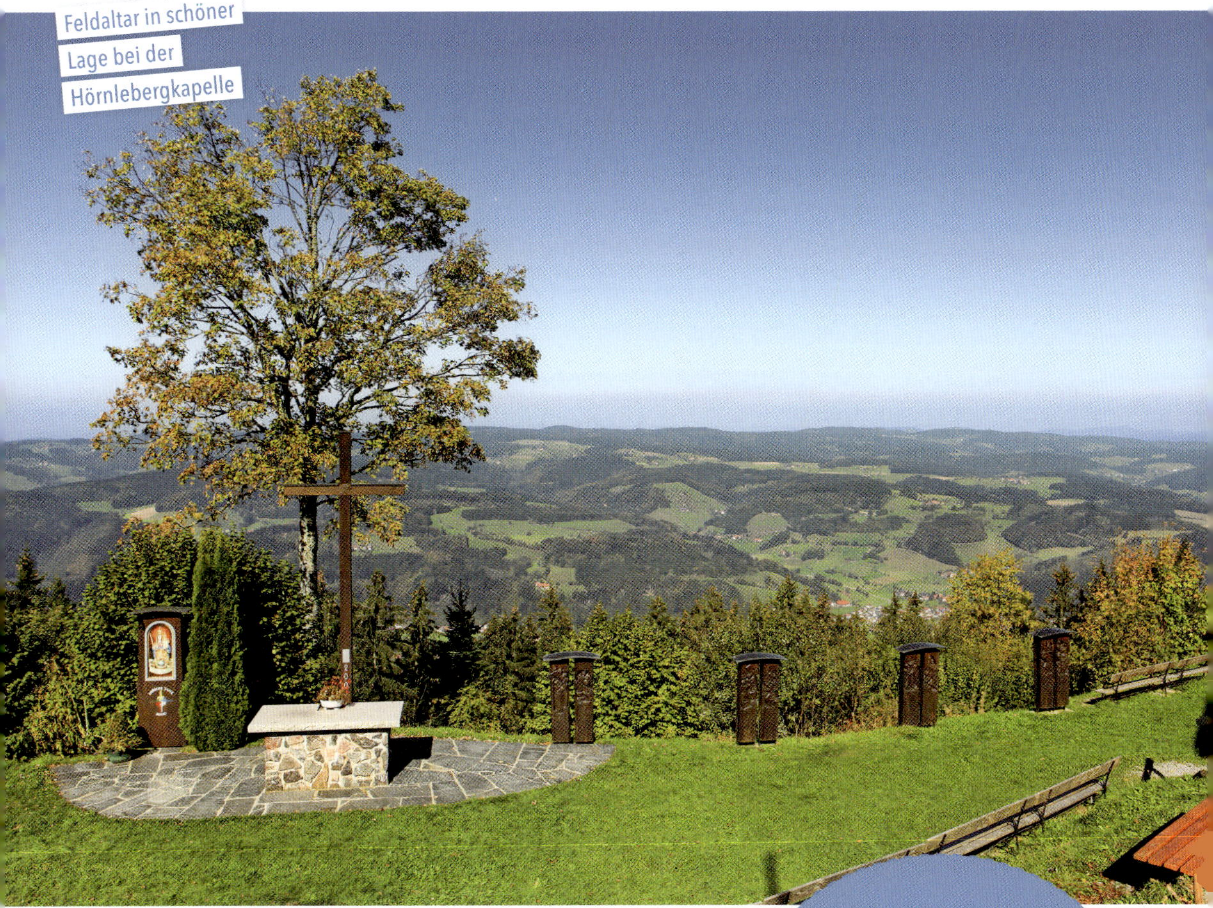

Feldaltar in schöner Lage bei der Hörnlebergkapelle

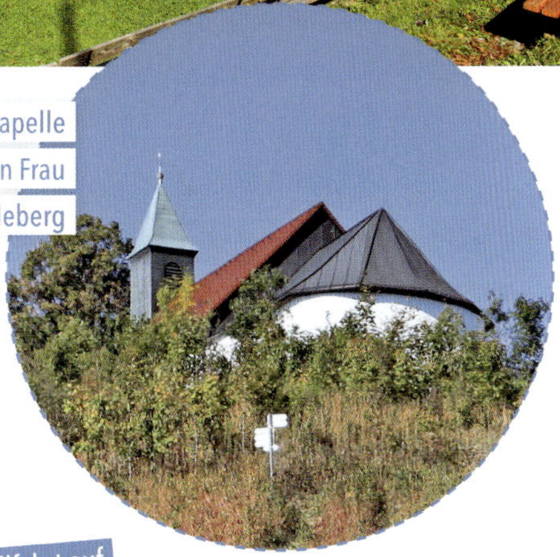

Wallfahrtskapelle Unserer Lieben Frau vom Hörnleberg

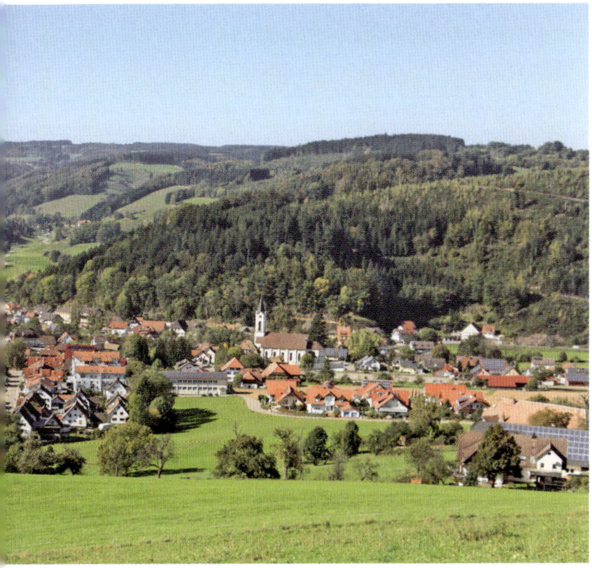

## Die Wallfahrt auf den Hörnleberg

Die Wallfahrtszeit am Hörnleberg beginnt jeweils am 1. Mai. Die Wallfahrten finden meistens am Samstag und Sonntag statt. Große Wallfahrtstage sind zu Pfingsten, am Dreifaltigkeitssonntag, am Geburtstag von Johannes dem Täufer und an Mariä Himmelfahrt. Die Saison endet im November mit dem Christkönigssonntag. Die Termine werden im Wallfahrtsplan bekannt gegeben: hoernleberg.de.

blaue Raute und wandern weiter bergauf über Schönecklebühl bis zum Wegweiser »Am Tafelbühl«. Der höchste Punkt der Runde ist damit erreicht. Links ginge es zum Startplatz Süd des Gleitschirmclubs Lenticularis. Bei ausreichender Thermik schwingen sich dort oft Gleitschirmflieger in die Lüfte. Um zur Wallfahrtskirche auf dem Hörnleberg zu gelangen, biegen wir indes rechts auf den ZweiTälerSteig ab.

## … zum Marienheiligtum

Auf bequem zu wandernden Pfaden führt der ZweiTälerSteig über den Grat vom Tafelbühl sowie die Wegweiser »Oberer Weg« und »Am Hörnlepfad« bis zum Hörnleberg. Sowie wir den Wald verlassen und vor uns die Kuppe des Hörnlebergs auftaucht, rücken erste Teile der Kirche ins Bild. Um auf den offiziellen Wanderwegen zu bleiben, biegen wir am Fuß der Kuppe scharf rechts ab, um bei der nächsten Verzweigung links hoch zur Wallfahrtskirche auf dem Hörnleberg zu steigen.

Vom Vorplatz der hübschen Kirche lassen sich weite Teile der Täler von Elz und der Wilden Gutach bis zur Rheinebene überblicken. An Wallfahrtstagen können wir uns in der Pilgergaststätte oder am Kiosk stärken. Traditionell werden dort heiße Würste und Linzerschnitten angeboten.

## Am Schnittpunkt des ZweiTälerLands

Der Hörnleberg gilt als Schnittpunkt zwischen dem Elztal und dem Simonswäldertal. Zugleich übt der Berg seit jeher eine magische Wirkung auf die Menschen aus. So hatten bereits die Kelten einen Tempel zu Ehren ihres Sonnengotts Bel (auch Lug genannt) auf dem pyramidenförmigen Berg errichtet. In der Neumondnacht um den 1. Mai herum feierten sie das Frühlings- und Fruchtbarkeitsfest Beltane.

Auch wenn die Zeit der Kelten mit dem Einfall der Römer endete, haben Teile ihrer Kultur die Zeit überdauert. So beginnt die christliche Wallfahrtssaison heute ebenfalls am 1. Mai. Besonders schön soll die Stimmung auf dem Hörnleberg beim Sonnenaufgang und abends sein. Bei passendem Wetter werden dann die Vogesen angestrahlt – oder wir sehen hinter ihnen die Sonne untergehen.

## Wieder runterkommen

Für den späteren Rückweg verlassen wir den Hörnleberg auf demselben Weg, um dann links abzubiegen. Beim Wegweiser »Stationenweg« halten wir uns erst links, dann rechts, sodass wir auf dem leicht versetzten Weg hinunter zum Wegweiser »Am Umsetzer« kommen. Ab dort folgen wir immer der gelben Raute und wandern über mehrere Kehren und auf wechselnden Wegen in Richtung Rüttlersberg.

Am unteren Waldrand halten wir uns bei der folgenden Gabelung links, tauchen damit nochmals kurz in den Wald ein und sehen schließlich das Elztalhotel vor uns. Entlang des Finsterbächles passieren wir den aus einigen Gebäuden bestehenden Komplex, um noch vor der Elz rechts auf den landwirtschaftlichen Weg abzubiegen. Damit haben wir den Talboden erreicht und können den letzten Abschnitt bis zurück zu unserem Ausgangspunkt in Oberwinden zum lockeren Auslaufen nutzen.

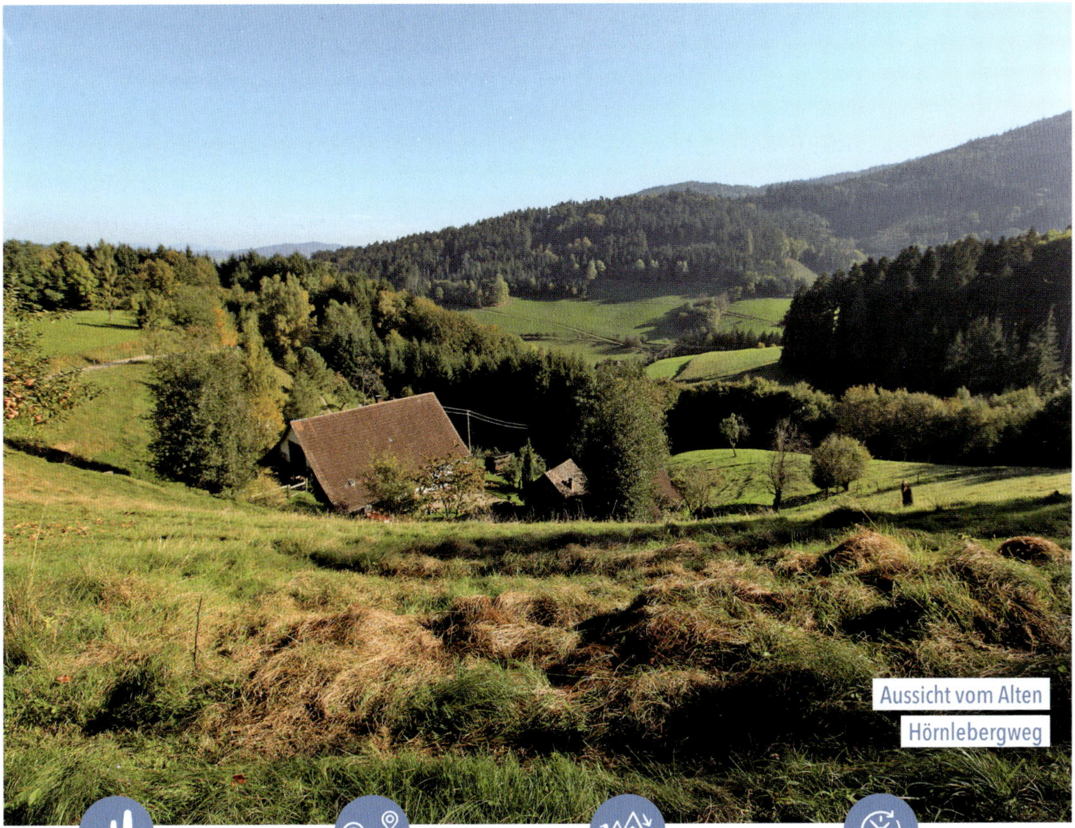

Aussicht vom Alten Hörnlebergweg

schwer | 16,0 km | 750 Hm | 5.30 h

# Auf einen Blick

### Tourencharakter
Konditionell schwere Runde, deren langer Anstieg auf den Hörnleberg eine gute Kondition am Berg voraussetzt. Teleskopstöcke sind zu empfehlen.

### Ausgangs-/Endpunkt
Bahnhof Oberwinden
GPS 48.1526, 8.0452

### Anfahrt
ÖPNV: Ab Freiburg Hauptbahnhof mit der S2 bis zur Haltestelle in Oberwinden
Auto: Von der B 294 Haslach–Freiburg in Oberwinden in die Bahnhofsstraße abbiegen und dieser bis zum Ausgangspunkt folgen

### Einkehr
Pilgergaststätte und Kiosk am Hörnleberg, während der Wallfahrtszeiten 1. Mai bis Ende Oktober Sa und So etwa 9–17 Uhr; Gastronomie in Oberwinden

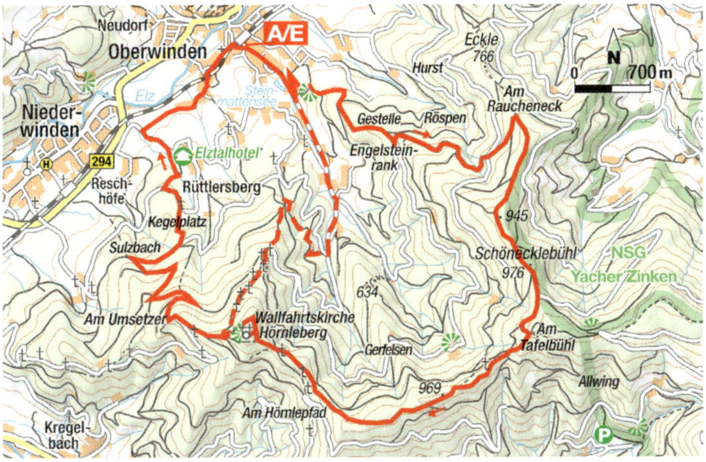

28

# Goldener-Kopf-Tour

Rund um Elzach eröffnet einem die Goldener-Kopf-Tour malerische Aussichten über das Elztal zum Höhenzug mit dem Gschasikopf. Nach der Einkehr in der Fischerhütte Biederbach liegt uns beim Goldenen Kopf die Stadt zu Füßen. Im Abstieg lohnt sich ein Abstecher zur Neunlindenkapelle.

Die Goldener-Kopf-Tour zählt zu den Wanderungen des Schwarzwälder Hüttenwinkels der Urlaubsregion ZweiTälerLand. Somit besitzt die Runde eine eigene Beschilderung. Dabei geben die Wegweiser an, welche Raute auf dem jeweils nächsten Abschnitt maßgeblich ist. Wir wandern die Runde gegen den Uhrzeigersinn.

## Wälder am Bustberg

Zu der abwechslungsreichen Umrundung von Elzach starten wir vom Bahnhof aus also mit der blauen Raute in Richtung Bust. Bei der Gabelung halten wir uns links und nehmen den Weg hoch zum Wegweiser »Ob der Kirchhalde«. Weiter bergan geht es mit der gelben Raute über Am Tannwald hoch zum Bustweg. Dort nimmt die Goldener-Kopf-Tour links einen Umweg zu einem Christuskreuz.

Am Wegende geht es rechts zurück zum Bustweg, wo wir die erste Steigung bereits gemeistert haben. Sogleich wieder links verlassen wir bald den Wald und wandern durch die Wiesen hinunter nach Reichenbach.

## Übers Reichenbacher Eckle nach Schrahöfe

Nahe dem Ort nutzen wir die Verbindung zur Durchfahrtsstraße. Wir laufen auf das Gasthaus Richebächli zu, um auf halbem Weg rechts zum Reichenbacher Eckle abzubiegen. Von dort geht es links durch den Wald, bis sich die Sicht auf den Ortsteil Prechtal öffnet. Die Runde verläuft hier über das Bergle am Waldrand, taucht dann nochmals in den Wald ein. Mehrere Trittsteine ermöglichen die Querung eines Rinnsals.

Am Wegende biegen wir erneut links ab und laufen mit freier Sicht über weite Teile des Elztals hinunter nach Schrahöfe, wo wir das Kriegerdenkmal passieren.

## Aufstieg zur Pfaffenkapelle

Bei der Einmündung der Talstraße in die B 294 folgt rechts ein kurzer Abschnitt entlang der Bundesstraße bis über die Elzbrücke. Dort kreuzen wir umsichtig die wichtige Verkehrsverbindung, um dann entlang der Elz den Frischnauer Bach nahe seiner Mündung zu queren. Hier treffen wir auf den Jakobsweg von Rottenburg zur Burgundischen Pforte in Frankreich.

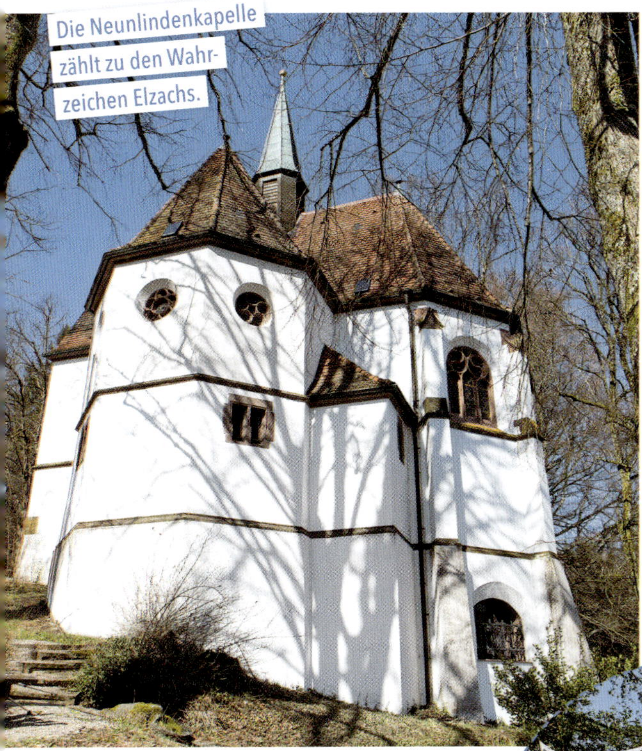

Die Neunlindenkapelle zählt zu den Wahrzeichen Elzachs.

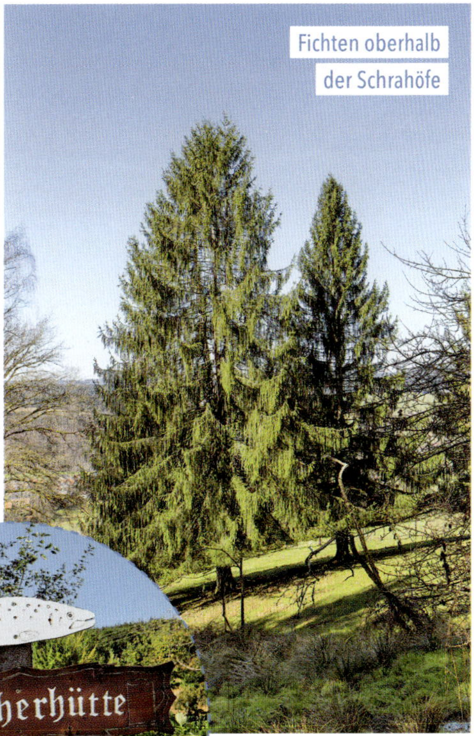

Fichten oberhalb der Schrahöfe

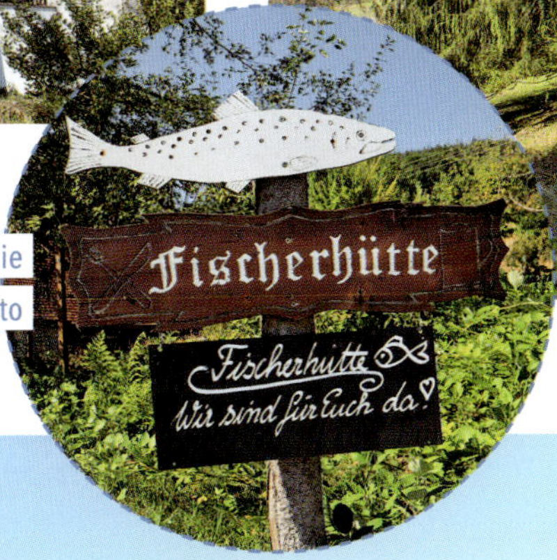


Wegweiser für die Anfahrt mit dem Auto

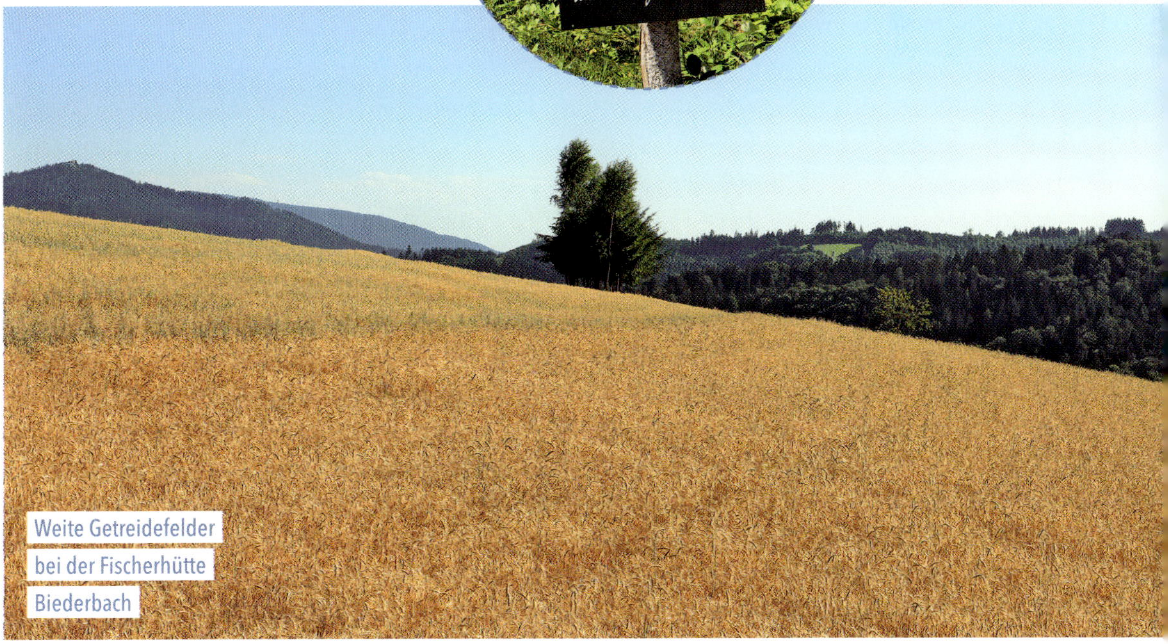

Weite Getreidefelder bei der Fischerhütte Biederbach

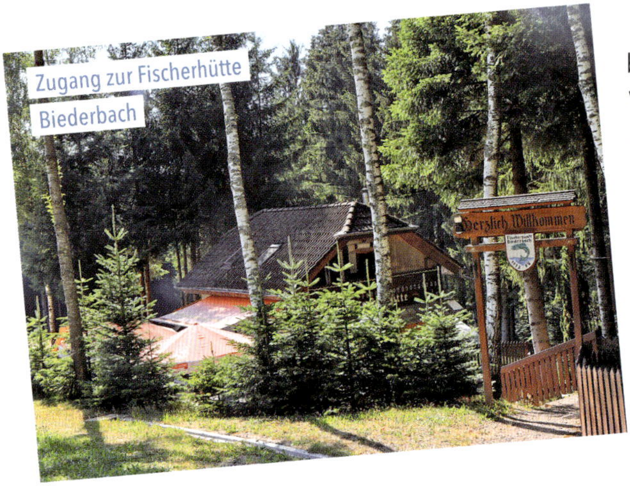


bewusst einfach gehalten. Bei trockener Witterung wird dafür sonntags in der Außenküche gekocht und gegrillt.

## Goldener Kopf und Neunlindenkapelle

Rund 100 Meter weiter führt uns die Tour links durch ein Waldstück zum Wegweiser »Wanne« und über das Bechererseck (rechts) sowie an der Goldener-Kopf-Hütte vorbei zum Aussichtspunkt auf dem Goldenen Kopf. Hier wechseln wir auf den Wiesenpfad zu einer Gedenkstätte. Sie ist all jenen gewidmet, die durch die Beschlüsse der Alliierten auf der Potsdamer Konferenz 1945 und 1946 ihre Heimat östlich der Oder-Neiße-Linie oder gar ihr Leben verloren haben.

Ab dem Kreuz geht es über mehrere Kehren steil bergab durch den Wald bis nahe der Neunlindenkapelle. Der Abstecher zu der viel besuchten Wallfahrtskapelle lohnt sich.

## Abstieg ins Städtli

Danach folgen wir der Beschilderung an einem alten Wassertretbecken vorbei bis zu einem Wasserreservoir. Dort haben wir die Wahl: Wer auf der offiziellen Goldener-Kopf-Tour bleiben möchte, hält sich rechts und folgt dem Wegwirrwarr hinunter zur Kreuzstraße.

Ebenso gut können wir der blauen Raute auf der linken Seite zurück ins »Städtli« Elzach folgen, wo wir weitere Möglichkeiten finden, den Ausflug in einem der Gasthäuser ausklingen zu lassen.

Während die Pilger direkt nach Elzach wandern, halten wir uns 500 Meter weiter rechts. Mit der gelben Raute gewinnen wir auf Forstwegen wieder an Höhe, eh wir nach rund 600 Metern bei einem Wegekreuz links abbiegen. Der Weg führt uns hier an einer Lichtung vorbei auf den Ankenbühl und weiter zur Pfaffenkapelle.

## Fischerhütte Biederbach

Das nächste Teilstück der Goldener-Kopf-Tour verwöhnt uns mit malerischen Aussichten übers Elztal zum Bergzug mit dem Gschasikopf sowie – nach dem Einschnitt des Yacher Tals – dem Rohrhardsberg und Hörnleberg. Nach 300 Metern auf der Eckstraße wechseln wir links auf einen ebenfalls bequemen Wirtschaftsweg, passieren ob der Fischerhütte einen Rastplatz, dann die Valentia-Hütte und kommen zur Fischerhütte Biederbach.

Sie ist aus dem Vereinsheim der 1973 gegründeten Fischerzunft hervorgegangen und besticht mit ihrer ruhigen Lage. Die Speisekarte ist mit Salaten und Wienerle sowie auch geräucherten Forellenfilets

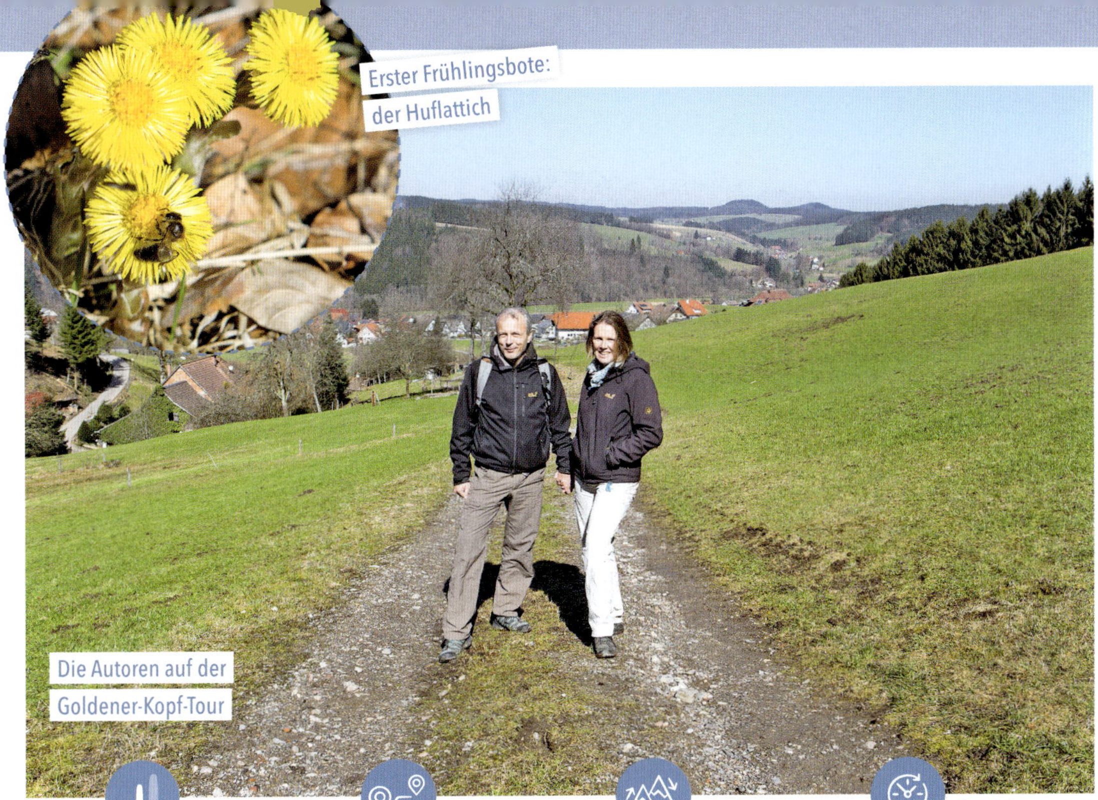

Erster Frühlingsbote: der Huflattich

Die Autoren auf der Goldener-Kopf-Tour

mittel | 11,6 km | 470 Hm | 3.45 h

## Auf einen Blick

**Tourencharakter**
Die Goldener-Kopf-Tour bietet einen ständigen Wechsel zwischen Waldwegen und Pfaden sowie asphaltierten Fahrwegen. Die Höhenmeter verteilen sich gut auf die Strecke.

**Ausgangs-/Endpunkt**
Bahnhof Elzach
GPS 48.1710, 8.0712

**Anfahrt**
ÖPNV: Ab Freiburg Hauptbahnhof mit der S 2 nach Elzach
Auto: Von der B 294 Freiburg–Haslach in Elzach in den Kreisverkehren jeweils dem Wegweiser »Parken an der Elz« folgen

**Einkehr**
Gasthaus Richebächli, Di–Fr ab 12 Uhr, Sa–So ab 8 Uhr, pensionrichebächli.de; Fischerhütte Biederbach, Fr ab 14 Uhr, Sa–So ab 10 Uhr, Tel. 0170-962 25 34

**Neunlindenkapelle**
Die Kapelle wurde 1912 und 1913 auf einer Anhöhe westlich der Stadt Elzach in Form eines griechischen Kreuzes erbaut. Ihr Name erinnert an die Neunlindenkapelle, die am Ufer der Elz stand, bis sie 1778 einem Hochwasser zum Opfer fiel. Heute zählt die im neugotischen Stil erbaute Neunlindenkapelle zu den Wahrzeichen der Stadt Elzach.

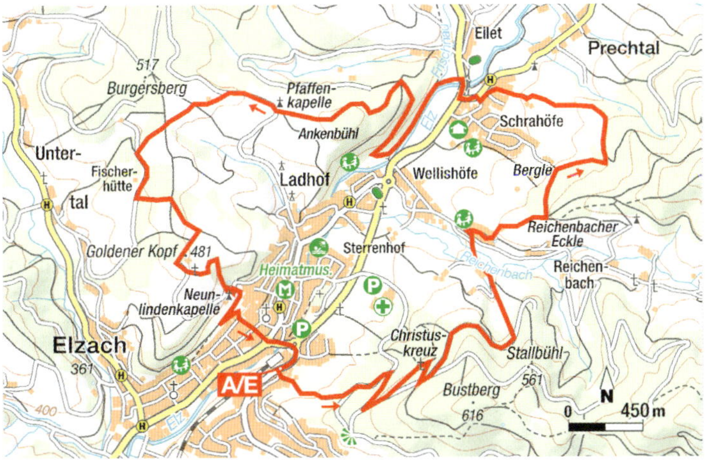

# Register

Anstieg zum Feldberg bei der St. Wilhelmer Hütte (Tour 19)

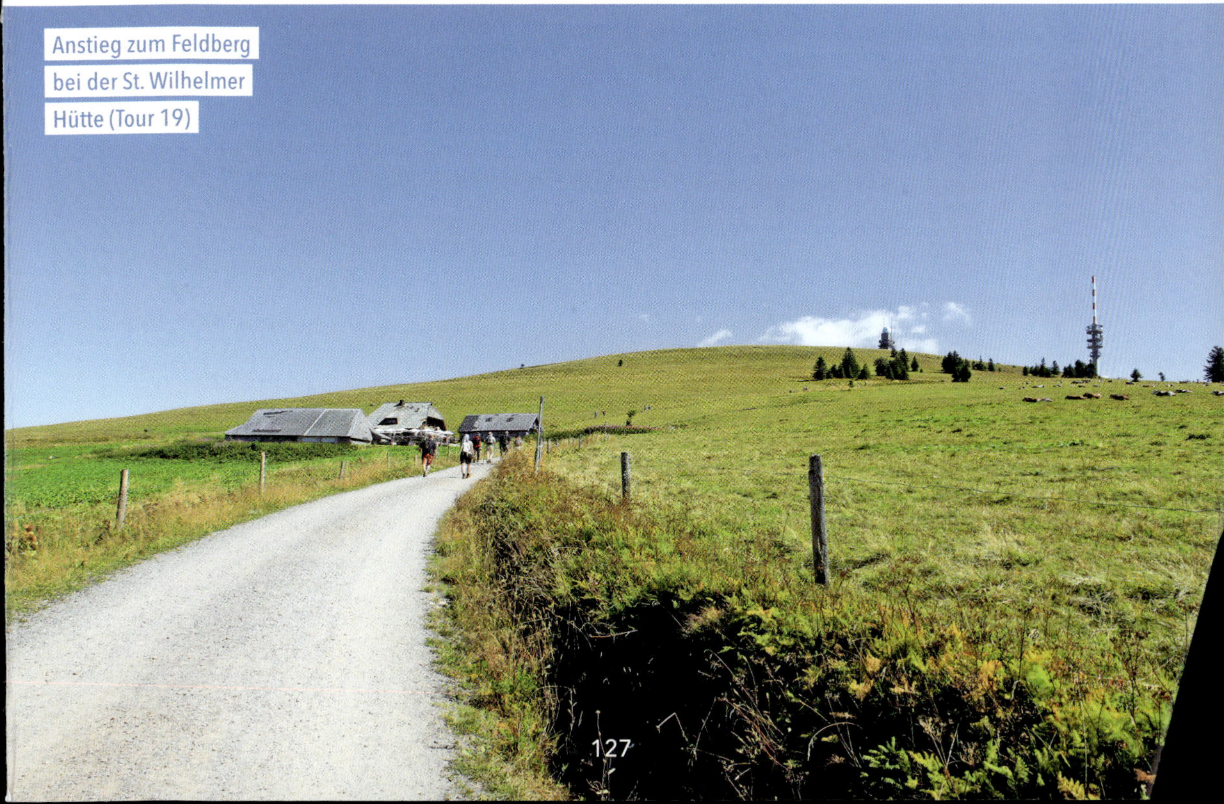

# Impressum

**Verantwortlich:** Katja Treu
**Redaktion, Lektorat und Satz:** Christian Steinmaßl
**Layoutgestaltung und Layout:** Anna Lena Ibiş
**Repro:** LUDWIG:media
**Kartografie:** Bruckmann Verlag GmbH, Heidi Schmalfuß
**Korrektorat:** Simona Fois
**Herstellung:** Bettina Schippel

Printed in Poland by CGS Printing

★ ★ ★ ★ ★

Sind Sie mit diesem Titel zufrieden? Dann würden wir uns über Ihre Weiterempfehlung freuen. Erzählen Sie es im Freundeskreis, berichten Sie Ihrem Buchhändler oder bewerten Sie bei Onlinekauf. Und wenn Sie Kritik, Korrekturen, Aktualisierungen haben, freuen wir uns über Ihre Nachricht an
Bruckmann Verlag, Postfach 40 02 09, D-80702 München oder per E-Mail an lektorat@verlagshaus.de

Unser komplettes Programm finden Sie unter: www.j-berg-verlag.de



In diesem Buch wird aus Gründen der besseren Lesbarkeit das generische Maskulinum verwendet. Weibliche und anderweitige Geschlechteridentitäten werden dabei ausdrücklich mitgemeint, soweit es für die Aussage erforderlich ist.

Sie sind auf der Suche nach weiterführender Literatur? Dann empfehlen wir Ihnen den J. Berg-Reiseführer *Wander-Geheimtipps Südlicher Schwarzwald* von Lars und Annette Freudenthal. Oder Sie werfen einen Blick in die Zeitschrift »Bergsteiger«. Hier werden Sie bestimmt fündig.

**Bildnachweis**
Alle Fotografien in diesem Buch stammen von den Autoren.
Illustrationen: Hütte: shutterstock/VoodooDot; Fußabdrücke, Bus: freepik.com
Umschlagvorderseite: Schwarzwälder Bauernhof bei Schluchsee: Reinhard Schmid/HUBER IMAGES
Umschlagrückseite: tbd [magenta]; blick auf den Amoltern inmitten der Weinberge

Die Deutsche Nationalbibliothek verzeichnet diese Publikation in der Deutschen Nationalbibliografie; detaillierte bibliografische Daten sind im Internet über dnb.d-nb.de abrufbar.



ISBN 978-3-86246-940-6